新型电力系统发展研究

王伟 袁月 著

中国纺织出版社有限公司

图书在版编目（CIP）数据

新型电力系统发展研究 / 王伟，袁月著 . -- 北京：中国纺织出版社有限公司, 2025. 2. -- ISBN 978-7-5229-2554-7

Ⅰ. F426.61

中国国家版本馆CIP数据核字第20253TK486号

责任编辑：张　宏　　责任校对：高　涵　　责任印制：储志伟

中国纺织出版社有限公司出版发行
地址：北京市朝阳区百子湾东里A407号楼　邮政编码：100124
销售电话：010—67004422　传真：010—87155801
http://www.c-textilep.com
中国纺织出版社天猫旗舰店
官方微博 http://weibo.com/2119887771
天津千鹤文化传播有限公司印刷　各地新华书店经销
2025年2月第1版第1次印刷
开本：710×1000　1/16　印张：14.25
字数：205千字　定价：98.00元

凡购本书，如有缺页、倒页、脱页，由本社图书营销中心调换

前言

当今世界正经历百年未有之大变局，全球能源体系正处于深刻变革之中。气候变化、局势动荡给全人类生存和发展带来严峻挑战，加快能源电力绿色转型已经成为世界各国一致的行动方向。在此背景下，我国电力系统不断发展，规模持续扩大，结构日益优化，效率显著提高，同时在体制改革和科技创新方面也取得了显著突破。2021年3月15日，习近平总书记在中央财经委员会第九次会议上，对能源电力发展进行了全面系统的阐述，并首次提出了构建新型电力系统的战略构想。这一构想为我国新时代能源电力发展指明了科学方向，也为全球电力可持续发展贡献了中国智慧和中国方案。

新型电力系统的建设，是电力系统全面转型升级的重大历史机遇。它以确保能源电力安全为基本前提，以满足经济社会高质量发展的电力需求为首要目标，致力于构建高比例新能源供给消纳体系，并以源网荷储多向协同、灵活互动为有力支撑，以安全高效、清洁低碳、柔性灵活、智慧融合为主要特征，以技术创新和体制机制创新为基础保障，是新型能源体系的重要组成部分和实现"双碳"目标的关键载体。新型电力系统的建设将推动能源电力发展迈上新的台阶，为构建清洁低碳、安全高效的能源体系作出重要贡献。

全书共四章，深入且全面地剖析了新型电力系统的发展，各章节内容概述如下：

第一章为绪论，系统阐述了当前电力系统的发展现状及其面临的问题，着重解读了新型电力系统的战略价值、新的要求、核心特征、构建逻辑、未来展望与发展趋势，为全书奠定了坚实的理论基础。

第二章为新型电力系统概览，全面介绍了新型电力系统的发展阶段、市场体系与机制建设，详细探讨了新型电力系统背景下的电网发展与关键技术革新，为读者提供了清晰的发展蓝图。

第三章从能源正义的视角出发，深入阐述了能源正义的概念框架，分析我国新型电力系统对能源正义的积极回应，并探索我国新型电力系统建设中保障能源正义的有效路径，展现了新型电力系统的社会关怀与价值导向。

第四章系统梳理了新型电力系统韧性的内涵与建构逻辑，通过引入WSR系统方法论，从物理、事理、人理三个维度构建韧性框架，提出前瞻性韧性、响应性韧性、持续性韧性三大核心特征，并探讨其实现路径，为新型电力系统韧性建构提供了理论与实践支撑。

本书紧密贴合社会经济发展的新态势与电力行业的具体实际，对新型电力系统的发展进行了全面而深入的研究。在编写过程中，袁月承担了第一章与第四章的撰写任务，王伟则负责完成第二章、第三章的内容，两位作者还携手对全书进行了细致的梳理与校对。在此过程中，我们荣幸地得到了众多专家学者的大力协助并提出宝贵建议，对此我们深表感激！同时，受限于作者的能力水平，书中难免存在疏漏与不足，我们衷心期待广大读者能够不吝赐教，提出宝贵的批评与建议，以便我们不断完善与进步。

著者
2024 年 9 月

目录

第一章　绪论 ···001
　　第一节　电力系统发展现状及问题···001
　　第二节　新型电力系统的战略价值···020
　　第三节　新型电力系统的要求、特征与构建··································035

第二章　新型电力系统概览 ··047
　　第一节　新型电力系统的发展阶段···048
　　第二节　新型电力系统市场体系与机制构建··································055
　　第三节　新型电力系统下的电网发展··082
　　第四节　新型电力系统的关键技术···099

第三章　能源正义视角下的新型电力系统 ···································113
　　第一节　能源正义的概念与基本架构··113
　　第二节　我国新型电力系统对能源正义的响应·····························137
　　第三节　新型电力系统建设中的能源正义保障路径·······················147

第四章　新型电力系统韧性建构 ··161
　　第一节　电力系统韧性的内涵及核心特征····································161
　　第二节　新型电力系统韧性的建构逻辑·······································174
　　第三节　新型电力系统韧性的实践路径·······································186

参考文献···197

第一章 绪论

在21世纪的全球发展蓝图中,能源作为社会进步与经济发展的基石,其转型与升级正以前所未有的速度推动着人类文明向更加绿色、可持续的未来迈进。随着气候变化、环境污染以及传统能源资源日益枯竭等全球性挑战的加剧,构建新型电力系统已成为全球能源领域的共同课题与迫切需求。本书第一章,即以此为开篇,从电力系统发展的现状与挑战出发,通过前瞻性地探讨新型电力系统的战略价值、构建要求及核心特征,并结合当下科技发展水平与市场动态,科学地展望其未来的发展趋势,旨在为我国乃至世界能源电力行业的转型升级提供理论支撑与实践指导。

第一节 电力系统发展现状及问题

一、电力系统概述

电能是现代社会中最主要且最方便的能源,因为电能具有传输方便、易于转换等优点,所以被极其广泛地应用于各行各业,可以说没有电力工业就没有国民经济的现代化。

电力系统是一个涵盖电能生产与消费的综合性系统,包括发电、输电、变电、配电及用电等核心环节。此外，为确保系统的顺畅运行，它还整合了调节控制、继电保护、安全自动装置、计量设备、调度自动化系统以及电力通信等二次设施，这些设施与上述核心环节紧密结合，共同构成了一个协调统一的整体（见图 1-1）。

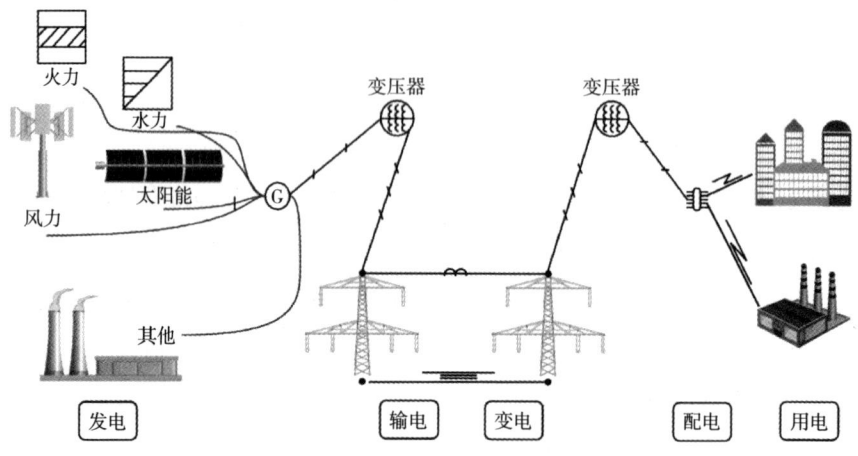

图 1-1　电力系统基本环节示意图

（一）发电

自 1831 年法拉第揭示电磁感应定律的奥秘以来，电力工业便开启了其革命性的发展历程。1875 年，法国巴黎北火车站发电厂的建立以及世界上第一条直流输电线路的启用，不仅标志着电力时代的来临，也意味着电力能源正式迈入了实用化的新纪元。1879 年美国旧金山的实验电厂投入发电，成为全球最早对外销售电力的电厂，它的出现标志着电力商业化时代的正式开启。历经一个多世纪的发展，全球电力产业取得了巨大成就。当前，电力系统的供电主力包括火力发电、水力发电、风力发电、太阳能发电及核能发电，并广泛涵盖了氢能、生物质能、地热能等多种新能源发电方式。

1. 火力发电

火力发电，简称火电，是一种将煤、石油、天然气等可燃物的热能转换为汽轮机的机械能，进而借助发电机将机械能转化为电能的过程。长期以来，它一直是全球电能生产的主导方式，装机容量和发电量在全球范围内均占据最大比重。火力发电的历史可追溯至19世纪末，其中，1972年美国首次成功运行的1300兆瓦单机容量汽轮发电机，标志着火力发电技术迈入了一个具有划时代意义的崭新阶段。此后，火力发电在技术进步与规模扩展上有了重大飞跃，高效率、大容量的发电机组逐渐成为新建火力发电厂的标配，这不仅提高了能源转换效率，还降低了单位发电成本。

火力发电的优点主要体现在以下几个方面：首先，技术成熟稳定，火力发电拥有悠久的历史和完善的技术体系，在设备设计、制造、安装及运行维护领域经验丰富，设备运行稳定可靠，故障率低，能确保电力供应的持续性和安全性。其次，选址灵活，不受特定地理位置或自然条件的严格限制，能够根据不同地区的电力需求、资源分布及环境承载能力进行合理布局。再次，能够快速响应电力需求的变化，具有较强的负荷调节能力，在电网负荷高峰时段可作为调峰电源，确保电网的稳定运行。此外，火电厂还能实现热电联产，提高能源的综合利用效率，并减少能源浪费。最后，相较于其他发电方式，火力发电在初期投资方面相对较低，建设周期短，能够快速投入运营产生效益。

然而，火力发电亦面临着一系列严峻挑战。其显著依赖于大量化石燃料的消耗，这不仅加快了有限自然资源的枯竭速度，还推高了运输与储存的成本。更为关键的是，火力发电所排放的烟气中，不光含有大量的温室气体二氧化碳，还包含二氧化硫、氮氧化物等有害污染物。这不仅给自然环境带来了沉重负担，而且成为加剧全球气候变化、破坏生态平衡的主导因素，同时对人类健康构成了严重威胁。随着全球范围内对可再生能源价值认知的不断深化，火力发电的可持续性受到越来越多质疑。在碳达峰与碳中和目标的驱动下火力发电企业不得不投入更多资金用于污染治理和设备升级，这无疑进一步抬高了其后期运营成本。

2. 水力发电

水力发电，亦称水电，是一种将水的势能和动能转换为电能的技术过程。对水力的运用历史源远流长，自古人们便利用水车进行磨粉、灌溉等劳作，这是水力利用的初始雏形。现代水力发电技术崛起于19世纪末至20世纪初。在这一时期，水轮机与发电机的融合，标志着水力发电新时代的来临。早期，水力发电主要依赖于小规模设施，但是随着社会发展导致对电力需求的急剧增长以及技术创新的不断推动，特别是超高压输电技术和水轮发电机制造技术的飞跃，建设大型水电厂的梦想得以实现。2024年上半年，我国全国新增水电并网容量为499万千瓦，其中常规水电为219万千瓦，抽水蓄能为280万千瓦。截至2024年6月底，全国水电累计装机容量达4.27亿千瓦，其中常规水电高达3.73亿千瓦，抽水蓄能为5439万千瓦。2024年上半年，全国规模以上水电发电量高达5526亿千瓦时，全国水电平均利用小时数为1477小时。

随着全球对可持续发展和"双碳"目标的关注度不断上升，水力发电的潜力及其重要性愈发凸显。相较于风能、太阳能等容易直接受天气条件影响的能源形式，水电凭借其较为稳定可靠的电力供应能力在众多能源形式中脱颖而出。同时，水力发电在温室气体、硫氧化物及氮氧化物减排方面成效显著，对缓解全球变暖、提升空气质量起到了积极作用。在当今可再生能源占比不断攀升的背景下，水力发电已成为支撑电网稳定运行的关键要素。此外，大型水电站能够迅速适应电网负荷变化，实现电力的即时调控，对于确保电网的安全稳定运行发挥着不可替代的作用。

然而，水力发电面临的挑战同样不容忽视。首先，水电站的建设涉及高昂的初期投资，包括大坝、水库及输电网络等基础设施建设，造成沉重的经济压力。其次，水电站的建设与运营可能对河流生态系统产生不利影响，如改变水流动态、水温、水质，影响水生生物的栖息地等，需采取严格的环境保护措施以减轻影响。特别是鱼类迁徙与繁殖路径的阻断，对水生生态系统构成长期挑战。再次，大型水电站的建设往往伴随着居民迁移，从而引发复杂的社会经济问题，同时，水库蓄水还可能加剧地质灾害风险，对周边环境和居民安全构成潜在威胁。此外，水力发电的选址受到地理位置、水资源分布及地形地貌等自然条件的限制，增加了项目实施的难度与成本。最后，水力发电的发电量受季节性降水变化的影响，可能导致电力供应的不稳定性，需要与其他能源形式协同互补，以确保能源供应的连续性和稳定性。

3. 风力发电

风力发电是一种将风能转换为电能的技术。风能的运用历史可追溯至远古时代，早期的，人类就智慧地利用风能，如古埃及的帆船航行和波斯的风车碾磨，这些实践为风能利用奠定了基础。19 世纪末，伴随电磁感应理论的发现和发电机的发明，人类开始探索将风能转化为电能的可能性。在 20 世纪初期，风力发电技术开始从实验室走向现实，诞生了首批实验性的风力发电机，它们被用于储存电力和为局部地区提供电力供应。丹麦等国家在这一历史阶段脱颖而出，成为风力发电技术进步的先锋，推动其不断向前发展并广泛应用。2024 年上半年，我国全国风电发电量达到 5088 亿千瓦时，同比增长 10%，全国风电平均利用率为 96.1%。

风力发电，作为一种清洁且可再生的能源形式，对于促进能源结构多元化、减轻对化石燃料的依赖具有深远意义，同时显著降低了温室气体排放，为环境可持续发展贡献力量。然而，其实现高效运行需要高度依赖于适宜的风速条件，通常要求风速不低于每秒 2 米至 4 米，具体阈值依机型而异。极端风速，如每秒 25 米以上的强风，可能对风力发电机构成潜在损害。在风速介于每秒 10 米至 16 米的理想范围时，风力发电机往往才能达到最佳发电效率，实现满载运行。风力发电的固有波动性和间歇性特点，意味着其发电量直接受风速变化影响，这在一定程度上增加了电网供电的不稳定性。此外，风力发电的地理局限性使其更适宜于风能资源富集区域，高昂的初期投资成本与技术障碍则是推广过程中必须克服的难题。随着风力发电大规模并网，特别是在风电占比高的地区，其对电网稳定运行的影响不容忽视。

4. 太阳能发电

全球太阳能发电行业正处于快速发展阶段。地球上接收到的太阳能资源极其丰富且规模宏大，全球人类目前每年能源消费的总和只相当于太阳在 40 分钟内照射到地球表面的能量。可以说，太阳能是真正取之不尽、用之不竭的能源。太阳能发电技术的起源和发展得益于科学家们对光电效应的深入研究和工业化生产技术的进步。成熟的太阳能发电技术有两种：光伏发电技术和光热发电技术。1839年，法国科学家Becquerel发现了液体的光生伏特效应，即"光伏效应"。1954年，美国贝尔实验室的Chapin, Fuller和Pearson成功研制出效率达到6%的单晶硅太阳能电池，标志着现代光伏技术的诞生。太阳能光伏发电是指利用太阳能电池直接把光能转化为电能，是我国太阳能发电的主要形式。太阳能光伏发电的主要设备有太阳能电池、蓄电池、控制器和逆变器等。截至2024年6月底，中国光伏发电装机容量达到7.13亿千瓦，同比增长52%，其中集中式光伏为4.03亿千瓦，分布式光伏为3.1亿千瓦。2024年上半年，全国光伏发电量高达3914亿千瓦时，同比增长47%，全国光伏发电利用率为97%。

相较而言，光伏发电具有显著的优势：资源无限，清洁环保，无地域限制，可实现就地发电，能源品质高，易于被社会广泛接受，且能源转换过程迅速。然而，光伏产业亦面临若干挑战，包括发电效率受季节和昼夜更替及天气阴晴等自然条件的制约、光伏电池制造成本的控制、废旧电池的有效回收处理，以及因能量分布密度低而需占用较大土地面积等问题。

5. 核能发电

核能也称原子能，是原子核结构发生变化时释放出来的巨大能量，包括裂变能和聚变能两种主要形式。1954年6月27日，前苏联在卡卢加州建造的世界首座核电站——奥布宁斯克核电站开始发电，标志着核电时代的到来。目前核能发电主要利用的是裂变能。以压水堆核电站为例，核燃料在反应堆中通过核裂变产生的热量加热一回路高压水，一回路水通过蒸汽发生器加热二回路水使之变为蒸汽。蒸汽通过管路进入汽轮机，推动汽轮发电机发电，发出的电通过电网输送至千家万户。整个过程的能量转换依次是由核能转换为热能，热能转换为机械能，机械能再转换为电能。在全世界范围内，核电由于资源消耗少、环境影响小和供应能力强等优点，成为与火电、水电并称的世界三大电力供应支柱。截至2024年1月31日，全球运行中的核电反应堆为413座，核能发电量占总发电量的比重约为10%，占全球清洁能源发电量的1/3左右。2024年1月至6月，我国全国累计发电量为44354.5亿千瓦时，运行核电机组累计发电量为2122.61亿千瓦时，占全国累计发电量的4.79%，核能发电相当于减少燃烧标准煤 6044.82 万吨,减少排放二氧化碳 15837.42 万吨、二氧化硫 51.38 万吨、氮氧化物 44.73 万吨。

核能发电作为一种高效的电力生产方式,具有以下显著的优点:第一,核能发电具有极高的能量密度,能够持续稳定地提供大量电力,且燃料消耗相对较少。第二,与化石燃料发电相比,核能在发电过程中几乎不产生温室气体排放,有助于减缓气候变化。第三,核能发电可以显著提高国家的能源自给率,减少对外部能源的依赖程度,增强能源安全性。然而,核能发电也存在一些缺点:第一,核电厂的建设和运行需要高昂的初始投资和严格的安全措施,以预防核事故的发生。第二,核废料的处理和存储是一个长期而复杂的挑战,存在潜在的环境和健康风险。第三,核能发电可能面临公众接受度的问题,由于对核安全的担忧和对核废料处理的疑虑,一些社区和国家对核能发电持反对态度。总体来看,核能发电在提供清洁、稳定电力供应方面具有明显优势,但是同时需要克服技术、经济、安全和环境等方面的挑战。

6. 其他形式发电

氢能。氢能作为一种清洁能源载体,受到越来越多国家的关注,它被视为未来能源系统的重要组成部分。氢能发电的基本原理是通过氢气与氧气的化学反应释放出能量,进而转换为电能。氢能的获取途径广泛多元,涵盖化石燃料的重整制氢、工业生产的副产品回收制氢,以及电解水技术直接制备氢气等多种方式。其中,利用可再生能源进行电解水制氢(即"绿氢")是未来发展的主要趋势,因为它在生产过程中几乎不产生温室气体排放,代表了清洁能源的高效利用。全球氢能发电技术的发展经历了从起步到逐步成熟的过程。20 世纪 70 年代,受石油危机影响,氢能作为替代能源受到广泛关注。随后,燃料电池技术的发展为氢能发电提供了重要技术支撑。进入 21 世纪,随着全球气候变化问题日益严峻,氢能作为清洁能源的潜力再次受到重视,许多国家开始制定氢能发展战略,推动氢能产业的发展。随着技术的进步和政策的支持,预计其在全球能源供应中所占比重将持续攀升。

生物质能。生物质是自然界中有生命的、可以生长的各种有机物质,包括动植物和微生物。生物质的基本来源是绿色植物通过光合作用把水和二氧化碳转化成碳水化合物而形成。而生物质能则是通过各种利用转化技术，将生物质中的碳水化合物转化成能量加以利用的方式。生物质发电是指利用生物质具有的生物质能进行发电。生物质发电包括农林生物质发电、垃圾焚烧发电及沼气发电等多种形式，是可再生能源体系的重要组成部分，在解决城乡有机废弃物污染、减少温室气体排放、促进能源结构升级等方面发挥着积极作用。2024年上半年，我国生物质发电新增装机达到116万千瓦，累计装机达4530万千瓦，同比增长5.7%。生物质发电量达到1030亿千瓦时，同比增长4.7%。生物质能作为清洁低碳燃料，有其独特的优势，如排放污染物少，资源丰富且转化方式多样。但是其热值低，收集运输成本高，而且一般生物质中水分含量大，影响其能源转化效率，因此生物质发电单机规模相对较小，导致发电效率较低、效益欠佳。

地热能。地热能发电是一种能够高效利用地球内部蕴藏热能的技术，其能量源自地球熔融岩浆和内部放射性物质的持续衰变，是一种取之不尽、用之不竭且可循环利用的清洁能源，与水电、太阳能、风能以及核能并列为五大重要的非碳基清洁能源。我国地热资源极为丰富，依据地质构造、热流体传输方式及温度差异，可细分为浅层、水热型及潜力巨大的干热岩资源，分布深度从地表数米至地下数千米不等。与化石能源相比，我国在地热资源上堪称"富国"，尤其是水热型地热资源，其储量折合标准煤高达12500亿吨，年可开采量更是达到18.65亿吨标准煤，超过了2022年全国能源消费总量的1/3。地热能的开发利用途径广泛而深远，其中地热发电针对高温水热型资源，展现出了极高的经济价值与战略意义。其核心技术精髓在于"取热不耗水"的环保理念，即通过精密的开采井系统提取富含热量的地热水，利用高效换热器捕捉并转化其热能，随后将冷却后的水体全数回灌至原取水层，形成闭环式的地热水循环利用体系。这一过程宛如自然界中的精妙锅炉循环，地下热源不断为地下水加温，确保了能源供应的连续性与稳定性，同时，严格的"采灌平衡"制度，不仅捍卫了地热资源的可持续开采，也促进了生态环境的和谐共生。

（二）电力传输与分配

电力网是电力系统的一个重要组成部分，它主要由各种电压等级的电力线路、变电所（包括升压变电所和降压变电所）以及配电所等构成。这些组成部分共同形成了一个复杂的网络，用于电能的传输、分配和供应。这一网络体系囊括了多种关键性一次设备，诸如输电杆塔、绝缘子串、变压器、电抗器、电容器、断路器、开关装置、避雷器、互感器以及母线等，它们紧密协作，共同保障电能的稳定传输和高效分配，同时，电网的可靠性和安全性在很大程度上依赖于二次设备，包括继电保护装置、自动控制装置、监控系统等，它们实时监测并调节电网状态，确保异常情况能被迅速发现并有效应对。

1. 电力传输

电能的传输是电力系统整体功能的关键组成部分，它与变电、配电和用电一起构成了电力系统的完整链路。输电网络通常是将发电厂或发电基地（包括若干电厂）发出的电力输送到消费电能的地区，又称负荷中心，或者实现电网互联，将一个电网的电力输送到另一个电网。输电网络构成了整个电力系统的骨干架构，并在较高电压等级下运行，支撑系统的整体运作。发电机的电压通常在 10~35 kV 的范围内，经过升压达到输电电压水平后，由特高压、超高压或高压交流，或直流输电线路将电能传输到输电变电站，经过降压达到次输电水平。与其他形式的能源传输（如输煤、输油等）相比，输电具有损耗小、效益高、灵活方便、易于调控和环境污染少等优点。

一般而言，低压电网指的是额定电压不超过 1 kV 的电网系统，主要涵盖 220 V 和 380 V 电压级别，服务于生产和生活的终端电力需求。中压电网则是指额定电压介于 1~35 kV 之间的电网，具体包含 6 kV、10 kV、20 kV、35 kV 等电压层级，其主要职责是从输电网或高压配电网接收电能，再向中压用户直接供电，或经变压器转换后供给低压配电网。中压电网具有输电距离远、损耗低、容量大以及配电点多等优点。

高压电网的额定电压范围在 35 kV 以上至 330 kV 以下，主要包括 66 kV、

110 kV、220 kV 等电压等级，其作用是接收来自更高电压等级输电网络的电能，并向中远距离的用户或中压电网提供电力。超高压电网的额定电压则超过 330 kV 直至 750 kV，涵盖 330 kV、500 kV、750 kV 等电压级别，主要负责跨省跨区的长距离、大容量电力传输。

特高压电网分为直流与交流两大类别，其中直流电网的有效电压值不低于 ±800 kV，交流电网的额定电压则不低于 1000 kV。特高压电网特别适用于实现超长距离、超低损耗、超大容量的电力输送。

2. 变电

在电力系统中，变电扮演着至关重要的角色，它利用特定设备将电压灵活地从低等级提升至高等级（升压），或从高等级降低至低等级（降压）。为实现这些不同电压等级的顺畅互联，变电站显得尤为重要。变电站是电力系统中变换电压、接受和分配电能、控制电力的流向和调整电压的电力设施，它通过变压器将各级电压的电网联系起来。变电站的核心作用在于，通过电力变压器调节电压：在输电端升压以减少传输过程中的能量损耗和线路压降；在用户端降压以确保用户安全使用。它不仅作为发电厂与用户之间重要的桥梁，还通过电压变换、传输与分配，实现了各电压等级电网的无缝衔接。

随着智能电网时代的到来，现代变电站正加速融入集成信息系统与自动化技术，实现了远程监控、智能诊断与运行优化，极大地提高了电力系统的运行效率与可靠性，同时，变电站的设计与运营也更加注重环境保护与安全生产，力求在满足现代社会高标准电力需求的同时，实现可持续发展。

3. 配电

配电是指电力系统中与用户直接相连，负责向用户分配电能的环节。配电系统是一个综合体系，涵盖配电网及其相关的二次系统。配电网的作用是将输电网络传输的电能细分到具体的用电地点，包括家庭、商业区域及工业区等。它由配电变电站（主要任务是将电网的高压输电电压转换为适合配电的低压）、中低压输电线路以及各种配电设施（包括配电线路、配电变压器、开关站、小区配电室、环网柜、分支箱等）构成，共同确保电压降低到适合最终用户使用的水平。配电网络作为电力输送给用户的最终级电网，不仅是最末端的一环，也是结构最为复杂的一级电网。

依据电压等级的差异，配电网常划分为高压配电网（包括 35 kV、66 kV、110 kV）、中压配电网（包括 3 kV、6 kV、10 kV、20 kV）以及低压配电网（主要为 220 V 或 380 V）。按照供电区域划分，则分为城市配电网、农村配电网及工厂配电网等几类：城市配电网侧重服务于城市居民的工作与生活，负荷相对密集；农村配电网主要满足农业生产及农村日常用电需求，供电范围广；工厂配电网则专注于为工业基地提供生产用电，负荷量大。依据配电线路的不同，配电网又可细分为架空配电网、电缆配电网以及架空电缆混合配电网。在现代电网体系中，配电网展现出以中低压为主，网络结构日益复杂，城市区域趋向电缆化、绝缘化、无油化及小型化，同时配电自动化、光纤通信及信息化水平不断提升的特征。

配电网络的关键性能指标主要包括：①供电可靠性，衡量电网对用户持续供电的稳定程度，确保电力供应不间断；②网损率，表示电力网络中电能损耗占总供电量的比例，通常以百分比形式展现，反映了电网传输效率；③电压波动与电压闪变，电压波动指电网电压的快速或周期性变化；电压闪变则指由电压波动引起的灯光闪烁现象，影响用户视觉舒适度，相关波动电压称为闪变电压；④电压合格率，评估电力系统某端电压在特定统计时段内，符合规定标准的时间占比，以百分比形式表示，反映电压质量的稳定性（见表 1-1）。

表 1-1 配电网络的关键性能指标

配电网络的关键性能指标	描述
供电可靠性	衡量电网对用户持续供电的稳定程度，确保电力供应不间断
网损率	表示电力网络中电能损耗占总供电量的比例，反映了电网传输效率
电压波动与电压闪变	电压波动指电网电压的快速或周期性变化；电压闪变指由电压波动引起的灯光闪烁现象，影响用户视觉舒适度
电压合格率	评估电力系统某端电压在特定统计时段内，符合规定标准的时间占比，反映电压质量的稳定性

（三）电力系统运行的特点和要求

电力系统的核心功能在于高效地将一次能源转化为电能，并将电能广泛输送至用户端。电能作为一种优质的二次能源，具备易于传输、便于控制、高效转换及高度可靠的特点。电能往往不直接作为终端消费形式，而是被转换成热能、光能、机械能等其他形式的能量，以满足多样化的应用需求。

1. 电力系统的独特属性

电能的生产、输送、分配和使用具有一些独特的属性，区别于其他工业产品，主要包括同时性、整体性、快速性、连续性、实时性和随机性等方面（见表1-2）。

表1-2　电力系统的独特属性

属性	内容
同时性	电能难以储存，发电、输电、变电、配电和用电几乎是同时完成的过程，必须根据需求实时匹配发电量
整体性	电力系统的各个组成部分，包括发电厂、变电站、输电线路、配电设备和用电设备等，一起构成一个不可分割的整体，相互依存，共同完成电力生产和供应
快速性	电能以电磁波形式传播，速度极快。电网运行中的任何变化和故障控制都需要在极短时间内完成
连续性	为满足不同用户在不同时间的需求，电力生产必须具备持续不间断的能力，需要对电网进行连续的控制和调节，以确保供电质量和可靠性
实时性	鉴于电能传输的迅速性以及电网事故影响的即时扩散性，对电力生产状态的实时监测与迅速响应至关重要
随机性	电力负荷的变化具有随机性，难以完全控制和调节。电网设备故障和系统故障也存在一定的随机性

2. 电力系统的基本要求

电力与国民经济各部门以及人们的日常生活息息相关，是现代社会的重要基础。电力系统的设计和运行需要综合考虑技术、经济和社会因素，以确保其能够高效、可靠和可持续地满足社会发展的需求。一个设计完善且运行良好的电力系统应满足以下基本要求。

适应性：系统必须能够适应负荷需求的变化，保持适当的旋转备用容量，并且可以实施有效的控制措施。

供电质量：系统必须保证电压、频率稳定在规定范围内，这是满足供电质量和可靠性的要求。

快速操作：电力系统的操作，如设备的投入或退出，必须迅速且准确地完成，这些操作要满足实时控制的要求。

成本效益：采用高效节能的设备，优化电源配置和网络设计，保持经济运行，降低能源消耗和输送损耗。

安全稳定：在发电、输电和供电独立经营的条件下，保持电网的安全稳定运行。

市场化运营：适应电力市场化的需求，使电力系统的运行方式更加灵活多变，同时保持电网的调控能力。

电网互联：由于互联大电网的稳定性和动态行为复杂，因此需要运用更高级的安全稳定分析方法与控制技术。

二、中国电力系统的发展历程与转型

（一）中国电力系统的简要发展历程

中国电力行业经历了从无到有、由弱到强的发展历程。1879 年，上海公共租界点亮了中国第一盏电灯，标志着中国电力照明历史的开始。1882 年，中国第一家公用电业公司——上海电气公司成立，标志着中国电力行业正式踏上了商业化运营的初步探索之路。然而，此后数十年间，我国电力行业发展步伐相对迟缓，直至 1949 年，全国总装机容量与发电量分别为 1850 兆瓦和 43 亿千瓦时，在全球排名中分别位列第 21 位和第 25 位。

中华人民共和国成立后，我国的电力行业迎来了历史性飞跃。1978 年，发电装机容量激增至 57120 兆瓦，是建国初期的 30 倍；年发电量更是以惊人的速度攀升至 2566 亿千瓦时，相较于建国初期增长了近 59 倍。中国发电装机容量和年发电量在全球电力领域的排名分别跃升至第 8 位和第 7 位。改革开放后，通过积极引进国外先进技术和管理经验，中国电力行业实现了跨越式发展，电网技术不断迈上新台阶。1981年，第一条500千伏交流输电线路的成功建设，标志着中国电网技术迈入新纪元；1989年，首条±500千伏直流输电线路的投运，进一步巩固了中国在电力传输领域的领先地位。直至1996年，全国装机容量与发电量分别达到2.5亿千瓦和11320亿千瓦时，中国正式成为世界第二大电力生产和消费国。

自21世纪以来，我国电力系统在源、网、荷三大领域均取得了显著成就。电源侧，大规模可再生能源发电并网技术取得突破；电网侧，构建了世界最高电压等级、最大规模、技术最先进的交直流混联电网；用户侧，智能电表普及率大幅提高，用电信息采集系统与智能充换电服务平台的建设极大提升了电力服务的智能化水平，同时，我国在电力重大设备研制方面也取得了举世瞩目的成就。

（二）中国电力系统的转型与绿色发展

近年来，面对日益严峻的气候变化、环境风险及能源资源紧张等全球性挑战，中国积极应对，主动作为，全力推动经济社会向全面绿色转型。2020年9月，习近平主席在第七十五届联合国大会一般性辩论中郑重宣布："中国将提高国家自主贡献力度，采取更加有力的政策和措施，二氧化碳排放力争于2030年前达到峰值，努力争取2060年前实现碳中和。"这一宣布标志着中国的能源系统将朝着更加绿色、低碳、可持续的方向发展。

绿色低碳发展不仅是中国内部发展的迫切需要，更是我们对国际承诺的积极回应与践行。而电力领域则是这一转型的主战场。根据相关统计数据显示，2000年至2020年间，我国电力部门的年均碳排放量约占全国总量的50%，位居各行业之首。因此，推动中国电力系统转型不仅是达成碳减排目标的必要之举，更是保障国家能源安全与促进可持续发展的战略要道，并且直接关系到全球应对气候变化和推进绿色发展的局势。

能源结构由高碳向低碳转型是实现"双碳"目标的关键。2021年3月，习近平总书记明确提出："要构建以新能源为主体的新型电力系统。"这一转型标志着电力系统将从传统的、依赖化石能源的中心化供应模式，向清洁能源主导的新型模式迈进。此次转型涵盖调整能源结构、推动技术创新、改革市场机制以及完善管理体制等多个维度。具体措施包括逐步降低对化石能源的依赖，大力提升可再生能源与清洁能源在能源节构中的占比，积极引入智能电网、储能技术和分布式能源等前沿科技，建立适应新能源特性的市场机制和价格体系，并强化电力企业的治理效能与运营模式。

（三）中国电力系统转型取得的成就

1. 全球规模最大的清洁能源发电体系

目前，我国已建成全球规模最大的清洁能源发电体系，电力系统发电装机总容量、非化石能源发电装机容量、远距离输电能力、电网规模等指标均稳居世界第一。截至2023年年底，中国全口径发电装机容量达到29.2亿千瓦，同比增长14.0%。其中非化石能源装机容量占比接近50%，延续了绿色低碳的转型趋势。风电和太阳能发电装机规模均稳居世界首位，分别达到36544万千瓦和39261万千瓦，同比增长11.2%和28.1%。特别是太阳能发电装机容量，已经连续8年位列全球第一。水电装机容量也突破了4亿千瓦，达到约41350万千瓦，其中常规水电装机为3.68亿千瓦，抽水蓄能为4579万千瓦，同比增长5.8%，并且连续17年稳居世界首位。核电装机容量达到5553万千瓦，同比增长4.3%。

2. 电力绿色低碳转型与技术创新

首先，我国的电力绿色低碳转型不断加速。截至2024年6月底，我国全口径发电装机容量达到30.7亿千瓦，同比增长14.1%。其中，煤电装机容量为11.7亿千瓦，占总发电装机容量的38.1%；并网风电装机容量达到4.7亿千瓦，并网太阳能发电装机容量高达7.1亿千瓦，二者合计达11.8亿千瓦，占总装机容量的38.4%，这一数据意味着新能源发电装机规模首次超过煤电，电力生产供应绿色化程度正在不断深入。

其次，电力技术的创新能力不断攀升，取得了一系列显著突破。清洁能源装备制造产业链已稳固建立，全面贯通了从研发至生产的各个环节。例如，全球领先的100万千瓦级超大型水电机组成功投入运营，标志着水力发电领域取得了里程碑式的进展；作为自主创新的杰出代表，"华龙一号"全球首堆示范工程顺利实现商业运行，这一成就凸显了我国核电技术在国际舞台上的领先地位；尤为引人注目的是，2023年12月6日，国家重大科技专项标志性成果，即全球首座第四代核电站——山东荣成石岛湾高温气冷堆核电站商业示范工程圆满完成168小时连续运行考验，正式投入商业运行，也标志着中国在第四代核电技术研发和应用领域达到世界领先水平。此外，16兆瓦机组的成功下线，意味着我国风电装备产业实现了从"跟跑"到"并跑"再到"领跑"的历史性跨越，创造了全球海上风电装备发展的最新标杆。

最后，在输电技术领域，我国同样处于全球领先地位。我们已成功掌握并实践应用1000千伏交流及±1100千伏直流等核心输电技术。特别是昆柳龙直流工程，作为世界首个±800千伏特高压多端柔性直流工程的成功投运，不仅巩固了我国在特高压输电技术领域的领导地位，还为全球能源网络的互联互通贡献了中国智慧与方案。与此同时，大电网仿真技术的广泛应用显著提升了电网调度与管理的智能化水平；而新型储能技术的蓬勃发展，则为破解能源存储难题开辟了多元化的解决之道。这些技术革新共同驱动着工农业生产、交通运输、建筑等多个社会领域的电气化进程不断向前推进，促进能源结构的绿色转型，为实现可持续发展的伟大目标注入了强劲动力。

3. 电力体制改革攻坚成效显著

2022年，我国电力市场交易规模持续扩大，全年市场化交易电量达到5.25万亿千瓦时。全国统一电力市场体系的建设工作正式启动，同时，全面建立了符合中国特色的电力中长期交易、辅助服务市场机制及其规则体系，并有6个电力现货市场试点地区顺利进入长期结算试运行阶段。此外，上网电价改革得到了进一步深化，输配电价改革不断推进，分时电价与阶梯电价机制日益完善。配售电业务的开放步伐加快，促进了多元化市场主体参与的新格局逐渐形成。并且，我国持续优化用电营商环境，在世界银行的全球营商环境评估中，"获得电力"指标排名已跃升至全球第12位。

4. 电力保障与调节能力显著提升

在电力供应保障领域，我国不断强化提升综合保障能力。能源发展作为西部大开发的核心领域之一，一直以来都持续受到高度重视。昔日，"西电东送"战略主要依托西部煤炭转化为电力输往东部。而今，西部地区新能源产业蓬勃发展，截至2023年年底，该区域12个省份的新能源装机容量已超越4亿千瓦大关，占全国总量的近四成，满足了东中部地区约20%的电力需求，有力缓解了我国能源空间分布不均带来的挑战，并加速推动了"西电东送"工程由传统煤电向绿色电力的转型升级。

此外，中国已成功构建起以东北、华北、西北、华东、华中、南方六大区域电网为主体，区域间异步互联的全国大电网体系，电力资源的优化配置能力正稳步增强。根据2023年数据显示，全国供电系统用户平均供电可靠率达到了99.91%，同比上升0.015个百分点；用户平均停电时间缩短至7.83小时/户，同比减少1.27小时/户；用户平均停电频率也降低至2.30次/户，同比减少0.31次/户。特别值得一提的是，城市电力网用户的平均供电可靠率高达99.98%，而农村电力网也达到了99.90%，这两组数据充分展现了我国电力供应质量的显著提升。

在电力系统调节能力方面，我国同样取得了显著进展。截至2023年年底，煤电灵活性改造规模已累计达到约2.57亿千瓦，抽水蓄能装机规模增至4579万千瓦，新型储能累计装机规模达到了870万千瓦。新能源消纳形势持续向好，全国风电、光伏发电利用率分别高达97%和98%，特别是在西北地区，风电、光伏发电利用率分别达到95%和96%，同比提升0.8个百分点和1.0个百分点，彰显了我国新能源消纳能力的不断提升。

综上所述，中国电力系统经历了从初步探索到实现历史性飞跃，再到现代成就显著的发展历程。在技术创新与体制改革的推动下，电力系统正逐步实现绿色低碳转型，为实现"双碳"目标和可持续发展贡献力量。

三、中国电力系统发展面临的问题

2023年6月2日，由国家能源局主导，电力规划设计总院及中国能源传媒集团有限公司协办的《新型电力系统发展蓝皮书》正式面世，该蓝皮书深刻揭示了我国电力系统当前面临的主要矛盾与挑战：

一是多重因素叠加，部分地区电力供应紧张，保障电力供应安全面临突出挑战。当前国际局势依然复杂多变，能源价格持续高企，动力煤、天然气等大宗商品价格大幅上涨；国内煤炭、天然气供应紧张，价格处于阶段高位，火电企业经营困难。另外，近年来极端天气突发、频发造成电力负荷大幅攀升，也影响了可再生能源出力，增加了电力安全供应压力。长期来看，我国电力需求仍维持稳步增长趋势，尖峰负荷特征日益凸显，规模持续增加，但是累计时间短，出现频次低，所占电量小，增加了投资成本与保供难度。新能源装机比重持续增加，但是电力支撑能力与常规电源相比存在较大差距，未能形成可靠替代能力。因此，需要始终坚持底线思维，全力保障能源安全，积极推动构建适应大规模新能源发展的源、网、荷、储多元综合保障体系。

二是新能源快速发展，系统调节和支撑能力的提升面临诸多掣肘，新能源消纳形势依然严峻。随着新能源占比不断提高，其间歇性、随机性、波动性特点使得电力系统调节更加困难，系统平衡和安全问题更加突出。部分网架薄弱、缺乏同步电源支撑的大型新能源基地，系统支撑能力不足，使新能源安全可靠外送受到影响。近年来，虽然全国新能源利用率总体保持较高水平，但是消纳基础尚不牢固，局部地区、局部时段弃风弃光问题依然突出。未来，新能源大规模高比例发展要求系统调节能力快速提升，但是调节性资源建设面临诸多约束，区域性新能源高效消纳风险增大，制约新能源高效利用。

三是高比例可再生能源和高比例电力电子设备的"双高"特性日益凸显，电力系统安全稳定运行面临较大风险挑战。相比于同步发电机主导的传统电力系统，"双高"电力系统低惯量、低阻尼、弱电压支撑等特征明显，且我国电网呈现交直流送受端强耦合、电压层级复杂的电网形态，送受端电网之间、高低压层级电网之间协调难度大，故障后易引发连锁反应。中东部地区多条直流集中馈入，本地电源支撑能力弱，电压和频率稳定问题严峻，同时形成多个密集通道，电网安全风险异常突出。随着高比例新能源、新型储能、柔性直流输电等电力技术快速发展和推广应用，系统主体多元化、电网形态复杂化、运行方式多样化的特点越发明显，对电力系统安全、高效、优化运行提出了更大挑战。

四是电力系统可控对象从以源为主扩展到源、网、荷、储各个环节，控制规模呈指数级增长，调控技术手段和网络安全防护亟待升级。随着数量众多的新能源、分布式电源、新型储能、电动汽车等接入，电力系统信息感知能力不足，现有调控技术手段无法做到全面可观、可测、可控，调控系统管理体系不足以适应新形势发展要求，因此需要不断深化电力体制改革和电力市场建设，提升新能源消纳能力和源网荷储灵活互动调节能力。电网控制功能由调控中心向配电、负荷控制以及第三方平台前移，使得电网的攻击暴露面大幅增加，电力系统成为网络攻击的重要目标，网络安全防护形势变得更加复杂严峻，电力系统重点环节的网络安全防护能力亟须提升。

五是电力关键核心技术装备尚存短板，电力系统科技创新驱动效能还需持续提升。我国在能源电力领域已形成具有较强国际竞争力的完整产业链、供应链和价值链，但是个别技术领域同世界能源电力科技强国相比仍有差距，例如，先进核电、碳捕集利用与封存（CCUS）、高效率低成本可再生能源发电装备、大功率柔性输变电装备、长时储能、燃料电池、大型燃气轮机、高温材料、高端电工材料、关键元器件等支撑新型电力系统构建的技术、装备、材料亟须攻关突破。因此需要加强政策引导，激发创新活力，打造新型电力系统多维技术路线，推动能源电力全产业链融通发展。

六是电力系统转型过程中面临诸多改革任务，与新型电力系统相适应的体制机制亟待完善。随着电力系统的转型发展，电力体制改革进入"深水区"，深层次矛盾不断凸显。电力市场中不协调、不平衡问题较为突出，满足新型电力系统灵活、高效、便捷互动的市场机制和价格体系亟须完善，适应新能源低边际成本、高系统成本、大规模高比例发展的市场设计亟待创新，各类调节性、支撑性资源的成本疏导机制尚需健全，输配电价、上网电价、销售电价改革有待进一步深化。新形势下的电力行业管理体制仍需健全优化，适应高比例新能源和源、网、荷、储互动的电力设计、规划、运行方法有待调整和完善，电力监管机制需要创新改革，电力企业治理效能也亟待持续提升。

第二节　新型电力系统的战略价值

随着全球能源转型的加速推进和我国电力行业的快速发展，电力系统作为国家关键基础设施的核心组成部分，正经历着前所未有的深刻变革。在上一节中，我们已经详细分析了当前我国电力系统面临的一系列挑战，包括电力供应紧张、新能源消纳困难以及系统安全稳定运行风险等，这些问题不仅对我国电力系统的韧性和可靠性提出了严峻考验，也迫切要求我们寻找新的发展路径和解决方案。在此背景下，新型电力系统的建设被赋予了极其重要的战略意义。它不仅是应对全球气候变化的积极举措，更是推动我国经济社会高质量发展的必然选择。新型电力系统以其独特的战略价值，引领着能源革命的方向，推动着能源生产的清洁化、配置的智能化与高效化。全面探讨新型电力系统的战略价值，可以更加明确地认识新型电力系统在构建新型能源体系、推进能源转型以及实现经济社会可持续发展中的关键作用，进而为新型电力系统的未来发展指明方向，并为制定科学合理的政策措施提供理论支撑。

一、新型电力系统在新型能源体系中的地位与作用

（一）新型能源体系构建的核心理念

新型能源体系的建设是一项复杂而系统的工程，其核心在于实现能源结构的绿色低碳转型，同时确保能源安全、经济性和普惠共享。这一进程需秉持统筹为先、安全为基、科技为本、治理为要的四大理念，以确保体系建设

的科学性、系统性和可持续性。

1. 统筹为先

新型能源体系是在传统能源体系基础上的继承和发展，必须将系统观念贯穿于建设过程的始终，全面考虑并处理好整体与局部、短期与长远、政府与市场、国内与国际的相互关系。在结构观念上，需要充分发挥各类能源品种的优势，打通各种能源之间互补融合渠道，形成技术创新和产业培育的广阔空间。这包括优化能源供给侧与消费侧互动，以及加强各类基础设施的协调发展。

在融合观念上，要认识到"经济—能源—生态"三大系统的耦合发展趋势，科学谋划新型能源体系与国家重大战略、生产力布局调整、产业升级等方面的关联，以及宏观政策、市场机制和各级组织间发挥作用的最佳结合点，并关注极端天气等外部因素对能源系统的影响。

在秩序观念上，需做好顶层设计，精准调控新型能源体系演化的节奏和力度，确保各主体、政策、行业和市场间的协同整合。确保能源体系向清洁低碳、安全高效方向稳步迈进，敏锐捕捉"量变至质变"的关键节点，以战略眼光应对变革。尤为重要的是，战略性关键矿产作为新兴产业的命脉，其稳定供应是资源安全保障的核心与基石。据国网能源研究院预测，到2030年，新型电力系统的矿产需求将激增，达到当前水平的四倍之多；而到2060年，这一需求将急剧扩大至十八倍。具体而言，对于铜、铬、钼、锌、稀土及硅等关键矿产，2060年的累计需求量预计将比2020年增长约十倍；而对于锂、钴、石墨等矿产，其累计需求量的增长更为惊人，将达到2020年的百倍左右。此外，当前我国油气对外依存度较高，这迫切需要我们在总体国家安全观的指导下，加快实施对安全阈值的有效控制并构建全方位、多层次的立体储备机制，以增强能源安全的自主可控能力。

2. 安全为基

为应对能源领域的挑战，我国正积极实施全面节约战略，大力倡导绿色消费理念，力求以集约高效的方式满足能源需求，彻底转变过去依赖粗放供给满足刚性需求的传统模式。从宏观层面看，精准施策，为能源发展提供强有力的政策引导、法律保障及优化市场环境；从中观层面看，聚焦于能源供应能力提升、消费模式绿色转型与产业结构升级的深度融合，提升能源系统整体效能；从微观层面看，通过精进产业工艺、激发企业创新、优化价格机制及培育可持续发展社会文化环境等措施，形成发展合力。

鉴于我国"富煤、贫油、少气、富可再生"的能源资源特点，需加速构建多轮驱动的多元供给体系，推动化石能源清洁高效利用，同时加大油气勘探开发与增储上产力度。在此基础上，充分发挥煤炭清洁利用体系优势，聚焦煤炭行业高质量发展的四大关键问题，并合理把握非化石能源替代节奏，高质量规划设计并建设以沙漠、戈壁、荒漠地区为重点的大型风电光伏基地，确保能源安全自主可控。在产供储销体系方面，需确保安全、高效、流畅运转，加强风险防范和应急管理体系建设。在全球治理体系框架下，还需对能源全科技链、产业链、供应链进行风险评估，形成应对极端场景的替代方案。

3. 科技为本

科技创新是新型能源体系建设的核心驱动力，我们要充分依托新型举国体制所具备的优势，充分调动和汇聚创新资源，形成涵盖技术路线布局、组织体系构建和创新方向谋划的强大合力。

首先，推动技术路线与组织体系协同并进。在技术路线上，布局多元化且高韧性的重大科技创新方向，针对未来新型能源体系中的潜在"瓶颈"，强化基础性、紧迫性、前瞻性及颠覆性科技的一体化研究。聚焦于破解科技创新转化的"瓶颈"，立足新型能源体系全产业链，对关键环节与薄弱点实施精准布局与攻关，特别是在新型电力系统领域，加速基础理论、电网技术、负荷侧互动、电源效能提升及新能源支撑技术等基础技术的突破，并且以前瞻性的眼光布局储能、数字化、绿色电工装备及颠覆性技术，引领全球能源电力发展方向。

其次，促进组织体系与软技术体系深度融合。在组织体系构建上，直面能源科技发展难题与体制机制"瓶颈"，依托新型举国体制优势，促进政产学研用深度融合，构建起一个贯穿基础研究、技术攻关、装备制造、工程示范、平台搭建及产业培育的全链条创新体系。通过新型电力系统技术创新联盟等平台，加强联合攻关、标准制定与成果共享，加速核心技术突破，同时，认识到新型能源体系作为复杂的系统，需强化"有组织"的集成与协同创新，依托系统工程理论，结合特高压、高铁、航天等领域的成功经验，推动软技术体系的专业化、科学化、学科化发展，为凝聚共识、科学规划及协同组织提供理论支撑，全面提升我国能源科技创新与体系工程的组织效能。

4. 治理为要

新型能源体系的建设触及全社会利益格局的深刻调整，需从战略规划、政策供给、法治保障、市场统一和价格机制五大维度综合施策，以全面推进能源治理现代化进程。首先，建立健全国家级、综合性、跨系统的战略规划体系，确保能源发展战略的顶层设计与协同规划覆盖广泛、周期合理，并科学评估决策对能源系统及各品种的长远影响。其次，构建全面的政策供给体系，涵盖财税、金融、价格、环保、土地及人才等关键要素，以政策协同促进市场主体的有序进入与退出，推动市场融合，同时，强化法治在能源治理中的作用，明确各监管主体权责界限，理顺部门间及中央与地方监管之间关系，形成高效协同的治理格局。再者，建立全国统一能源市场，确保市场能够充分反映能源商品与社会属性，优化比价效应，打破省际壁垒，营造良好营商环境，促进多品种能源市场无缝对接。最后，推动跨区域、跨能源品种的价格形成与传导机制有效运作，在政府宏观调控下，深化市场化改革，提升市场对供需、安全、调节及生态价值的敏锐感知与响应能力，加速油气、煤炭、水电、核电及新能源发电等领域的价格市场化进程，共同构筑一个开放、竞争、有序、高效的能源市场体系。

（二）新型电力系统：新型能源体系的核心引擎与多维效能

新型能源体系的建设，其核心在于确保能源安全，以重大科技创新为驱动，以产业和商业模式创新为动力，致力于推动能源治理体系和治理能力的现代化，并持续深化国际能源合作。在这一进程中，新型电力系统不仅是新型能源体系建设的核心引擎，还是推动能源绿色低碳转型的主动脉，更是实现"双碳"目标的关键支撑力量。《中共中央 国务院关于加快经济社会发展全面绿色转型的意见》明确指出，绿色转型是经济社会发展的重要组成部分，新型电力系统在能源结构调整和高质量发展中发挥着至关重要的作用。作为能源转换的中枢，新型电力系统能够无缝联结一次能源与二次能源，实现能源形式间的灵活、高效及智能化转换，从而在促进能源结构优化、保障能源安全及推动经济社会绿色发展等多个方面，展现出巨大的潜力与卓越的价值。以新型电力系统推动新型能源体系的构建需要立足于我国能源资源禀赋，坚持先立后破、通盘谋划的原则，为新发展格局筑牢安全底线，提供强引擎和新动能，推动建设现代化经济体系。

总体来看，新型电力系统在新型能源体系中的作用主要体现在以下方面：

1. 能源安全的稳固基石

新型电力系统作为新型能源体系建设的核心基石，不仅驱动着能源体系的现代化步伐，还引领着理论创新的浪潮。在政策引导与市场机制的双重作用下，我国正加速推进可再生能源对传统能源的替代，如《加快构建新型电力系统行动方案（2024—2027年）》的出台，旨在构建一个清洁低碳、安全高效的能源新生态，为应对气候变化、实现碳达峰碳中和目标奠定坚实基础。

随着新能源的广泛接入与技术的飞速发展，传统能源体系正经历着前所未有的深刻变革。新型电力系统在稳定性、保护机制、电能质量、系统协同与平衡等关键领域都取得了显著的理论与实践突破，为能源系统从生产、供应、存储到消费的全生命周期管理提供了坚实的理论基础与技术支撑。

在新型电力系统的建设过程中，大数据与人工智能技术的深度融合，极大地增强了电网的智能监测与优化控制能力，显著提高了系统运行效率与稳定性，不仅增强了能源供应的可靠性，还有力推动了绿色低碳转型，确保新型能源体系下的供能安全。通过技术创新，新型电力系统不仅能显著提高能源转换效率，降低消费成本，还能促进新能源的大规模灵活并网，有效减少了大气污染物与温室气体的排放，引领能源消费模式向更高效、更清洁的方向迈进。这些综合举措使新型电力系统成为推动能源革命的关键力量。

2. 引领能源生产清洁化

在全球绿色低碳发展共识日益增强的背景下，我国正积极响应《中共中

央 国务院关于完整准确全面贯彻新发展理念做好碳达峰碳中和工作的意见》，加速推进能源生产清洁化进程，致力于构建起一个清洁、低碳、安全且高效的能源体系。

在此过程中，新型电力系统不仅是关键驱动力，更是引领变革的核心引擎。它以推动太阳能、风能等可再生能源的广泛应用为引领，通过整合油、气、煤、水、核、风、光等多种能源资源，构建起一个多元驱动、协同互补的能源与电力供应体系。特别是在沙漠、戈壁、荒漠地区布局的大型风电光伏基地与特高压输变电网络的协同作用下，新型电力系统进一步提升了可再生能源的开发利用水平。

同时，新型电力系统还注重提升煤炭的清洁高效利用水平，推动煤电向调节性电源转变，为我国能源供应的清洁化转型开辟了重要路径。此外，分布式供电与智能电网的深度融合，不仅显著增强了能源系统的韧性，还实现了对能源供应的远程实时监测与高效管理，为能源安全提供坚实保障。

3. 推动能源配置智能化与高效化

新型电力系统凭借智能化管理策略，显著提高了能源利用效率，大幅削减了能源损耗，并极大增强了多品种能源之间的协同配置能力。通过打造灵活高效的网架结构，新型电力系统可全面提升大电网的调度管控能力。借助多时间尺度、广域覆盖、快速响应的复杂电网仿真平台，有助于构建一个全景可感知、全局可控的调度控制体系，在这一体系下实现主网、配电网与分布式微电网间的有效协同，确保能源资源的广域优化配置与动态平衡，充分满足新能源远距离输送与安全运行的需求。

在消费端，新型电力系统正引领电气化水平实现飞跃式提升。通过优化能源生产布局、提高资源配置效率及创新能源开发利用模式，新型电力系统正积极推动新能源在工业、建筑等领域的广泛应用，引导公众向绿色电力消费的方向转变，从而全面提升整体能源利用效能。

随着工业、建筑、交通等行业电气化、自动化、智能化水平的持续进步，预计至2060年，全社会终端能源消费的电气化比例将达到70%，这不仅是现代文明进步的标志，也是能源消费结构持续优化的体现。此外，新型电力系统还积极倡导在消费领域树立全民节约意识，鼓励人们养成简约适度、绿色低碳的生活方式，反对奢侈浪费与过度消费。通过提升消费侧电气化水平，新型电力系统已成为推动能源消费结构优化的关键力量，这不仅有助于提高能源利用效率，更是实现可持续发展目标的重要举措。

4. 塑造能源发展新业态

新型电力系统作为推动我国能源体系向自主可控、全球布局产业链迈进的关键力量，其产业创新与形态变革至关重要。全面把握新型电力系统产业链的发展趋势，将为新型能源体系的建设及其与国家现代化经济体系、绿色低碳循环发展产业体系的深度融合提供有效指导。

一是能引领产业创新与价值重构。作为新型能源体系的核心载体，新型电力系统产业将紧密围绕能源清洁低碳转型、数字化转型及产业升级等核心要求，持续推动创新变革。它不仅是新型能源体系价值形态升级、协同模式创新及空间布局优化的先行者与示范者，更在传统能源电力价值的基础上，协同更多产业主体与要素，促进产业空间布局的合理升级。通过深度融合与互动，新型电力系统产业将催生出一系列新模式与新业态，不断拓展新型能源体系的价值创造空间，引领能源发展新业态的塑造与升级。

二是推动能源互联网的形态重塑。新型电力系统正处于从传统电网向能源互联网深刻转型的关键时期。作为新型能源体系中实现大规模广域资源优化配置的枢纽平台，新型电力系统推动着分布式发电与供热、用户侧储能、智能微电网及氢储能等新兴能源业态的蓬勃发展。这一转型不仅促进了用户侧产消者、虚拟电厂聚合商、综合能源服务商等多元主体的积极参与，还加速了源、网、荷、储各要素的深度融合与高效循环，实现多能源品种间以及集中式与分布式资源间的协调共进与协同发展。

三是经济增长与可持续发展的催化剂。新型电力系统的建设与发展不仅是经济持续增长不可或缺的催化剂，而且通过激发相关产业链的技术革新与产业升级，创造了丰富的就业机会，促进经济结构的多元化发展，同时，它积极推动能源消费模式的变革，提升终端能效与电气化水平，为经济社会全面绿色转型奠定了坚实的基础。作为技术创新与模式创新的先锋，新型电力系统不断推动可再生能源、储能技术和智能电网等领域实现突破性进展，并勇于探索虚拟电厂、需求侧响应等前沿商业模式，为能源行业注入了强大的创新驱动力与发展活力。

四是科技创新与产业升级的驱动力。科技创新与产业升级在推动新型电力系统实现能源生产清洁化的进程中扮演着至关重要的角色，为能源安全供应提供了坚实保障。未来，"大云物移智链"（大数据、云计算、物联网、移动互联网、人工智能、区块链）等新一代信息技术与能源技术的深度融合与广泛应用，将显著增强能源转型的数字化与智能化特征。在电网向能源互联网转型升级的过程中，无论是应对新能源大规模、高比例并网与消纳的挑战，还是支撑分布式电源、储能系统、电动汽车等交互式、移动式设施的广泛接入，数字技术都发挥着不可或缺的赋能作用。面对新能源大规模开发利用的迫切需求，我们必须坚持需求导向和问题导向，加大力度推进原始创新，强化先进技术的集成应用，以创新成果为能源转型注入强劲的新动能，同时，制定合理的新能源产业规划并建立规范的产业发展秩序，对于促进我国新能源产业的健康发展、提升国际竞争力具有重要意义。

此外，能源科技创新还能够有力支撑能源消费的优质供给。通过提升电网的智能互动水平，加强多种能源灵活转换与集成优化技术的研发与示范应用，构建智慧能源服务体系，可以进一步优化能源的综合利用效率。以更可靠的电力供应和更优质的服务，持续为客户创造最大价值，助力经济社会蓬勃发展，更好地服务于人民的美好生活。

二、新型电力系统与新质生产力

（一）新质生产力

2023年9月7日，习近平总书记在新时代推动东北全面振兴座谈会上强调："积极培育新能源、新材料、先进制造、电子信息等战略性新兴产业，积极培育未来产业，加快形成新质生产力，增强发展新动能。"

1. 基本内涵

习近平总书记在中共中央政治局第十一次集体学习时强调："概括地说，新质生产力是创新起主导作用，摆脱传统经济增长方式、生产力发展路径，具有高科技、高效能、高质量特征，符合新发展理念的先进生产力质态。它由技术革命性突破、生产要素创新性配置、产业深度转型升级而催生，以劳动者、劳动资料、劳动对象及其优化组合的跃升为基本内涵，以全要素生产率大幅提升为核心标志，特点是创新，关键在质优，本质是先进生产力。"

（1）更高素质的劳动者是新质生产力的第一要素

人是生产力中最活跃、最具决定意义的因素，新质生产力对劳动者的知识储备和技能水平提出更高要求。发展新质生产力，需要能够创造新质生产力的战略人才，同时需要培育一支新型劳动者队伍。劳动者是引领世界科技前沿、创新创造新型生产工具的重要力量。

（2）更高技术含量的劳动资料是新质生产力的动力源泉

随着科技的快速发展，生产工具的科技属性强弱是辨别新质生产力和传统生产力的鲜明标志。新一代信息技术、先进制造技术、新材料技术等融合应用，孕育出一大批更智能、更高效、更低碳、更安全的新型生产工具。这些工具不仅解放了劳动者，削弱了自然条件对生产活动的限制，而且极大拓展了生产空间，为形成新质生产力提供了物质条件。特别是工业互联网、工业软件等非实体形态生产工具的广泛应用，极大地丰富了生产工具的表现形态，促进制造流程的智能化，推动制造范式从规模生产向规模定制的转变。这种转变不仅提高了生产效率和产品质量，而且使生产更加灵活、个性化，能够更好地满足市场和消费者的需求。新型生产工具的应用，实际上是对传统劳动资料的一次革命性升级。它们不再是过去那种简单的机械装置，而是集成了大量高科技元素于一身，具有高度的自动化、信息化和智能化特征。这些新型生产工具通过精确控制和优化生产过程，提高了生产效率和产品质量，降低了生产成本和资源消耗，实现了生产方式的根本变革。

（3）更广范围的劳动对象是新质生产力的物质基础

劳动对象是生产活动不可或缺的基石。随着科技创新在广度、深度、精度及速度上的不断飞跃，劳动对象的种类与形态实现了前所未有的扩展。一方面，人类利用先进科技手段，从自然界中获取物质与能量的能力显著增强，利用和改造自然的边界已延伸至深空、深海、深地，以及太阳能、风能、核能等清洁能源领域。以海上风电为例，开发活动正由近海向深远海迈进，我国已成功建成全球首座水深超百米、离岸距离超百公里的深远海漂浮式风电平台——"海油观澜号"，标志着海上油气开发迈入"绿电时代"，展现了人类探索利用自然资源的新高度。另一方面，人类通过劳动不断创造新的物质资料，并将其转化为新的劳动对象，这一过程极大地提高了生产效率。特别是数据作为一种新型生产要素，已成为重要的劳动对象。它不仅直接参与社会价值创造，还通过与其他生产要素的结合与融合，进一步放大价值创造的效应，为经济社会发展注入了新的活力。

由此可见，新质生产力蕴含着巨大的发展潜能，这种潜能足以开创一个全新的社会生产纪元。在生产力构建的过程中，劳动者、劳动资料、劳动对象以及科学技术、管理等要素均扮演着不可或缺的角色。只有当这些生产力要素实现高效协同，才能释放出更为强劲的生产力。得益于一系列新技术的推动，新质生产力正引领生产主体、生产工具、生产对象和生产方式的深刻变革，促使劳动力、资本、土地、知识、技术、管理、数据等要素实现便捷流动、网络共享、系统整合、协同开发和高效利用。这一变革不仅显著降低了交易成本，还极大地提高了资源配置效率和全要素生产率。

2. 主要特征

与传统生产力形成鲜明对比，新质生产力是创新起主导作用，摆脱传统经济增长方式、生产力发展路径的先进生产力，具有高科技、高效能、高质量特征。

（1）以科技创新为引擎，塑造高科技生产力新形态

从现代生产力变革角度来看，科学技术越来越成为生产力中最活跃的因素和最主要的推动力量，科技创新深刻重塑劳动者、劳动资料、劳动对象等生产力基本要素，催生新产业、新模式、新动能，推动生产力向更高级、更先进的质态演进，科技创新是发展新质生产力的核心要素。新质生产力是科

技创新在其中发挥主导作用的生产力,是对"生产力中也包括科学""科学技术是第一生产力"等重大论断的进一步拓展和深化。以科技创新特别是原创性、颠覆性科技创新为引领,推动创新链产业链资金链人才链深度融合,加快科技创新成果向现实生产力转化,是发展新质生产力的必由之路。近年来,我国积极践行创新驱动发展战略,科技创新能力持续增强,已成功跻身创新型国家之列。2023年,我国在全球创新指数中位列第12,于载人航天、量子信息、核电技术、大型飞机制造等多个关键领域取得了重大突破,为新质生产力的快速发展奠定了坚实的基础。

(2)以战略性新兴产业和未来产业为主要载体,形成高效能生产力

产业是生产力变革的具体表现形式,主导产业和支柱产业持续迭代升级是生产力跃迁的重要支撑。作为引领产业升级和未来发展的新支柱、新赛道,战略性新兴产业和未来产业的效能更高,具有创新活跃、技术密集、价值高端、前景广阔等特点,为新质生产力发展壮大提供了巨大空间。近年来,我国战略性新兴产业蓬勃发展,2022年产业增加值占国内生产总值比重超过13%,新能源汽车、锂电池、光伏产品等重点领域加快发展,在5G、人工智能等数字经济领域形成一定领先优势。我国以前瞻性的眼光谋划未来产业发展,促进技术创新、研发模式、生产方式、业务模式、组织结构等全面革新,发展新质生产力的产业基础不断夯实。

(3)以新供给与新需求高水平动态平衡为落脚点,形成高质量生产力

供需有效匹配是社会大生产良性循环的重要标志。社会供给能力和需求实现程度受生产力发展状况制约,只有依托高水平的生产力才能实现高水平的供需动态平衡。我国大部分领域"有没有"的问题基本得到解决,"好不好"的问题日益凸显,客观上要求形成需求牵引供给、供给创造需求的新平衡。一方面,新需求对供给升级提出更高要求,牵引和激发新供给,撬动生产力实现跃升。另一方面,基于新质生产力形成的新供给,能够提供更多高品质、高性能、高可靠性、高安全性、高环保性的产品和服务,创造和引领新需求。新质生产力是促进经济发展从"有没有"转向"好不好"的强劲推动力。加快发展新质生产力符合高质量发展的要求,体现了统筹扩大内需和

深化供给侧结构性改革的原则。以发展新质生产力来提高供给体系质量，以高质量供给更好满足人民日益增长的美好生活需要，有助于实现供需高水平动态平衡和国民经济良性循环，更好发挥我国超大规模市场优势，增强经济增长和社会发展的持续性。

（二）新质生产力：新型电力系统建设的核心驱动力

新质生产力，作为先进生产力的典范，其根源在于技术突破、生产要素的创新配置以及产业结构的深度重构。这与新型电力系统在追求原创性、引领性技术革新上的理念不谋而合，二者均将科技创新视为推动发展的核心驱动力。新型电力系统的建设离不开新质生产力，它正逐步重塑电力行业的产业结构，加快能源电力行业的发展步伐，并孕育着战略性新兴产业和未来产业的蓬勃发展。

在新质生产力的强力驱动下，电力系统正经历着新兴能源技术领域的蓬勃发展，尤其是新型储能与氢能技术取得突破性成就，以及工业、建筑等核心产业领域正经历着深刻的变革与转型升级。这些突破性成果的持续涌现与创新生态系统的不断优化升级紧密交织，它们共同促进了创新链、产业链及人才链之间的高效整合与深度融合。这一高效协同的自主创新体系，不仅可显著提高全要素生产率，更为新型电力系统的技术革新与产业升级奠定了坚实的基础。在新质生产力的引领下，能源电力行业正稳步迈向更高效能、更绿色清洁、更智能化的发展新阶段，预示着一个全新、更加繁荣的能源未来正向我们走来。

（三）新型电力系统：新质生产力的孵化器

1.技术创新的引领者

新型电力系统不仅是对全球气候挑战的积极应对，更是推动经济社会高质量发展的战略选择，其核心使命是实现碳达、峰碳中和目标，践行新发展理念，重塑以新能源为主体的能源格局，引领能源革命。作为现代能源体系的核心组成部分，新型电力系统正以前沿科技为驱动，深度融合数字技术与绿色技术，引领电力系统向数字化、绿色化转型，为新质生产力的发展铺设坚实的技术基石与物质支撑。

在技术层面，新型电力系统强调原创性、引领性技术的深度融合与突破，尤其是数字技术与绿色技术的广泛应用。这一过程不仅是技术层面的简单叠加，而且是通过数字化、智能化手段，实现对电力系统全链条、全环节的深度改造与优化，显著提升电力系统的灵活性与可靠性。智能电网、高效储能、分布式能源等关键技术的不断突破，不仅促进了清洁能源的高效利用与优化配置，更为新质生产力的培育与发展构建了稳固的技术平台。

更为重要的是，新型电力系统的建设与发展，为新质生产力的孵化、新技术、新业态、新模式的涌现提供了广阔的实践场景与无限可能。随着科技融合的深化，科学研究与技术服务、装备制造、新能源汽车及智能网联汽车等代表新质生产力发展方向的行业蓬勃发展，展现出强劲的增长动力与创新能力。这些产业的快速发展，不仅推动了用电需求的激增，更带动了整个经济社会的转型升级与高质量发展。

自"十四五"开局以来，我国科学研究和技术服务业、科技推广和应用服务业用电量快速增长，2024年上半年，高技术及装备制造业用电量同比增长13.1%，全国电动汽车总充电量同比增长54.6%，成为新质生产力蓬勃发展的生动例证，同时，数字产业的快速发展也为新质生产力注入了强大动力，信息传输、软件和信息技术服务业以及新型数字基础设施的快速发展，加速了数实融合进程，催生了新型生产工具与业态。未来，新型电力系统将在技术创新与融合应用的推动下，持续发挥其在新质生产力培育中的核心作用，为全球可持续发展贡献中国智慧与方案。

2. 生产要素的优化者

新型电力系统的构建，标志着能源技术的一次飞跃，深刻优化并重塑了生产力的三大支柱，即劳动资料、劳动者与劳动对象。此变革驱动电力系统迈向高效、绿色、智能的新时代。传统电力系统依赖化石能源，而新型系统则勇于创新，积极引入新型储能设备与清洁能源等新型生产要素，以其可再生、低碳环保等特性，优化能源结构，提高能源利用效率，同时，大数据、云计算等信息技术的广泛应用,为电力系统管理带来颠覆性变革,有助于实现数据秒级处理与精准决策,增强电力系统的效能与稳定性。

(1)劳动资料的智能化飞跃

新型电力系统摒弃传统重资产模式,拥抱光伏、风电、储能等绿色技术,数据与算力跃升为关键生产要素。鉴于可再生能源的间歇性与波动性特征,以及分布式电源的大规模并网,电力系统对即时监测与灵活调控的需求急剧上升,促使数据与强大的计算能力成为维持系统稳定、实现供需平衡不可或缺的关键要素。这一变革不仅加速了电力系统的智能化进程,更为能源行业的数字化转型提供了有力支撑。

(2)劳动者的角色重塑

新型电力系统的崛起,促使劳动者角色经历了一场根本性的变革。一方面,该系统要求构建一个轻量化、线上与线下深度融合的智慧运营框架,以高效管理多层次且复杂的资产组合,确保实现市场导向的资源优化配置。另一方面,面对资产实时管理的复杂性与高效性需求,人工管理的局限性日益凸显,因此对机器智能的依赖程度显著增强,如 AI 调度、AI 巡检、AI 交易等先进技术的应用,成为实现人机协同的关键。这一劳动者角色的深刻变化,不仅显著提高了电力系统的运营效率与管理效能,更为劳动者的职业生涯开辟了新的发展空间,带来了前所未有的机遇与挑战,推动他们向更高技能、更智能化的职业路径发展。

(3)劳动对象的绿色与市场化转型

在劳动对象的演变历程中,新型电力系统同样彰显了其创新性。传统电力系统中,电力产品以火电为主导,且主要遵循发用电计划及统购统销的结算模式。然而,在新型电力系统的背景下,电力产品正逐步转型为具备鲜明商品特性的绿色电力。这些绿色电力依据双边协商与多边统一出清的高效交易模式进行生产与销售,确保了电力实时供需的精准平衡。这一劳动对象的深刻变化,不仅精准回应了市场对环保电力的迫切需求,更引领着电力系统商业模式与盈利模式的全面革新,推动整个能源行业的绿色转型与可持续发展。

（4）优化组合模式：引领电力生产与消费的未来转型

在生产端，集中式与分布式电力生产并存，共同参与市场交易与系统平衡；在消费端，产销者模式、新型负荷及分布式储能等新兴业态蓬勃兴起；从系统层面来看，产销者、就地平衡单元、主动式智能配电网等新概念逐步落地。这些变革深刻调整了电力生产与消费的关系，推动传统管理模式向更加灵活、高效的新范式转型。新型电力系统的优化组合模式，不仅提升了系统整体效能，更为能源行业的未来发展提供了新思路、新方向。

3. 产业升级的推动者

新型电力系统的构建，不仅引领着新能源、储能、氢能等能源产业的蓬勃发展，还深刻驱动着工业、建筑等多领域的转型升级，构筑了更为强劲的行业生态。这一转型不仅强化了能源电力行业的竞争力与可持续性，更为新质生产力的涌现开辟了多元化的应用场景与广阔的市场空间。

在工业领域，该系统以稳定、绿色的电力供应为基础，可有效降低企业的生产成本，激发企业采纳先进制造技术、实施节能减排的积极性，并将催生智能制造、绿色制造等前沿业态。智能电网与工业互联网的深度融合，可实现能源流与信息流的无缝对接，为工业生产向智能化、高效化及低碳化转型提供强大的技术支撑，引领工业经济迈向高质量发展新阶段。

在建筑领域，新型电力系统正强力推动着绿色建筑与零碳建筑的发展。借助分布式光伏、高效储能以及智能微电网等前沿技术的集成应用，建筑物不仅能够实现自给自足，满足部分乃至全部的能源需求，还能够在电力市场中扮演起积极的"产消者"角色，灵活参与交易，显著提高能源的整体利用效率。此外，智能建筑管理系统与新型电力系统的深度融合，使得能源管理达到前所未有的精细化水平，为用户创造更加舒适、节能且环保的生活与工作环境，引领建筑行业的绿色转型与可持续发展。

尤为关键的是，新型电力系统的构建将激发能源、信息技术、材料科学等多领域的创新活力，孕育出能源互联网、虚拟电厂、综合能源服务等一批新兴业态，为产业链上下游企业开辟新的增长点，同时，新型电力系统的建设还促进了科研与教育的深度融合，加速了科研成果从实验室到市场的转化与应用速度，为社会经济发展注入强劲的科技动力。这一进程催生了对高素质、复合型人才的巨大需求，进而推动教育体系与职业培训体系的革新，为产业持续发展提供坚实可靠的人才支撑与保障体系。

4.绿色发展的践行者

新型电力系统在工业、建筑、交通等多个关键领域积极推广电能替代技术，如电炉炼钢、电锅炉、电采暖、热泵、电动汽车及电动船舶等，有效减少了化石燃料直接燃烧所产生的污染，加速了能源消费结构的清洁化转型。

此外，新型电力系统还是绿色供应链的积极倡导者与绿色低碳技术的领航者。它不仅关注能源生产环节的绿色转型，还积极倡导并助力传统行业构建涵盖原材料采购、生产加工至终端产品销售的全链条绿色供应链体系，旨在全面削减产业链整体碳排放，提升行业的绿色竞争实力与长期可持续发展潜力。在技术创新层面，新型电力系统对光伏发电、风力发电等前沿清洁能源技术，以及储能技术的研发给予了高度重视与广泛应用。这些绿色技术的深度融合，不仅可以有效降低能源生产与消费过程中的碳排放密度，还可以显著提高能源利用效率与管理效能，为新质生产力的发展提供更加可持续的发展路径和更加广阔的发展空间。

第三节　新型电力系统的要求、特征与构建

在深入探讨新型电力系统如何推动新型能源体系建设与新质生产力发展的过程中，我们清晰地认识到，这一转型过程不仅重塑了能源产业的格局与发展模式，更对电力系统的内在要求、核心特征及其构建逻辑提出了全新的挑战与机遇。新型电力系统的构建，不仅是技术层面的革新与升级，更是对能源安全、经济高效、环境友好等多维度目标的综合考量与平衡。

在构建新型电力系统的过程中，为了全面把握其发展方向与路径，首先

需要深入理解其内在的要求与特征，并据此明确其建构的逻辑框架。这不仅是实现新型电力系统高质量发展的基础，更是推动能源转型、促进可持续发展的关键所在。新型电力系统的建设应立足于我国能源领域的显著优势，不断强化其基础，并敏锐把握能源转型与高质量发展的新态势。在此过程中，能否妥善协调全局与局部、当前和长远、国内与国际等多重维度的关系至关重要。应围绕"四个革命、一个合作"的能源安全新战略，着力解决控制能源消费总量、提升能源安全供给能力、推动科技创新引领、深化体制改革以及加强国际合作等核心问题，以确保新型电力系统的稳步构建与可持续发展。

一、新型电力系统的要求

《中国共产党第二十次全国代表大会报告》强调："要积极稳妥推进碳达峰、碳中和，深入推进能源革命，加快规划建设新型能源体系。"这为我国新时代能源电力高质量跃升式发展指明了前进方向，提出了更高要求。为完整、准确、全面贯彻落实党中央决策部署，积极践行"双碳"战略，推动构建新型能源体系，电力系统必须立足新发展阶段、贯彻新发展理念，重点在功能定位、供给结构、系统形态、运行机理、调控体系等领域顺应发展形势、响应变革要求，主动实现"四个转变"。

一是电力系统功能定位由服务经济社会发展向保障经济社会发展和引领产业升级转变。践行"双碳"战略，能源是主战场，电力是主力军。作为能源供给体系的核心，电力系统发展应逐渐向跨行业、跨领域协同转变，各产业用能方式向全面低碳化转型，以电力供给支撑经济增长，进而实现经济高效低碳发展。充分发挥技术创新对电力系统转型升级的支撑作用，通过源、网、荷、储各环节的关键核心技术创新和重大装备攻关，推动相关产业"补链""延链""强链"，促进产业结构提档升级。

二是电力供给结构从以化石能源发电为主导逐步向新能源提供稳定电力保障转变。在未来较长时间内，煤电仍将作为保障我国电力供应安全的重要支撑，因此，必须加速推进煤电的清洁化、低碳化进程，并提升其灵活调节能力，促使化石能源发电逐步转型为既能保障基础供电又能承担系统调节双重角色的电源。鉴于水电等传统非化石能源因站址资源限制增速放缓，核电建设逐步向新一代先进核电技术过渡的态势，新能源需逐步担当起绿色电力供应的主力角色。为此，需通过提升功率预测精确度、科学合理地配置调节资源、实施智能化调度等措施，提高新能源发电事先可感知、事中可调节的能力，打造系统友好型电站，为电力系统的稳定运行提供可靠的电力支撑，推动终端能源消费全面绿色转型升级。

三是系统形态由"源、网、荷"三要素向"源、网、荷、储"四要素转变，电网多种新型技术形态并存。为推动解决新能源发电所具有的随机性、波动性、季节不均衡性带来的系统平衡问题，多时间尺度储能技术开始规模化应用，促使系统形态逐步由"源、网、荷"三要素向"源、网、荷、储"四要素转变。考虑到要支撑高比例新能源接入系统和外送消纳，未来电力系统仍以交直流区域互联大电网为基本形态，推进柔性交直流输电等新型输电技术广泛应用。以分布式智能电网为发展方向的新型配电系统形态逐步走向成熟，就地就近消纳新能源，形成"分布式"与"大电网"兼容并存的电网格局。

四是电力系统调控运行模式由源随荷动向源、网、荷、储多元智能互动转变。新型能源体系下，伴随大规模新能源和分布式能源接入，电力系统调度运行与新能源功率预测、气象条件等外界因素结合更加紧密，源、网、荷、储各环节数据信息海量发展，实时状态采集、感知和处理能力逐渐增强，调度层级多元化扩展，由单个元件向多个元件构成的调控单元延伸，调度模式需由源、荷单向调度向适应源、网、荷、储多元互动的智能调控转变。

二、新型电力系统的特征

新型电力系统是以确保能源电力安全为基本前提，以满足经济社会高质量发展的电力需求为首要目标，以高比例新能源供给消纳体系建设为主线任务，以源、网、荷、储多向协同、灵活互动为坚强支撑，以坚强、智能、柔性电网为枢纽平台，以技术创新和体制机制创新为基础保障的新时代电力系统，是新型能源体系的重要组成和实现"双碳"目标的关键载体。新型电力系统具备安全高效、清洁低碳、柔性灵活、智慧融合四大重要特征，其中安全高效是基本前提，清洁低碳是核心目标，柔性灵活是重要支撑，智慧融合是基础保障，共同构建了新型电力系统的"四位一体"框架体系。

（一）安全高效

安全高效是构建新型电力系统的基本前提，要求我们在新型电力系统的建设过程中必须统筹好发展和安全两大关键要素。随着新能源发电的日益普及，其受自然环境影响而导致的电力和电量之间的平衡问题愈发严峻。此外，电力系统"双高"特性凸显，这一特性给传统电网的稳定运行带来了前所未有的挑战。极端外力破坏与数字化、信息化手段引入所带来的非传统安全风险正急剧增加，如伊朗、乌克兰等国家电力系统遭受的安全攻击事件，更是为我们敲响了警钟，迫切需要我们加强电力系统的韧性与安全建设，以应对日益复杂且多变的挑战。

因此，新型电力系统必须着重提升系统的气候弹性、安全韧性、调节柔性和保障能力。在这一转型过程中，通过增强新能源的可靠支撑能力，使其逐步成为系统的主要电源；而煤电则继续作为电力安全保障的"压舱石"，承担基础保障的重任。多时间尺度的储能技术协同运行，能够有效支撑电力系统实现动态平衡。此外，"大电源、大电网"与"分布式"能源模式的兼容并蓄，多种电网形态的共存，共同促进系统安全稳定与高效运行。未来，在新型电力系统的构建过程中，必须不断创新理论分析、控制管理及调节方式，保持高度的安全警惕性，以积极的姿态迎接并化解可能出现的各类挑战。

（二）清洁低碳

清洁低碳不仅是构建新型电力系统的核心目标，更是实现碳达峰、碳中和的关键路径。我国电力系统正在加速重构，电源结构稳步向大规模清洁能源发电迈进，同时构建起以电力为主导的能源消费新生态，通过电力部门的深度脱碳，引领整个能源体系的低碳转型。非化石能源发电正逐步成为装机主体与电量主体，核能、水能、风能、光伏及储能等多种清洁能源将实现协同互补发展，化石能源发电的装机及发电量占比将显著降低。在这一进程中，新型低碳、零碳及负碳技术扮演着至关重要的角色，它们将成为推动电力系统碳排放逐步削减至"双碳"目标范围的关键力量。

此外，面对新能源大规模并网带来的消纳挑战，新型电力系统正积极探索新策略。鉴于传统电源侧与电网侧的调整策略已难以独立应对当前挑战，新型电力系统正积极挖掘负荷侧的灵活调节潜力，并深度融合新型储能技术，深化源、网、荷、储的一体化协同发展。此举不仅能有效提升新能源的并网消纳能力，还能促进各行业的电气化转型热潮。工业、交通、建筑等关键领域纷纷采用先进的电气化技术及设备，电能逐步成为终端能源消费的主体，推动着终端能源消费结构的低碳化进程。并且，随着绿电消费激励与约束机制的日益完善，绿电与绿证交易市场的蓬勃发展，更为绿色电力的环境价值提供了市场化的认可与回报。通过这些综合性的战略举措，新型电力系统正坚实地迈向一个更加清洁、低碳的未来。

（三）柔性灵活

柔性灵活是构建新型电力系统的重要支撑。在新型电力系统中，不同类型机组的灵活发电技术、不同时间尺度与规模的灵活储能技术、柔性交直流等新型输电技术的广泛应用，使骨干网架柔性灵活程度更高，能够更好地支撑高比例新能源接入系统和外送消纳。同时，随着分布式电源、多元负荷和储能的广泛应用，大量用户侧主体兼具发电和用电双重属性，终端负荷特性由传统的刚性、纯消费型向柔性、生产与消费兼具型转变，源、网、荷、储灵活互动和需求侧响应能力不断提升，支撑新型电力系统安全稳定运行。辅助服务市场、现货市场、容量市场等多类型市场持续完善、有效衔接融合，体现灵活调节性资源的市场价值。

面对我国电力系统在高效运行过程中存在单位 GDP 能耗偏高、电力设备利用率不足以及源、网、荷脱节等问题，未来的电力系统转型必须加速推进市场化转型，构建一个以中长期市场为主体、现货市场为补充，涵盖电能量、辅助服务、发电权、输电权和容量补偿等多种交易品种的市场体系，通过市场机制的作用，提高系统运行效率，实现全局资源的优化配置。在技术上，新型电力系统需要加快数字化升级改造和智能化技术应用，推动规划、设计、调度、运行各个环节全面转型和革新，提高整体运行效率，适应灵活开放式电力市场的构建需要。

（四）智慧融合

智慧融合是构建新型电力系统的基础保障。新型电力系统以数字信息技术为重要驱动，呈现出数字、物理和社会系统深度融合的特点。为适应新型电力系统海量异构资源的广泛接入、密集交互和统筹调度，"云大物移智链边"等先进数字信息技术在电力系统各环节被广泛应用，助力电力系统实现高度数字化、智慧化和网络化，支撑源、网、荷、储海量分散对象协同运行和多种市场机制下系统复杂运行状态的精准感知和调节，推动以电力为核心的能源体系实现多种能源的高效转化和利用。新型电力系统将逐步由自动化向数字化、智能化演进。其中包括依托先进量测技术、现代信息通信、大数据、物联网技术等，形成全面覆盖电力系统发、输、配、用全环节，及时高速感知、多向互动的"神经系统"；基于大规模超算、云计算等技术，大幅提升系统运行的模拟仿真分析能力，实现物理电力系统的数字孪生；基于人工智能等技术，升级智慧化的调控运行体系，打造新型电力系统的"中枢大脑"。

三、新型电力系统的构建展望

基于新型电力系统的明确定位、丰富内涵以及鲜明的特征，其构建工作需严格遵循一系列指导原则。这些原则涵盖党的领导与党的建设、持续推动绿色发展能源革命、以高水平科技自立自强作为引领高质量发展的核心驱动力、坚持发展与安全并重、确保保供与转型同步推进、促进产业间的协同发展、强化大局服务意识、坚持问题导向、全程贯穿系统观念，并以创新为引领，开辟未来发展之路。这一系列原则将指导我们紧跟时代步伐，顺应实践发展趋势，确保在构建新型电力系统的过程中，做到全面规划、统筹推进、重点突出、精准施策。

在此情境下，新型电力系统的构建工作需聚焦于能源结构的优化调整、市场体系的建立健全、电网体系的持续完善以及技术体系的创新四大关键领域，旨在推动能源行业的转型升级，提升电力系统的安全性、可靠性和经济性。

（一）能源结构优化调整

新型电力系统突破以往技术导向的局限，转而全面聚焦于系统整体的功能定位与服务宗旨，引领着一场涵盖系统结构、供需特性、关键技术革新、体制机制优化及政策法规调整等多方面的综合性体系变革。它深刻改变了电力系统内部各要素的功能定位与相互关系，以及与工业、热力、交通等外部系统的耦合互动，进而催生出一系列价格机制、商业模式、管理体制的全面革新。由此，能源结构的优化调整成为新型电力系统构建的关键要素。

其中，可再生能源比例的大幅提升是能源结构调整优化的未来方向。根据《"十四五"现代能源体系规划》的预测，到2025年，非化石能源的消费比重预计提升至20%左右。另外有研究预测到2060年，中国能源电力转型将实现"70/80/90"的目标，即电能消费比重、非化石能源消费比重与清洁能源发电比重分别达到70%、80%、90%以上，其中，新能源发电量占比超过60%。这一趋势清晰地表明技术创新和政策支持，通过进一步降低可再生能源发电成本，从而提高其在电力市场中的竞争力。在"双碳"目标的引领下，新型电力系统需不断完善和调整发电结构，注重可再生能源的开发与利用，并实现多元化的能源供给。

同时，需注重传统能源的转型与辅助作用。新型电力系统中传统能源如煤炭和石油的使用将逐步减少，但它们在保障能源安全和系统稳定性方面仍将发挥重要作用。在新型电力系统的构建过程中，由于可再生能源发电具有波动性和间歇性的特点，仍需要传统能源作为辅助，以确保电力供应的安全和稳定。煤电行业正加速推进"三改联动"战略，即节能降碳改造、供热改造与灵活性改造三个方面，以此推动能源结构向清洁低碳方向加速转型。这一战略不仅旨在降低煤电机组的碳排放与煤耗，还通过提升供热能力与负荷调节灵活性，为新能源消纳创造空间，保障电网安全稳定运行。根据规划，在"十四五"期间，我国将大规模推进煤电改造升级，煤电由基础电源功能逐步向灵活性调节与支撑功能转型。短期内，受当前技术成熟度、资源分布不均及成本效益限制，清洁能源尚难以迅速满足电力需求的快速增长，因此传统能源作为保障电力供应稳定中的"压舱石"显得尤为重要，尤其是在转型过渡期内，这种作用更是不可替代。

当前，煤电灵活性改造凭借其庞大的装机基础、显著的经济效益以及成熟的技术水平，已成为发展灵活性电源的首选途径。相比之下，气电在理论上展现出卓越的调峰性能，但是其广泛应用受限于资源供应的有限性、高昂的成本以及基础设施建设的要求。水电同样具备出色的调峰和可再生能源发电能力，但是其开发潜力受限于地理条件（如河流分布、地形地貌）和水资源的可利用性。未来，抽水蓄能电站作为另一种关键灵活性资源，将凭借其独特的储能机制与快速的调峰响应能力，在平衡电网负荷波动、增强系统调节灵活性方面展现出无可替代的重要性。抽水蓄能电站不仅能够有效应对电网的瞬时负荷变化，还能够与煤电等灵活性资源协同作用，共同构筑新型电力系统灵活调节的坚实基础，为实现能源转型与可持续发展目标贡献力量。

（二）市场体系优化构建

随着电力体制改革的持续深化，电力市场将加快形成中长期市场、现货市场与辅助服务市场三者紧密衔接的有机体系。这一体系不仅能够为电力生产和消费双方提供稳固的长期合约框架，确保供需稳定，还能够通过现货市场实时反映电力资源的真实市场价值，通过辅助服务市场进一步确保电力系统的安全稳定运行。特别是在新能源快速发展的背景下，配套的市场法规与标准规范的同步推进，将为新型电力系统的健康发展提供制度保障。通过明确新能源市场参与者的权责，建立科学合理的价格传导机制，将更有效地引领新能源产业有序发展，优化其空间布局，推动电力市场向更高层次迈进。

与此同时，我国电力市场正积极促进多元化主体的广泛参与，形成发电企业、电网企业、储能企业及终端用户等核心力量紧密协作的新生态。在此背景下，用户侧储能与电动汽车充电设施等新兴市场主体，凭借技术革新与模式创新的双重驱动，深度嵌入市场体系，展现出强大的市场适应性与竞争力。电动汽车用户积极采纳车网互动（V2G）技术，实现智能充放电的灵活调控，既降低了个人成本，又为电网提供了关键调节资源，进而增强电力系统的灵活韧性。此外，分布式能源所有者亦展现出高度的市场敏锐度，通过积极投身市场交易，将富余电力高效转化为经济收益，丰富着电力市场的交易品种与供给。这一系列举措不仅能够极大地拓宽电力市场的参与主体范围，还能够显著提升市场的多元化程度和灵活性，为我国电力行业的长远发展持续注入强劲的创新驱动力与蓬勃活力。

（三）电网体系革新建设

我国电网体系正步入一个多元化与智能化并进的全新发展阶段。智能电网作为这一变革的核心驱动力，深度融合物联网、大数据、云计算等尖端科技，引领电网向信息化、自动化、数字化方向实现跨越性飞跃。通过实时监测电网运行状态，精准优化资源配置，促进电网运行的安全性与稳定性。此外，智能变压器、配电终端及智能开关等设备的广泛运用，凭借其智能化管理能力，显著增强了电网的运行效能与稳定性，为我国电力事业的蓬勃发展提供了不竭的动力源泉。

与此同时，新能源的快速发展正引领电网系统发生深刻变革。风电、光伏等可再生能源得以高效并网与利用，多能互补与协同优化策略逐渐成为常态，综合能源系统、虚拟电厂等前沿模式相继涌现，显著增强了电网的灵活性与可靠性。电网结构亦步入优化升级的快车道，特高压骨干网架建设加速推进，实现了电力资源远距离、大容量、低损耗的高效传输；配电网智能化改造加速，将有力满足多元化的用电需求。

在国际舞台上，我国电网体系展现出积极的全球化姿态，不断深化国际合作与交流。依托"一带一路"倡议，我国正推动电网设备与技术走向世界，提升国际竞争力。在此过程中，政策的有力支持与创新的持续驱动形成双轮并进的动力源，为电网体系的智能化、绿色化、国际化发展注入了强劲活力。这不仅促进了电网技术的持续创新与升级，还携手推动我国电网体系向更高效、更可靠、更绿色、更可持续的未来稳步迈进。

（四）技术创新体系升级

首先，构网技术、智能调度与管理技术、多元化的储能技术紧密融合，成为新型电力系统发展的关键支柱。构网技术有助于提升电力系统的稳定性与可靠性，为电力网络的构建奠定坚实基础。例如，通过优化电网的拓扑结构，增强电网在应对复杂工况的适应能力，确保电力的稳定传输。智能调度与管理技术宛如电力系统的智慧中枢，具备实时感知与精准分析的能力，可紧密追踪区域用电需求的微妙波动与发电设备效能的动态变化。通过智能化决策机制，该技术能够迅速而精准地调配电力资源，确保电力供需求之间的无缝对接，从而显著提高电力系统的运行效率与响应速度。与此同时，多元化的储能技术，如高能量密度的锂电池与大容量长寿命的液流电池等，各展所长，灵活应对不同储能需求。它们在用电低谷期吸纳富余电能，在高峰时段释放，有效缓解电力供需矛盾，起到"削峰填谷"的作用。预计到2025年，我国新型储能将实现从商业化初期到规模化发展的重大转变，装机规模将跃升至3000万千瓦以上，并稳步向2030年的全面市场化目标迈进。

其次，在构建我国新型电力系统的征途中，数字化、信息化、网络化与智能化技术将深度融入电力生产、传输、分配直至消费的全生命周期，显著提升电力系统的智能化管理能力。这不仅可以实现对发电设施、输电网络、配电系统以及用户用电行为的精准监测与高效调控，还极大推动着电力系统整体智能化水平的提升。前沿技术的融合，正悄然重塑着电力系统的运营模式与管理框架，优化系统规划布局及强化运维管理效能，引领电力系统效率与智能化程度实现质的飞跃。

然而，在此过程中，大数据处理与网络安全问题日益凸显，成为不容忽视的挑战。尤其在高比例电力电子化的背景下，电网惯量减少、频率电压稳定性等难题亟待解决。面对这些挑战，我们需坚定不移地推进技术创新与系统优化，以科技力量逐步克服技术障碍。此外，同步加强数据安全防护体系与应急响应机制建设，确保在数字化转型的浪潮中，电力系统的安全与稳定能够得到全面保障，从而推动新型电力系统的高质量发展。

第二章
新型电力系统概览

新型电力系统作为引领未来能源体系变革的核心引擎,正逐步从概念走向现实。其构建不仅关乎能源安全、环境保护以及经济社会的可持续发展,更是构筑新型能源体系、催生新质生产力的关键所在。本章旨在系统性地描绘新型电力系统的演进轨迹,解析其市场架构与机制创新,探索电网发展的未来路径,并聚焦关键技术支撑体系,勾勒出一幅清晰的新型电力系统发展蓝图。具体而言,新型电力系统的成长历程可精练地划分为加速转型期、总体形成期与巩固完善期三大阶段。在此过程中,电力系统需要经历一场深刻的自我革新,同时要构建起与之相匹配的市场体系与运行机制,以实现能源资源的精准配置与高效利用。电网作为电力系统的中枢,其发展模式与形态也需要灵活调整,以充分满足新型电力系统在安全性、灵活性、智能化及环保性等方面的高标准需求。尤为重要的是,新型电力系统的构建离不开一系列核心技术的强力支撑。这包括但不限于可再生能源发电技术的持续突破、储能技术的广泛应用、智能电网技术的创新升级、微电网与分布式能源系统的深度融合,以及先进输电技术的持续创新与应用。这些技术领域的协同发展,将为新型电力系统的构建提供坚实的技术后盾,推动能源结构向更加清洁、高效、低碳的方向迈进,助力全球气候治理目标的顺利实现。

第一节　新型电力系统的发展阶段

根据《新型电力系统发展蓝皮书》，新型电力系统构建过程可分为三个阶段，即加速转型期（当前至 2030 年）、总体形成期（2031 年至 2045 年）和巩固完善期（2046 年至 2060 年）。当前至 2060 年，电力系统的驱动力、新能源的定位不断变化，随着技术的发展，电力系统的平衡模式、电网形态等都将随之呈现出阶段性特点（见表 2-1）。

表 2-1　新型电力系统发展的三个阶段及其主要特征

阶段	主要特点	建设目标	依托的技术
当前至 2030 年 加速转型期	新能源与电能替代双轮驱动	电力消费新模式：新业态新模式涌现，电气化水平提升至 35%； 新能源发电量占比超 20%，装机占比超 40%； 煤电向基础保障性和系统调节性电源并重转型； 强化交流电网基础，推动配电网智能化发展； 加速大型风电光伏基地建设； 跨省跨区资源配置能力增强； 储能规模化：多种储能技术满足系统日内平衡需求； 抽水蓄能装机规模达到 1.2 亿千瓦以上； 传统电力发输配用向全面感知、双向互动、智能高效转变； 适应新能源大规模发展的新型调度控制体系逐步建成； 碳排放达峰	智慧化调度； 功率预测技术； 储能技术：压缩空气储能、电化学储能、热（冷）储能、火电机组抽汽蓄能； 分布式智能电网技术； "云大物移智链边"等数字化技术； 智能化技术：工业互联网、数字孪生、边缘计算等
2031 年至 2045 年 总体形成期	新型电力系统总体形成	用户侧能源转型：低碳化、电气化、灵活化、智能化变革； 电能在终端能源消费中逐渐成为主体； 新能源成为装机主体电源，煤电清洁化加速； 电网柔性化、智能化、数字化发展； 大电网、分布式智能电网兼容并蓄； 长时储能技术取得重大突破，满足日以上平衡调节需求	燃煤耦合生物质发电技术； CCUS 技术； 柔性输电技术：常规直流柔性化改造、柔性交直流输电等，直流组网； 智能化、数字化技术：大数据、云计算、5G、数字孪生、人工智能等； 长时储能技术：机械能、热储能、氢能

续表

阶段	主要特点	建设目标	依托的技术
2046年至2060年巩固完善期	新型电力系统进入成熟期	电氢替代与融合； 新能源成为发电量的主力电源，煤电转为调节性电源； 电力与其他能源输送深度耦合协同，电力系统的灵活性、可控性和韧性显著提升； 电力系统可以实现从周到季的长周期平衡； 全方位能源市场体系成熟	储能、构网控制、虚拟同步机、长时间尺度新能源资源评估和功率预测、智慧集控、新一代先进核电技术、干热岩发电技术、可控核聚变技术； 低频输电、超导直流输电技术； 电制氢技术

一、加速转型期（当前至2030年）

在电力系统加速转型期，新能源和电能替代需求双轮驱动发展。这一时期全国统一电力市场体系基本形成，电力系统中交流与直流、大电网与微电网协调发展，大规模新型储能的部署成为常态，负荷侧广泛参与系统调节，常规电源逐步转变为调节性和保障性电源，发电机组出力和用电负荷之间初步实现解耦。总的来看，加速转型阶段的电力系统呈现以下五个特点：

（一）电力消费新模式引领终端电气化转型

电力消费新模式不断涌现，进而推动终端用能领域电气化水平逐步提升。该阶段新能源跨领域融合、负荷聚合服务、综合能源服务等贴近终端用户的新业态新模式不断涌现，分散化需求响应资源进一步整合，使用户侧灵活调节和响应能力提升至5%以上，促进新能源就近就地开发利用和高效消纳。电能在工业、建筑、交通等重点用能领域的替代"提速扩围"，终端用能电气化水平提升至35%左右，推动形成绿色低碳、高效节能的生产方式和生活方式，充分支撑煤油气等化石能源的碳排放尽早达峰。

（二）新能源发电为增量主力，煤电转型保安全稳发展

碳达峰战略目标推动着非化石能源发电快速发展，新能源逐步成为发电

量增量主体。在坚持生态优先、确保安全的前提下，结合资源潜力持续积极建设陆上和海上风电、光伏发电、重点流域水电、沿海核电等非化石能源发电。新能源坚持集中式开发与分布式开发并举，通过提升功率预测水平、配置调节性电源、储能等手段提升新能源可调可控能力，进一步通过智慧化调度有效提升可靠替代能力，推动新能源成为发电量增量主体，装机占比超过40%，发电量占比超过20%。

煤电作为电力安全保障的"压舱石"，正在向基础保障性和系统调节性电源并重的角色转型。煤电在短期内仍为基础保障性电源，在2030年之前煤电装机和发电量仍将适度增长，并重点围绕送端大型新能源基地、主要负荷中心、电网重要节点等区域统筹优化布局。在此期间，将通过"三改联动"实现煤电机组向清洁、高效、灵活转型，从而更好地支撑"双碳"目标与系统稳定运行。

（三）优化电网格局，强化跨省跨区资源配置能力

该阶段电网格局进一步优化巩固，电力资源配置能力进一步提升。加快推进以沙漠、戈壁、荒漠地区为重点的大型风电光伏基地建设，充分发挥电网资源优化配置平台作用，进一步扩大以西电东送为代表的跨省跨区通道规模。

在骨干网架层面，电力系统仍将以交流电技术为基础，保持交流同步电网实时平衡的技术形态，全国电网将维持以区域同步电网为主体、区域间异步互联的电网格局。在配电网层面，为促进新能源的就近就地开发利用，满足分布式电源和各类新型负荷高比例接入需求，配电网有源化特征日益显著，分布式智能电网快速发展，促进新能源就地就近开发利用。

（四）储能规模化多元发展，强化系统日内平衡能力

储能在多应用场景、多技术路线的模式下实现规模化发展，重点满足系统日内平衡调节需求。作为提升系统调节能力的重要举措，抽水蓄能结合系统实际需求科学布局，到2030年抽水蓄能装机规模达到1.2亿千瓦以上。以压缩空气储能、电化学储能、热（冷）储能、火电机组抽汽蓄能等日内调节

为主的多种新型储能技术路线并存，重点依托系统友好型"新能源+储能"电站、基地化新能源配建储能、电网侧独立储能、用户侧储能削峰填谷、共享储能等模式，在源、网、荷各侧开展布局应用，满足系统日内调节需求。

（五）数字化、智能化技术推动源网荷储融合发展

"云大物移智链边"等数字化技术，以及工业互联网、数字孪生、边缘计算等智能化技术在电力系统源、网、荷、储各侧逐步融合应用，推动传统电力发输配用向全面感知、双向互动、智能高效转变。适应新能源大规模发展的新型调度控制体系逐步建成，源、网、荷、储协调能力大幅提升，以数字化转型促进新型电力系统高质量发展。

二、总体形成期（2031年至2045年）

2031年至2045年，新能源的广泛接入和高效利用是发展的主要动能。在此期间，随着水电、新能源等大型清洁能源基地开发工作的完成，跨省跨区电力流规模进入峰值平台期。新能源发展重点转向增强安全可靠替代能力和积极推进就地就近消纳利用，助推全社会各领域的清洁能源替代。碳中和战略目标推动电力系统向清洁低碳化转型提速，新型电力系统总体形成。

（一）用户侧能源转型与电能替代深化发展

用户侧低碳化、电气化、灵活化、智能化变革方兴未艾，全社会各个领域电能替代广泛普及。各领域、各行业先进电气化技术及装备水平进一步提升，工业领域电能替代深入推进，交通领域新能源、氢燃料电池汽车替代传统能源汽车。电力需求响应市场环境逐步完善，虚拟电厂、电动汽车、可中断负荷等用户侧优质调节资源参与电力需求响应市场化交易，用户侧调节能力大幅提升。电能在终端能源消费中逐渐成为主体，助力能源消费低碳转型。

（二）新能源渐成系统装机主体电源，煤电清洁化进程提速

电源向低碳化、减碳化发展的过程中，新能源逐渐成为装机主体电源，煤电清洁低碳转型步伐加快。水电等传统非化石能源受站址资源约束，增速放缓，核电装机规模和应用领域进一步拓展，新能源发展进一步提速，以新能源为主的非化石能源发电逐步替代化石能源发电，全社会各个领域形成新能源可靠替代新局面，新能源成为系统装机主体电源。依托燃煤耦合生物质发电、CCUS 和提质降碳燃烧等清洁低碳技术的创新突破，加快煤电清洁低碳转型步伐。

（三）电网转型：柔性智能融合，支撑高比例新能源并网

电网稳步向柔性化、智能化、数字化方向转型，大电网、分布式智能电网等多种新型电网技术形态融合发展。跨省跨区电力流达到或接近峰值水平，支撑高比例新能源并网消纳，电网实现全面柔性化发展，常规直流柔性化改造、柔性交直流输电、直流组网等新型输电技术广泛应用，支撑"大电网"与"分布式智能电网"的多种电网形态兼容并蓄，同时，智能化、数字化技术广泛应用，基于大数据、云计算、5G、数字孪生、人工智能等新兴技术，智慧化调控运行体系加快升级，满足分布式发电、储能、多元化负荷发展需求。

（四）长时储能技术突破：日级平衡调节，支撑新能源消纳

规模化长时储能技术取得重大突破，满足日以上平衡调节需求。新型储能技术路线多元化发展，满足系统电力供应保障和大规模新能源消纳需求，提高安全稳定运行水平。以机械储能、热储能、氢能等为代表的 10 小时以上长时储能技术攻关取得突破，实现日以上时间尺度的平衡调节，推动局部系统平衡模式向动态平衡过渡。

三、巩固完善期（2046 年至 2060 年）

在巩固完善期，新型电力系统进入成熟期，具有全新形态的电力系统全面建成。新技术的成熟和应用以及高开放性成为新的驱动因素，以新能源为电量供给主体的电力资源与其他二次能源融合利用，助力新型能源体系持续走向成熟和完善。

（一）电氢替代与新能源融合利用助力碳中和

电力生产和消费关系发生深刻变革，电、氢替代使用助力全社会实现碳中和。交通、化工领域绿电制氢、绿电制甲烷、绿电制氨等新技术、新业态、新模式大范围推广。既消费电能又生产电能的电力用户"产消者"蓬勃涌现，成为电力系统重要的平衡调节参与力量。电力在能源系统中的核心纽带作用充分发挥，通过电转氢、电制燃料等方式与氢能等二次能源融合利用，助力构建多种能源与电能互联互通的能源体系。在冶金、化工、重型运输等领域，氢能作为反应物质和原材料等，成为清洁电力的重要补充，与电能一起，共同构建以电氢协同为主的终端用能形态，助力全社会实现深度脱碳。

（二）新能源成为发电结构主体，煤电向调节性角色转型

新能源逐步成为发电量结构主体电源，电能与氢能等二次能源深度融合利用。依托储能、构网控制、虚拟同步机、长时间尺度新能源资源评估和功率预测、智慧集控等技术的创新突破，使新能源普遍具备可靠电力支撑、系统调节等重要功能，逐渐成为发电量结构主体电源和基础保障性电源。煤电等传统电源转型为系统调节性电源，提供应急保障和备用容量，支撑电网安全稳定运行。新一代先进核电技术实现规模化应用，形成热堆—快堆匹配发展局面。干热岩发电技术、可控核聚变等颠覆性技术有望实现突破并逐步商业化推广应用，为电力系统提供长期稳定且安全的清洁能源输出，助力碳中和目标的实现。

（三）新型输电技术创新：促进电力与能源深度耦合与协同发展

新型输电组网技术创新突破，促进了电力与其他能源输送深度耦合协同。低频输电、超导直流输电等新型技术实现规模化发展，支撑网架薄弱地区的新能源开发需求。交直流互联的大电网与主动平衡区域电力供需、支撑能源综合利用的分布式智能电网等多种电网形态广泛并存，共同保障电力安全可靠供应，电力系统的灵活性、可控性和韧性得到显著提升。能源与电力输送协同发展，依托技术革新与进步，有望打造出输电—输气一体化的"超导能源管道"，促使能源与电力输送格局实现变革。

（四）多类型储能协同：跨时空提升能源系统灵活高效运行

储电、储热、储气、储氢等覆盖全周期的多类型储能协同运行，能源系统运行灵活性得到大幅提升。储电、储热、储气和储氢等多种类储能设施有机结合，基于液氢和液氨的化学储能、压缩空气储能等长时储能技术在容量、成本、效率等多方面取得的重大突破，从不同时间和空间尺度上满足大规模可再生能源调节和存储需求。多种类储能在电力系统中有机结合、协同运行，共同解决新能源在季节出力不均衡情况下系统长时间尺度平衡调节问题，支撑电力系统实现跨季节的动态平衡，能源系统运行的灵活性和效率大幅提高。

总体而言，随着新能源技术的推广应用，在巩固完善期，电力系统中各类电源的占比进入稳定期，新能源充分发挥支撑作用，成为电力、电量、责任"三位一体"的主体。从电网侧看，微电网、综合能源网络进一步发展，与大电网融为一体，与能源网络互联互通。从平衡特性看，系统可以实现从周到季的长周期平衡。从技术发展看，电制氢技术走向全面成熟，推动电力系统进入新的发展阶段。从工程实施的角度来看，随着全方位能源市场体系的成熟，将促进全社会广泛参与到新型电力系统的建设中。

第二节　新型电力系统市场体系与机制构建

一、中国电力市场改革历程概览

2002年，国务院发布《电力体制改革方案》，将竞争机制引入发电环节，并推进厂网分离、竞争电价，标志着我国电力市场改革的开端。2007年，国务院进一步深化电力市场改革，明确了改革方向与基本原则。2015年，《中共中央 国务院关于进一步深化电力体制改革的若干意见》发布，标志着电力体制改革迈入了一个崭新的阶段，并推动了一系列关键举措的实施，包括但不限于发用电直接交易机制的建立、独立输配电价的核定与执行、发电计划的有序放开、煤电上网电量电价的市场化改革，以及省域电力现货市场的试点推行等。这些举措初步了探索市场机制在资源配置中的优化作用，促进了可再生能源的消纳与发展，形成了电力市场多元化主体竞争的新格局。

2022年，国家发展和改革委员会发布《关于加快建设全国统一电力市场体系的指导意见》，明确提出加快构建全国统一电力市场体系的指导思想，旨在适应碳达峰、碳中和目标，优化市场设计，健全多层次电力市场体系，统一交易规则，破除市场壁垒，推动市场机制建设。其目标设定为：2025年初步形成全国统一电力市场体系，2030年基本建成与新型电力系统相适应的全国统一电力市场体系，实现国家市场与省（自治区、直辖市）和区域电力市场的联合运行。

这一系列政策不仅描绘了中国多层次、统一电力市场体系的蓝图，还全面部署了建设任务，为新型电力系统的市场发展奠定了坚实基础。只有通过不断完善电力市场机制、运行机制和价格机制，发挥好市场在资源配置中的决定性作用，并辅以政府的有效调控和引导，才能构建起一个既统一开放又竞争充分，且高度契合新时代能源需求的电力市场体系。

二、新型电力系统市场的核心特征、未来导向与发展策略

（一）新型电力系统下电力市场的特征

在"双碳"目标的战略引领下，我国电力系统正在经历一场前所未有的重大变革，从以往对化石能源的深度依赖，转型为清洁、低碳、高效且智能的新型电力系统。在这一转型进程中，电力市场作为资源配置的关键引擎，必然会在市场机制、交易周期、交易标的、市场主体等方面呈现出新的特点与变化，以契合新型电力系统的建设和运行要求。

1. 新能源消纳与存储市场化

2024年3月5日，李强总理代表国务院在十四届全国人大二次会议上作《2024年国务院政府工作报告》，报告中明确提出要提高电网对清洁能源的接纳、配置和调控能力，发展新型储能。在新形势下，推进新能源消纳工作对于构建新型能源体系、提升电力系统灵活性，催化技术创新与源、网、荷、储一体化协同发展，促进能源高质量发展，助力"双碳"目标的实现具有重要意义。此外，这是新型储能首次被写入政府工作报告。未来，我国新型储能将呈现产业规模化、技术精益化、机制体系化齐头并进的发展新格局。但是，随着新能源装机规模的快速增长，特别是能源富集地区的集中式开发与负荷集中地区的分布式建设同步推进，可能引发电力系统稳定性下降、经济成本上升及区域发展不平衡等问题。

市场机制是驱动新能源消纳与存储能力的核心驱动力。通过构建科学合理的市场机制，能够充分发挥大电网的广泛互联与互济优势，从而实现新能源资源的大范围、高效率优化配置，同时，依托微电网的灵活调节特性，能够确保分布式新能源就地高效消纳。此外，发电容量市场的构建成为应对新能源装机增长挑战的关键举措，为电力系统的稳定运行与效率提高奠定了坚实的市场基础。

2. 电力市场敏捷化

新型电力市场正迈向敏捷化发展的新阶段，显著特征之一是交易周期大

幅缩短。缩短交易周期能使电力市场快速应对供需动态变化，尤其在应对新能源发电的间歇性和预测难度方面，表现出更强的适应能力。电力交易机构应根据供需形势和市场主体诉求，增加交易品种、缩短交易周期、提高交易频次。在中长期交易方面，除年度、季度、月度交易外，还应开展月内（周、多日）交易，为市场主体提供短期调整交易电量的渠道。未来可能需要引入更短时间的现货交易，如短周期（分钟至小时级）、超短周期（毫秒至秒级）的合同交易（如多年合同），以平衡供需。通过推进电力交易向更短周期、更细时段转变，加大交易频次，能够更好地满足市场主体的灵活调整需求，促进新能源的消纳和电力系统的可持续发展。

3. 交易标的多样化

随着可再生能源大规模并网，对电力系统的灵活性和容量充裕性提出更高要求，这亟须市场进行深度革新。关键在于推动交易标的的多样化，通过拓展市场交易种类，涵盖长期合约、实时现货交易，乃至绿色电力证书等多种交易模式，有效满足各类市场主体的差异化交易需求，进而促进资源的优化配置，同时，构建并优化电力辅助服务市场，提供调频、调峰、备用等多元化服务，有效应对可再生能源并网导致的时空供需不匹配问题，提升电力系统的灵活调节能力。此外，建立容量成本回收机制，确保基础容量提供者（例如火电机组）获得适当经济补偿，以维持并强化其稳定运行，保障电力系统的整体容量充足。这一系列举措不仅释放了电力商品中的电能量价值，还确保了容量价值与安全稳定价值之间的协调共进与全面提升。

4. 市场主体多元化和分散化

传统的电力市场主体涵盖了依据相关规定获取电力业务许可证的发电企业、输电企业、供电企业，以及经电力监管机构核准的用户。然而，伴随新型电力市场的蓬勃发展，市场结构正经历深刻变革。2024年4月25日，中华人民共和国国家发展和改革委员会颁布《电力市场运行基本规则》，重新界定电力市场成员，包括经营主体、电力市场运营机构以及提供输配电服务的电网企业等。在经营主体的分类方面，不但包含了传统参与电力市场交易的发电、输电、售电企业及电力用户，而且特别强调了新兴经营主体的加入，如储能企业、虚拟电厂、负荷聚合商等。

这些新兴力量极大地丰富了市场生态的多样性，并促进电力市场主体结构向更加多元化、分散化与利益诉求多样化的方向演进。为顺应此变革趋势，亟须引导并鼓励这些新兴主体积极融入电力市场，创新交易服务模式，充分挖掘负荷侧的灵活调节能力，并加速构建全国统一的电力市场体系。进而加速源、网、荷、储之间的高效互动与协同，促进整个电力系统的灵活性与韧性提升，为电力市场的长期繁荣与健康发展奠定坚实基础。

5.绿色电力交易赋能电力行业高质量发展

新能源的大规模接入正以前所未有的速度推动电力系统向清洁化、低碳化方向深刻转型，绿色电力将跃升为主力能源。与常规能源相比，绿电以其清洁性和低碳性的核心特质，展现出独特的环境价值。但是，单纯的电力市场无法完全反映可再生能源的绿色属性，需要通过完善可再生能源配额交易，开展绿色电力交易，反映可再生能源综合价值，才能促进形成市场导向的绿色能源消费流通体系。通过构建完善的绿色电力交易和服务体系，有助于促进供需精准对接、满足市场主体多样化需求、挖掘潜在价值，促进电力行业高质量发展。

（二）电力市场的未来导向与发展策略

在我国新型电力系统的构建进程中，电力市场体制改革的成效显著。随着全国统一市场体系建设的正式启动，具有中国特色的电力市场架构已初具规模，包括中长期、辅助服务及现货市场机制在内的多维度市场体系逐步完善。与此同时，上网电价与输配电价的持续深化改革，以及分时电价、阶梯电价机制的逐步健全，共同推动了营商环境的显著优化。未来，市场机制在电力资源配置中的核心地位将越发凸显，这要求我们在统一市场主体标准的基础上，进一步深化源、网、荷、储一体化发展，完善价格机制，巧妙解决清洁能源与火电利益补偿问题，确保市场间利益分配的公正合理。

为顺应时代潮流，我国电力市场体系的设计必须秉持全面审视的理念，深入考量市场结构、交易与价格机制的合理性、价值创造的潜力以及技术前沿的引领作用，旨在构建一个开放、有序、高效、绿色可持续的电力市场，全面提升电力系统的安全性、可靠性与经济性。

1. 可再生能源优先利用与绿色电力交易深化

我国新型电力系统的构建核心在于推动可再生能源的优先利用，为此，亟须建立一套与其发电特性相适应的市场机制，以全面加速可再生能源的优先发展。首要策略在于协调可再生能源政策与市场机制之间的关系。这包括科学设定可再生能源保障利用小时数，确保电量全额优先出清，并鼓励超量电量参与市场竞争等。以下三种方式为实现可再生能源优先利用与绿色电力交易深化提供了思路。

一是创新交易组织模式，缩短交易周期，增加交易频次，鼓励新能源发电企业主动报量、报价参与现货市场，并建立完善的偏差结算机制，以合理分摊预测偏差产生的系统调节成本，同时，推动可再生能源发电商与大用户签订灵活购电协议，为其提供稳定的收益预期。

二是在价格机制方面，针对高比例新能源接入带来的低边际成本与高系统成本并存的挑战，深化价格机制改革成为关键应对之策。具体而言，通过构建完善的发电容量市场体系，积极拓展辅助服务的收益渠道，来有效降低高昂的系统成本，确保电力价格能够真实、准确地反映市场供需关系，同时，优化现行的补贴机制，实施"价补分离"等创新策略，可以有效激励市场主体积极参与可再生能源的消纳与利用，共同推动能源结构的绿色转型。

三是进一步建立健全绿色电力市场参与机制，鼓励发电企业自愿参与绿色交易，引导用户侧通过购买绿色电力、自发自用可再生能源电力或购买绿色证书等方式承担消纳责任，从而促进可再生能源的高效利用与广泛普及。

2. 优化交易机制与价格机制设计

（1）电力中长期、现货及辅助服务交易深度融合发展

鉴于电力商品即时供需平衡的独特属性，实现电力资源的优化配置需依赖于跨时间维度的多样化交易品种之间的协同作用。2023年9月，国家发展改革委与国家能源局联合颁布了《电力现货市场基本规则（试行）》，这不仅意味着我国电力现货市场建设从局部试点迈向了全面构建的重要阶段，也标

志着涵盖日前、日内及实时电能量交易的统一市场规则体系的正式确立，为电力现货市场的规范化、标准化发展奠定了坚实的基础。

在此框架下，中长期交易扮演着稳固市场基础的角色，通过提供稳定的价格预期，进而引导电力资源实现长期优化配置。然而现货市场则凭借其高度灵活的交易机制，能够迅速响应市场波动，确保电力供应的即时平衡。展望未来，两者需在交易曲线、组织周期、交易价格、参与规则、安全约束及偏差管理等多个维度上加强协同，共同构建一个更加高效、灵活的电力市场机制。这不仅有助于提高电力市场的整体运营效率，还有助于更好地满足社会对电力资源的多元化需求。

构建高效协同、灵活响应的电力市场机制，不仅要强化中长期与现货市场在多个关键方面的衔接，还要辅助服务市场的融入，与此同时其深化发展也必不可少。辅助服务市场通过提供调频、调峰、备用等关键服务，为电力资源的灵活调度与优化配置提供了重要支撑。2021年《电力辅助服务管理办法》的实施，确立了辅助服务市场"谁提供、谁获利；谁受益、谁承担"的原则，明确了跨省跨区发电机组的责任与补偿分摊机制。快速爬坡、备用等新型辅助服务品种的创新性引入，有效打破了原辅助服务市场偏重火电的旧格局，畅通了风电、光电等新能源的价格传导渠道，为新能源的跨省跨区市场化交易，促进新能源的广泛消纳与高效利用提供了广阔空间。此外，我国于2024年3月从国家层面实施统一的电力辅助服务市场价格机制，规范全国各省和区域辅助服务市场的服务品种设置、交易机制设计和价格上限设定，明确各地辅助服务费用的传导机制，促进电能量市场与辅助服务市场的统筹衔接，以适应新型电力系统发展需要。

未来，电力市场的中长期、现货与辅助服务交易不仅将在时间维度无缝衔接，更将在功能层面实现协调互补。中长期市场为参与者提供价格锚点，规避价格波动风险、锁定长期收益；现货市场实时反映市场供需，为中长期定价提供参考；辅助服务市场则持续优化创新，激发市场活力，鼓励市场主体提供更多样化、高质量的辅助服务，全面提高电力系统运行效率与稳定性。三者协同作用，构建出一个高效、灵活、可靠的电力市场网络体系，精准优化资源配置，共同应对市场变革。

（2）建立健全容量电价机制

在当前电力市场全电量竞价及新能源优先出清的格局下，传统电源尤其是高成本电源正面临严峻挑战，竞价空间被压缩，收益空间收窄，仅由电能量市场竞争形成的价格水平难以覆盖投资成本，进而威胁到供电的充裕性和电力系统的可持续运营。与此同时，随着新型电力系统的加速构建，我国煤电正在向基础保障性、系统调节性电源转型。但是，其调峰、备用等价值在市场机制中未得到充分认可与合理补偿。

2023年11月，国家发展改革委与国家能源局联合发布《关于建立煤电容量电价机制的通知》，明确将煤电单一制电量电价调整为"电量电价+容量电价"的两部制电价模式，此举旨在激励煤电企业转型升级，由单纯的电量生产者转变为具备调节、支撑能力的综合能源服务商，以积极响应能源转型与电力系统灵活性提升的需求。容量交易机制的引入，既可有效平衡用电高峰期的供需矛盾，防止电力短缺的突发，又可借助经济激励机制，有力推动发电机组和储能设施的积极投资以扩大或维持其发电与储能能力。对于投资者而言，容量交易机制通过提前锁定收益，分散市场风险，使电力市场参与者摆脱对实时发电量或需求波动的过度依赖，能有效降低市场风险，增强投资的安全性与可预测性。此外，通过容量竞拍和科学的容量需求曲线设定，机组能在容量市场与电能量市场中实现双重收益，有效回收并保障其投资回报。因此，通过容量交易，电力市场可以实现更加灵活和高效的资源配置，同时为发电和储能设施提供稳定的收益来源，保障电力系统的长期稳定运行。

在长远视角下，整合并推动各类电力供给侧容量电价机制的市场化进程，是行业发展的必然趋势。此举不仅能够进一步优化资源配置，显著提高电力系统的灵活性和运营效率，还能够为发电与储能设施构建稳定的收益框架，从而确保电力系统的长远稳定运行。

3.鼓励新兴市场主体融入电力市场化进程

在电力市场的转型浪潮中，储能、分布式发电、负荷聚合商、虚拟电厂及新能源微电网等新兴市场主体正以前所未有的活力崭露头角。这些新兴力量不仅为电力市场注入了新鲜血液，更是推动能源结构转型升级、构建新型电力系统的核心驱动力。

（1）新兴市场主体的特性与作用

首先，储能系统作为清洁能源稳定性的重要保障，随着其电池成本降低与技术革新，展现出显著的经济性与市场竞争力。储能系统深度融入电力辅助服务及现货市场，与分布式发电紧密结合，有助于推动"光储充放"一体化建设，提高电力系统综合效率与灵活性。

其次，分布式发电以其独特的灵活、高效、低碳环保特性，可就近满足用户需求。依托智能电网的技术支持，分布式发电可以顺利接入市场，与储能、电动汽车充电等系统深度融合，促进微电网与虚拟电厂等新兴市场主体的形成，显著提升系统灵活性与韧性。

最后，负荷聚合商运用大数据与云计算可精准预测并整合负荷，以规模化优势参与市场、稳定电力供给。而虚拟电厂作为分布式资源管理的创新典范，通过信息技术高效聚合资源，实现统一调度与优化，可进一步提高电力系统综合效率与稳定性。

（2）推动新兴市场主体参与电力市场的策略

为充分激活新兴市场主体在电力市场中的潜能，亟须吸纳其积极参与市场竞争。然而，当前面临的问题是新兴主体进入市场的机制尚不完善，缺乏统一的市场准入标准，且其参与市场交易的商业模式仍处于萌芽阶段，难以有效展现其灵活调节的优势，进而难以达到预期收益，这无疑削弱了新兴主体参与市场的积极性。未来可尝试通过市场机制的创新与优化，为新兴市场主体构建一个更加公正、透明、高效的竞争环境，以充分释放其在电力市场中的灵活调节潜力。具体措施包括以下几种。

建立健全参与机制：制定和完善新兴市场主体进入电力市场的具体规则与流程，确保市场准入的公平性与透明度。

明确绿色电力标准：确立绿色电力的官方认定标准及交易规范，为新兴市场主体提供明确的操作指南。

强化市场衔接：加强零售市场与批发市场之间的联动，促进信息的有效流通，满足海量且分散的市场主体的交易需求。

鼓励多元机组入市：积极促进风、光、水、火、核、抽水蓄能等多种类型的发电机组进入市场，增加市场供应的多样性与灵活性。

建立健全用户侧机制：推动用户侧参与机制的完善，激励用户主动承担绿色电力消纳责任，形成分布式新能源高效利用的良好生态。

4. 技术革新与数智化融合

在新型电力市场体系设计中，技术发展是不可或缺的一环。推动新型电力市场技术革新与数智化发展，需着重关注以下技术发展方向。

一是加强智慧化调度体系的设计，以适应大规模高比例新能源接入对电力调度的新要求。

二是积极研发并应用多样化的新型储能技术，涵盖液流电池、飞轮储能、压缩空气储能、重力储能、二氧化碳储能、液态空气储能、钠离子电池以及铅炭电池等多种技术路径的储能电站，同时，通过政策机制的引导，促进这些储能技术的市场化投资与运营，进而大幅提升电力系统的调节能力和灵活性。

三是推进电网数字化转型，电网数字化转型与新型电力系统构建相互作用、相融并进，没有电网数字化转型就没有新型电力系统。国家电网积极助力"双碳"目标，依托数字革命与能源革命的双重驱动，聚焦于架构中台化、数据价值化、业务智能化三大支柱，积极推动实体电网与数字系统的深度融合。通过电碳并重、并行发展的策略，同步推进控制系统与信息系统的建设，全面增强电网的可观、可测、可调、可控能力，最终建成数字智能电网，为我国新型电力系统的高质量发展提供坚实保障，助力能源清洁低碳转型，确保国家能源安全。

未来我国新型电力系统市场的发展导向清晰而深远。电力作为特殊商品，其价值体系涵盖能源安全、经济效率、环境保护等多个维度。市场设计需精细构建交易与定价机制，并规范市场参与者行为，全面、高效地体现电力的电能量价值、系统安全价值、经济价值及绿色环境价值，确保市场机制能够充分反映各类资源的独特价值属性，推动电力市场的可持续发展。

三、多层次新型电力市场体系构建

当前，我国正加速推进全国统一电力市场体系建设，致力于构建一个多层次的电力市场体系。省域电力市场的深化发展已见成效，中长期交易与辅助服务交易实现了全面覆盖，山西、广东、山东等地现货市场转入正式运行，甘肃、内蒙古西部等区域的现货市场也实现了长周期结算试运行，同时，其他地区也在积极投身现货市场的实践与探索中。跨省跨区的电力市场化交易持续扩大，尤其是南方区域电力市场已率先开展了结算试运行，标志着市场融合与交易效率开创出新高度。这一进程显著提升了全国市场化交易电量在全社会用电量中的占比，2023年全年，全国电力市场交易电量高达5.7万亿千瓦时，占全社会用电量比例的61.4%，较2022年增长了7.9%，市场机制在资源配置中的决定性地位日益凸显，成为推动电力行业高质量发展的关键力量。其中，风电与光伏的市场化交易电量占据了其总发电量的47%，极大地推动了电力资源的优化配置与可再生能源的高效利用。

随着我国电力市场边界的不断拓展，煤电、气电、核电及可再生能源发电有序融入市场交易，交易主体的多元化趋势明显，虚拟电厂、独立储能等新兴市场主体纷纷涌现，进一步丰富了市场生态。我国电力交易机构注册的交易主体数量从2016年的4.2万家激增至2023年的74.3万家，彰显了市场活力与潜力的巨大释放。

展望未来，我国将继续深化电力市场改革，聚焦可再生能源的优先利用与绿色电力交易的普及，推动新兴市场主体的有效整合与高效运作，加快构建一个更加公平开放、竞争有序的市场结构与体系，确保市场在资源配置中发挥决定性作用，同时优化政府监管与服务职能，强化全国统一电力大市场的建设，为实现能源高质量发展、促进经济绿色低碳转型贡献力量。此外，随着技术的不断进步与政策的持续完善，电力市场将更加智能化、灵活化，为各类用户提供更加可靠、经济、绿色的电力供应，助力构建人类命运共同体，共创美好未来。

（一）全国统一电力市场的建设与实施

1. 全国统一电力市场建设的意义

一是有助于反映电力成本与价值变动的实时性，促进市场流动性与活力。在电力市场设计中，传统的政府指定合约模式因合约周期较长，难以实时反映电力成本与价值变动，例如，中长期市场建设导致各层级市场之间的分时段电量电价难以形成，无法拉大峰谷差价。此外，不同地区因其用电结构、经济发展和价格承受能力的差异，现货交易试点的规则设计、市场准入和价格机制存在显著差异，特别是"省内电""省外电"与"外送电"的协调矛盾及跨省跨区的交易壁垒长期存在，不仅抬高了企业交易成本，而且限制了市场流动性和活力，甚至可能导致严重的风能与光能资源的浪费问题（即弃风弃光现象）。构建全国统一的电力市场，统一和协同市场规则是解决问题的关键。采用一致的交易规则、价格机制和监管标准，有助于市场参与者在全国范围内的顺畅交易，降低规则差异带来的成本，并促进市场各板块间的有效衔接，提高电力市场整体运行效率。

二是有助于促进新能源消纳与电力系统优化。随着新能源装机比例持续攀升，其规模化消纳亟须电力市场尤其是跨区域电力市场的有力支撑。协同建设国家市场与省（区、市）/区域市场有效衔接的全国统一电力市场，推动新能源广泛参与电力市场交易，有助于实现新能源在更大范围内的优化配置和协同消纳，推动构建适合中国国情、具有更强新能源消纳能力的新型电力系统。

三是助力"双碳"目标顺利达成。电力市场和碳市场都是推动我国电力行业碳达峰碳中和的重要工具。在全国碳市场背景下，建设全国统一的电力市场有助于电力市场和碳市场的协同发展，优化电力资源配置，扩大新能源消纳，提高碳市场运行效率，共同发挥电力市场对能源清洁低碳转型的支撑作用，助力早日实现"双碳"目标。

2. 全国统一电力市场建设的总体策略

（1）全国统一电力市场建设的总体目标

《关于加快建设全国统一电力市场体系的指导意见》明确电力市场建设

的总体目标为：一是到2025年，全国统一电力市场体系初步建成，国家市场与省（区、市）/区域市场协同运行，电力中长期、现货、辅助服务市场一体化设计、联合运营，跨省跨区资源市场化配置和绿色电力交易规模显著提高，有利于新能源、储能等发展的市场交易和价格机制初步形成。二是到2030年，全国统一电力市场体系基本建成，适应新型电力系统要求，国家市场与省（区、市）/区域市场联合运行，新能源全面参与市场交易，市场主体平等竞争、自主选择，电力资源在全国范围内得到进一步优化配置。多层次统一电力市场体系旨在破除跨省跨区交易壁垒，通过广域的电力资源优化配置，实现发电成本的最小化与全国电力市场整体效益的最大化。

（2）全国统一电力市场建设的架构

国家市场、省（自治区、直辖市）和区域电力市场共同组成了多层次的统一电力市场体系。其中，国家市场定位于保障国家能源战略实施，实现大范围资源优化配置，促进可再生能源消纳，建立资源配置型市场；省（自治区、直辖市）市场处于基础地位，定位于提高省域内电力资源配置效率和保障地方电力平衡，为平衡型市场；鼓励建设相应的区域电力市场，这需要贯彻好京津冀协同发展、长三角一体化、粤港澳大湾区等国家区域重大战略，在条件成熟时支持省（自治区、直辖市）市场与国家市场融合发展，或多省（自治区、直辖市）市场联合形成区域市场后再与国家市场融合发展。

（3）全国统一电力市场建设的原则

全国统一电力市场建设的原则，是指导我国电力市场改革与发展的核心纲领，它们相互关联、相辅相成，共同构成了电力市场建设的基石。

首先，总体设计，稳步推进。全国统一电力市场建设，要从全局出发，做好电力市场功能结构的总体设计，实现不同层次市场之间的高效协同、有机衔接。坚持问题导向，积极稳妥推进市场建设，鼓励因地制宜开展探索。

其次，支撑转型，安全可靠。随着能源结构的不断优化和电力行业的快速发展，电力市场必须承担起支撑能源清洁低碳转型的重任。这要求我们在市场建设过程中，要不断完善体制机制，创新市场模式，促进新能源的投资、生产、交易、消纳，发挥电力市场对能源清洁低碳转型的支撑作用。协同推进市场建设与电网运行管理，防范市场建设风险，确保电力系统安全稳定运行。

再次，立足国情，借鉴国际。我国电力市场建设必须立足于我国能源资源禀赋、经济社会发展等实际情况，充分考虑我国电力行业的特殊性和复杂性，同时，要积极借鉴国际成熟电力市场的建设经验，发挥国内市场优势，适应电力行业生产运行规律和发展需要，科学合理地设计市场模式和路径。通过国际比较和交流合作，不断提升我国电力市场的建设水平和国际竞争力。

最后，统筹兼顾，做好衔接。电力市场建设涉及多个领域和方面，需要统筹考虑企业和社会的电力成本承受能力，做好基本公共服务供给和电力市场建设的衔接，保障电力公共服务供给和居民、农业等用电价格相对稳定。

综上所述，全国统一电力市场建设的原则是一个全面、系统、协调的体系，它们相互支撑、相互促进，共同指导着我国电力市场化改革与发展。在未来的工作中，我们将继续遵循这些原则，推动电力市场的不断完善和优化，为我国能源清洁低碳转型和新型电力系统建设贡献力量。

（二）多层次统一电力市场体系的设计思路

在取得辉煌成就的同时，我们也清醒地认识到，全国统一电力市场体系的建设之路并非坦途，仍然面临着诸多挑战。如何平衡可再生能源的快速发展与短期内电力可靠供应的需求，如何完善适应高比例可再生能源接入的市场机制，以及如何实现电价政策、可再生能源发展政策、绿电绿证等环境价值相关产品的交易机制之间的有效衔接与协同，成为亟待解决的重要课题。未来，应重点强化顶层设计，制定科学合理的发展规划，不断健全市场基础规则，建立健全多层次统一电力市场体系，同时，要加快辅助服务市场机制的完善步伐，并积极完善绿色电力交易机制，为电力市场的绿色发展注入新动力。

1. 强化顶层规划，完善全国统一电力市场框架

应坚持"国家引领、地方协同"的原则，一方面，加快建立健全国家层面的全国电力交易中心，构建适应国家电力市场发展的交易平台，以全局视野统

筹推进电力市场建设；另一方面，在地方层面稳步推进省（区、市）/区域市场的建设，依据"宜省则省，宜区域则区域"的原则，灵活调整市场布局，确保各层级市场间的有序衔接与协同发展，提高省域内电力资源配置效率。

在维度方面，多层次统一电力市场体系的构建强调两个关键维度：一是在协同运行维度，引导各层次电力市场协同运行，条件成熟时支持省（区、市）市场与国家市场融合发展，或多省（区、市）联合形成区域市场后再与国家市场融合发展，通过统一运作规范和技术标准，增强市场间互操作性，确保各级市场间能够顺畅衔接，形成合力；二是在跨省跨区维度，有序推进跨省跨区市场间开放合作，分类放开跨省跨区优先发电计划，推动将国家送电计划、地方政府送电协议转化为政府授权的中长期合同。

2. 健全市场体系功能与交易制度

我国已开展了电力中长期、现货和辅助服务市场建设，但是市场功能机制有待进一步完善，各类型市场间的协调有待加强。为构建多元竞争、功能完善的市场格局，《关于加快建设全国统一电力市场体系的指导意见》从四个方面提出了具体要求：一是持续推动中长期市场建设，进一步发挥中长期市场平衡长期供需、稳定市场预期的基础作用；二是积极稳妥推进现货市场建设，更好发现电力实时价格，准确反映电能供需关系；三是持续完善辅助服务市场，建立健全调频、备用等辅助服务市场，完善成本分摊和收益共享机制；四是培育多元竞争的市场主体，引导社会资本有序参与售电业务，引导新兴市场主体参与市场交易。

在健全统一电力市场体系交易机制方面，该指导意见要求规范统一市场基本交易规则和技术标准，完善电力价格形成机制，做好市场化交易与调度运行的高效衔接，加强信息共享和披露。

3. 构建适应新型电力系统的市场机制

在构建适应新型电力系统的市场机制上，《关于加快建设全国统一电力市场体系的指导意见》提出要提升电力市场对高比例新能源的适应性，因地制宜建立发电容量成本回收机制，探索开展绿色电力交易，健全分布式发电市场化交易机制。以上部署积极响应了新型电力系统建设的战略部署，旨在通过提升电力市场对新能源的兼容性、建立科学的成本回收体系、推动绿色电力交易与相关环境权益市场的融合，以及促进分布式发电的市场化交易，来夯实新型电力系统发展的基础，吸引更多社会资本投入新能源领域，从而保障电力供应的安全稳定，促进能源行业的绿色可持续发展。

（三）构建多层次统一电力市场的核心策略

1. 推动电力中长期与现货市场统筹衔接

在电力市场改革中，现货市场的建立是迈向实时平衡与灵活交易的关键。中长期市场作为电力市场的稳定器，对于电价的平稳运行与风险的有效规避具有不可替代的作用。而现货市场，则通过实时反映市场竞争关系，为中长期市场提供了价格锚定的基准。因此，推动中长期与现货市场的无缝对接，成为电力市场发展的关键所在。

（1）关键衔接点：曲线分解机制

在电力市场中，现货市场通常按小时或更短的时间单位进行交易，以反映实时的供需变化。为确保与现货市场的有效衔接，中长期市场的交易必须进行调整，从传统的纯电量交易转变为带曲线的电力交易，按照现货市场的时间尺度进行曲线分解。例如，若现货市场按小时为单位进行交易，则中长期市场的交易合同亦需相应分解为小时级交易，以此确保中长期市场与现货市场在时间维度上的完美对接，实现两者的深度融合与协同发展。

因此，需构建中长期市场调节机制，该机制应以现货市场为导向，对中长期市场进行相应设计与调整，同时丰富交易品种和模式，以促进中长期与现货市场的紧密衔接。在中长期交易体系尚不完善、仅存在非曲线化合约的地区，可通过采用典型用电曲线结合新能源预测的方法来确定或制定中长期电力交易的时间分布曲线，以实现过渡性的市场衔接。

目前，我国多个省份已开展中长期市场与现货市场衔接的探索。如甘肃、福建将合约电量分解到日曲线，江西实现了 D-3 日（现货市场出清计划执行日"D 日"的前三天）24 时段交易模拟结算。这些实践推动着中长期交易向更短周期、更细时段转变，促进了其与现货市场的衔接。

（2）价格信号的联动机制

电力现货价格与中长期价格分别体现了电力商品在不同时间维度上的价值，两者相互依存，互为补充。中长期市场通过设定长期价格信号，为市场参与者提供了稳定且明确的预期导向。现货价格作为中长期交易的重要参照，其波动能够引导市场参与者调整对未来市场的预期，进而对中长期价格产生调节作用；反之，中长期交易通过锁定未来交割期的电力价格，影响交割期现货市场的供需格局及交易主体的报价行为，从而对现货价格产生影响。在推动电力中长期与现货市场深度融合的过程中，构建有效的价格机制至关重要。为确保两个市场价格信号的顺畅传递与良性互动，在实践过程中，一是要强化市场建设与管理，稳步推动现货市场试点结算的运行工作，完善中长期市场的价格发现机制，以提高市场的透明度和流动性。二是要引导多元市场主体有序参与，提高市场主体的参与能力和风险管理水平，确保市场信息的及时披露和有效传递。三是要平衡市场机制与政府调控之间的关系，通过合理设置价格浮动范围和申报限价政策，促进电力现货与中长期市场在价格上的一致性，使两者能够相互支撑、协同发展，从而提高电力市场运行效率，保障电能的稳定供应，并引导市场交易主体制定理性、有效的交易策略。

（3）市场机制的全面优化

一是拓宽交易范畴与灵活性。具体措施涵盖引入滚动交易机制，赋予交易者在预设时间窗口内灵活调整交易计划的权利，以敏捷应对市场需求的快速变动；同时，推动实施连续运营模式，确保市场交易的持续流畅与连贯性，为市场参与者构建一个更加便捷、高效的交易平台。

二是放宽市场准入条件，促进资金流动。打破传统壁垒，放宽电力用户参与中长期市场及现货市场的准入门槛，旨在平衡现货市场的资金流动，确保现货电价能够有效传导至终端用户，提高市场效率与公平性。

三是强化中长期交易的时间价值属性。建立带电力曲线的中长期交易激励机制，以提升中长期交易市场反映电力时间价值及供需时空特性的能力，确保电力系统在安全、稳定的基础上高效运行，满足多元化的市场需求。

（4）关键技术的支撑

利用大数据、云计算等前沿信息技术，深度赋能电力市场体系，显著提升其智能化运营水平，进而提高市场运行的透明度与运作效率。与此同时，积极推动智能电网、虚拟电厂等创新性电力系统技术的研发与广泛应用，为构建中长期市场与现货市场之间高效、无缝的衔接机制提供坚实的技术支撑，有力驱动电力市场整体的转型升级与持续发展。

2. 辅助服务市场机制的优化设计

电力辅助服务是指为维持电力系统安全稳定运行，保证电能质量，除正常电能生产、输送、使用外，由可调节资源提供的调峰、调频、备用、爬坡、黑启动等服务。电力辅助服务市场是系统可调节资源的市场化配置方式，遵循市场原则为电力辅助服务主体提供经济补偿。

我国辅助服务市场的发展面临多重挑战。随着现货市场的逐步发展，调峰服务与现货市场间的功能重叠问题日益凸显，如何合理整合两者功能成为亟待解决的难题。此外，辅助服务市场在服务品种上的相对匮乏以及对传统补偿机制的过度依赖，难以精准反映市场动态供需变化及高比例可再生能源接入带来的成本波动，同时，用户侧费用疏导机制的不健全，以及储能、可调节负荷、虚拟电厂等灵活性资源参与市场的机制尚未成熟，这些因素共同制约了辅助服务市场的进一步发展与完善。

展望未来，我国辅助服务市场机制的设计需秉持全局视角与深刻洞察力，致力于全面优化市场机制、实现资源的精确配置、有效管理风险，并推动市场参与者的广泛参与与多元化发展，共同构建一个更为灵活、高效且可持续的辅助服务市场体系。

（1）完善市场机制设计

在市场机制设计方面，构建多时间尺度的市场机制，包括详尽的日前市场、灵活的日内市场以及快速响应的实时市场。日前市场确保发电企业和需求侧用户能够提前申报和交易，从而减轻实时市场的压力；日内市场则负责处理实时供需不平衡和突发状况；而实时市场则以其高响应速度确保电网的安全稳定运行。

（2）优化资源配置

优化资源配置策略，关键在于促进电力市场与调频、调峰等辅助服务市场的协同运作，通过市场机制有效引导发电企业和需求侧用户积极参与辅助服务，显著提升电力系统的灵活性和可靠性，同时，构建现货电能量市场与调频辅助服务市场的协同出清机制，以实现电力资源与辅助服务资源的最佳配置，确保资源高效利用。此外，重视独立储能的协同优化与风电、火电的协同调度，鼓励独立储能积极参与调峰和调频市场，设计基于动态电价的储能收益计算方法，使储能利用率实现最大化，保障其在不同时间尺度下的合理经济回报。针对风电不确定性可能给调频市场带来的负面影响，建议引入条件风险价值模型等先进评估方法，科学量化风险并制定应对策略，同时推动火电企业进行灵活性改造，提升其参与调频市场的能力，进一步巩固电力系统的稳定性和可靠性。

（3）进行风险防控

在辅助服务市场中，风险防控是保障市场稳定运行与提高资源配置效率的关键环节。辅助服务市场的风险类型涵盖了因辅助服务供需不匹配导致的供应紧张、市场力主体操纵价格、市场价格异常波动、技术支持系统故障影响市场正常运行或黑客、恶意代码攻击导致的网络安全风险等。为有效应对这些风险，需构建全面的风险管理体系，这就需要市场运营机构、政府监管机构及市场参与者紧密合作，具体措施涵盖：加强辅助服务市场交易活动的风险监测与防范，制订详尽的风险处置预案，提升市场运营机构的技术支持与应急响应能力。

此外，为了有效缓解市场力过度集中和垄断带来的问题，辅助服务市场亟须采取坚决有力的手段来平衡市场力量。例如，引入维克里—克拉克—格罗夫斯（Vickrey-Clarke-Groves，VCG）拍卖机制，通过设计巧妙的激励机制，鼓励市场参与者提交真实报价，从而有效防止市场垄断行为的发生。与此同时，政府与监管机构需加大市场信息的公开与监管力度，提升市场透明度，以确保市场力不被滥用，进而维护市场的公平竞争秩序。另外，还需不断健全相关法律法规体系，强化对辅助服务市场主体的监管与教育，提升其风险意识与合规能力，共同有效防范与应对辅助服务市场风险。

（4）鼓励多元化市场主体参与

吸引多样化的市场参与者积极融入辅助服务市场，是驱动市场创新与效率提高的有效途径。具体而言，深化产消者角色的参与至关重要，鼓励他们充分利用燃气轮机、光伏和储能等弹性资源，积极参与调峰辅助服务市场，以灵活应对电力系统中的供需波动，提高市场的响应能力和效率，同时，构建完善的需求侧响应机制，使需求侧用户能够根据自身需求和市场信号主动调整用电行为，从而进一步提升市场的互动性和响应能力。此外，新兴技术与设备的引入也将为市场注入新的活力。鼓励新型储能技术的研发和应用，不仅可以提升储能系统的性能和经济性，还可以提供更为灵活多样的市场调节手段。而智能电网技术的广泛应用，可显著提高电网的灵活性和可靠性，为辅助服务市场的高效运行奠定了坚实的技术基础。

（5）强化政策支持与激励措施

在辅助服务市场的健康发展进程中，政策扮演着核心引领的角色。通过明确且富有导向性的政策制定，鼓励发电企业、储能企业以及需求侧用户积极参与辅助服务市场，共同促进电力系统的稳定与高效运行。与此同时，实施合理的经济补偿和激励机制，不仅能够有效保障市场参与者的合法权益，更能够进一步激发市场活力，为辅助服务市场的持续繁荣与发展注入强劲动力。

3. 构建与优化容量市场机制

在全球电力市场多元化发展的背景下，发电容量保障机制展现出不同模式，包括稀缺电价、固定成本补偿及容量市场机制等。澳大利亚与美国得克萨斯州采用稀缺电价快速响应容量短缺，但是其价格波动大影响长期投资；智利、西班牙及中国采用容量补偿机制，通过固定成本补偿为投资者提供稳定回报，激发其投资热情；英国实施的容量市场机制则以市场竞拍的方式确定容量价格，引导电源投资，有效避免装机容量过剩与短缺循环，确保电力供应安全稳定。借鉴国际经验，成功的发电容量保障机制必须紧密结合当地电力市场与社会经济的实际情况。稀缺定价机制在高电价风险承受力强的地区更具优势，容量补偿机制则适用于电力市场初建阶段，而容量市场则成为电能量市场相对成熟的国家或地区的优选。

结合我国电价政策稳定性和电力市场特点，短期内应以火电为主，并逐步纳入核电、水电、储能等高可靠容量资源，采用容量补偿机制，由政府主导设定统一的容量价格标准，按照机组可用装机容量进行合理补偿，并将相关成本有效传导至用户端。长期来看，随着新能源逐渐成为电量供应主体，应完善评估与信息披露制度，推动容量市场成为电源建设和容量资源价值挖掘的引导力量。为此，需逐步建立以机组可用装机容量为基础的集中竞价容量市场，通过市场机制自然形成容量价格，并将成本公平分摊至所有市场参与者，从而进一步提升电力系统的整体安全边际与应急响应能力。

为确保容量市场的有效运行与显著成效，还需构建一套全面而系统的政策支持与保障体系。首要任务是深化电力市场体系的顶层规划，实现电能量、容量及辅助服务市场的有机整合与协同调度，同时，应加速推进电力市场建设，完善市场交易规则，确保电量电价的市场化形成，并与容量电价机制实现协同发展。此外，建立严格的跟踪监测体系与灵活的评估调整机制也至关重要，以便及时发现煤电等容量电价执行过程中出现的问题，并根据市场动态变化，适时、精准地调整相关政策措施，从而确保政策的有效性与适应性。

4.处理好绿证交易、绿电交易和碳交易市场的关系

（1）绿证交易

可再生能源绿色电力证书交易，简称"绿证交易"，是一种依托可再生能源绿色电力证书（简称"绿证"）进行的电力可再生能源属性交易制度。绿证，作为我国可再生能源电量环境属性的唯一证明，是认定可再生能源电力生产和消费的唯一法定凭证。国家对满足条件的可再生能源电量进行绿证核发，其中，1个绿证单位对应1000千瓦时的可再生能源电量。作为可再生能源电力的消费凭证，绿证在可再生能源电力消费量核算、消费认证等方面发挥着关键作用。

自2017年我国绿证制度启动以来，初期由于市场认知度和接受度有限，绿证交易面临一定的挑战。然而，随着2019年消纳保障机制的引入，绿证交

易被赋予了强制性，市场逐渐开始回暖。2022 年，得益于政策环境的显著优化，绿证市场迎来了爆发式的增长，无论是核发量还是交易量都实现了质的飞跃。进入 2024 年，绿证市场的发展势头更加迅猛。据统计，2024 年上半年绿证的核发量同比激增 13 倍，这一数据不仅彰显了绿证市场的活力与潜力，也深刻促进了绿色低碳消费理念的普及与实践。

为了进一步规范绿证交易，促进市场的健康发展，2024 年 8 月 26 日国家能源局印发了《可再生能源绿色电力证书核发和交易规则》（以下简称《规则》）。该《规则》从职责分工、账户管理、绿证核发、绿证交易及划转、绿证核销、信息管理及监管等多个方面对绿证交易进行了全面而细致的规定。这一规则的出台，无疑为绿证市场的规范化、标准化发展提供了有力的制度保障。

根据《规则》，绿证由国家能源局电力业务资质管理中心按月统一核发，加盖国家能源局绿证专用章，并进行可交易绿证核发范围动态调整。绿证有效期为 2 年，时间自电量生产自然月（含）起开始计算。国家绿证核发交易系统与各绿证交易平台实时同步待出售绿证和绿证交易信息，确保同一绿证不重复成交。

绿证交易主体包括卖方和买方。卖方为已建档立卡的发电企业或项目业主，买方为符合国家有关规定的法人、非法人组织和自然人。买方和卖方应依照本《规则》合法合规参与绿证交易。交易主体可委托代理机构参与绿证核发和交易。

绿证的核发范围：对风电（含分散式风电和海上风电）、太阳能发电（含分布式光伏发电和光热发电）、生物质发电、地热能发电、海洋能发电等可再生能源发电项目上网电量，以及 2023 年 1 月 1 日（含）以后新投产的完全市场化常规水电项目上网电量，核发可交易绿证。对项目自发自用电量和 2023 年 1 月 1 日（不含）以前的常规存量水电项目上网电量，现阶段核发绿证但暂不参与交易。

绿证既可以单独交易，也可以随可再生能源电量一同进行交易，并在交易合同中单独约定绿证数量、价格及交割时间等条款。现阶段绿证仅可交易一次。绿证交易的组织方式主要包括挂牌交易、双边协商、集中竞价等，交易价格由市场化方式形成。

（2）绿电交易

根据《电力中长期交易基本规则——绿色电力交易专章》，绿色电力（简称"绿电"）是指符合国家有关政策要求的风电（含分散式风电和海上风电）、太阳能发电（含分布式光伏发电和光热发电）、常规水电、生物质发电、地热能发电、海洋能发电等已建档立卡的可再生能源发电项目所生产的全部电量。

绿色电力交易（绿电交易）是指以绿色电力和对应绿色电力环境价值为标的物的电力交易品种，交易电力同时提供国家核发的可再生能源绿色电力证书，用以满足发电企业、售电公司、电力用户等出售、购买绿色电力的需求。初期，参与绿色电力交易的发电侧主体为风电、光伏发电项目，当条件成熟时，可逐步扩大至符合条件的其他可再生能源。

绿色电力交易是电力中长期交易的一个组成部分，需要遵循电力中长期交易的规则来执行，主要包括省内绿色电力交易和跨省区绿色电力交易。其中，省内绿色电力交易是指电力用户或售电公司通过电力直接交易的方式向计入本省网控制区的发电企业购买绿色电力，交易活动由各省（区、市）电力交易中心组织开展。跨省区绿色电力交易是指电力用户或售电公司向非本省网控制区的发电企业购买绿色电力，交易活动由北京、广州、内蒙古电力交易中心组织开展。绿色电力交易的组织方式主要包括双边协商、挂牌交易等。

2021年，中国绿电交易正式开市。自此以后，中国国家发展改革委积极推动绿电交易市场的发展，先后批准北京、广州、内蒙古等地的电力交易中心开展绿电交易试点项目，并取得了显著的成果。从市场数据来看，中国绿电交易展现出强劲的增长势头。在2021年至2023年期间，全国绿电交易的成交电量大幅跃升：2021年成交电量达到87亿千瓦时，2022年增至181亿千瓦时，2023年更是实现了质的飞跃，飙升至697亿千瓦时。短短三年内，全国绿电交易的年均增长率高达283%，充分展示了中国绿电市场的蓬勃活力与巨大潜力。

（3）碳交易

碳交易，也被称为碳排放权交易，即把二氧化碳排放权作为一种商品，买方通过向卖方支付一定金额来获得一定数量的二氧化碳排放权，从而形成二氧化碳排放权的交易。碳交易市场是一个由政府通过对能耗企业实施碳排放控制而精心构建的市场机制。中华人民共和国生态环境部根据相关法律法规，承担着全国碳排放权交易市场的建设与管理工作。

通常情况下，政府确定一个碳排放总额，并根据一定规则将碳排放配额分配至企业。如果未来企业排放高于配额，需要到市场上购买配额。与此同时，部分企业通过采用节能减排技术，最终碳排放低于其获得的配额，则可以通过碳交易市场出售多余配额。双方一般通过碳排放交易所进行交易。2024年1月，全国温室气体自愿减排交易市场正式启动，是继全国碳排放权交易市场后又一推动实现"双碳"目标的政策工具。强制碳市场对重点排放单位排放行为进行严格管控，自愿碳市场则鼓励全社会广泛参与，两个碳市场独立运行，并通过配额清缴抵销机制实现相互衔接，共同构成全国碳市场体系。

（4）绿证交易、绿电交易和碳交易的关系

绿证交易、绿电交易与碳交易作为三种独特的交易制度，既相互关联又各具特色，共同促进了可再生能源电力的蓬勃发展。绿证交易专注于可再生能源电力的环境属性进行交易，将电力价值与属性分离，主要用于发电环节确认属性，灵活且成本低廉；而绿电交易则融合电力价值与可再生能源属性，确保整个供应链的可再生能源溯源，提供更高的电力可信度。两者虽然目标一致但是机制各异，形成互补，绿电交易在溯源上的优势使其更受青睐，绿证交易则在灵活性和成本上更具优势。碳交易作为政府主导的全球气候政策工具，与绿证和绿电在性质与作用上存在差异，它聚焦于碳排放权的买卖，对接国际碳市场规则，而绿证与绿电则在推动可再生能源生产和消费上发挥直接作用。绿证交易和绿电交易为碳交易市场提供了重要的支持。

一方面，绿证和绿电的交易推动了可再生能源的发展，从而减少了对化石能源的依赖和碳排放；另一方面，绿证和绿电的环境价值在碳交易市场中得到了进一步体现，企业可以通过购买绿证或绿电来抵消部分碳排放，满足碳市场的监管要求，同时，碳交易市场也为绿证和绿电交易提供了价格信号和激励机制。碳市场的价格反映了碳排放的成本，当碳价上涨时，企业购买绿证或绿电的成本相对较低，从而增加了对绿证和绿电的需求；反之，当碳价下跌时，企业可能更倾向于购买传统电力，减少对绿证和绿电的需求。因此，碳市场的价格变化会影响绿证和绿电的交易价格和交易量（图2-1）。

（5）绿证交易、绿电交易和碳交易协调发展的困境

一是"证电分离"与"证电合一"的争议。在证电分离模式下，绿证和绿电的交易是相对独立的。绿证主要作为环境权益的证明，代表了一定量的可再生能源发电量所产生的环境价值，如减少的碳排放量等。而绿电则直接供应给电力用户，满足其用电需求。在这种模式下，绿证的环境价值得到了清晰的界定，有助于鼓励投资者和生产者更多地开发和使用可再生能源。然而，由于绿证和绿电交易的分离，可能导致证电关系失配，即绿证所代表的可再生能源属性与实际交易的绿电不完全对应，因此影响市场运作的顺畅性。相反，证电合一模式则强调绿证与绿电的捆绑销售。在这种模式下，购买绿电的同时自动获得相应数量的绿证，从而简化了交易流程，提高了市场活跃度。然而，证电合一也可能导致一些问题，如绿证环境价值的认可度不足，因为消费者可能更关注于电力本身的价格而非其环境价值；以及环境价值的重复计算问题，即同一份可再生能源发电量可能同时被多个绿证所代表。因此，如何平衡环境价值界定、市场效率与市场认可度，成为解决这一困境的关键所在。

二是市场机制设计与协同性问题。绿证交易、绿电交易与碳交易虽然秉持着促进清洁能源发展和实现碳减排的共同愿景，但是在实际操作层面却面临着机制割裂的现实挑战。尤为突出的是，价格信号的不一致性问题显著，由于绿证交易价格、绿电电价与碳市场碳价之间缺乏有效的联动机制，因此导致市场趋势难以被精准捕捉，进而制约了市场参与者策略优化的空间。此外，市场准入门槛的差异不仅增加了新进入者的难度，还阻碍资源跨市场的

图 2-1 绿证交易、绿电交易和碳交易关系图

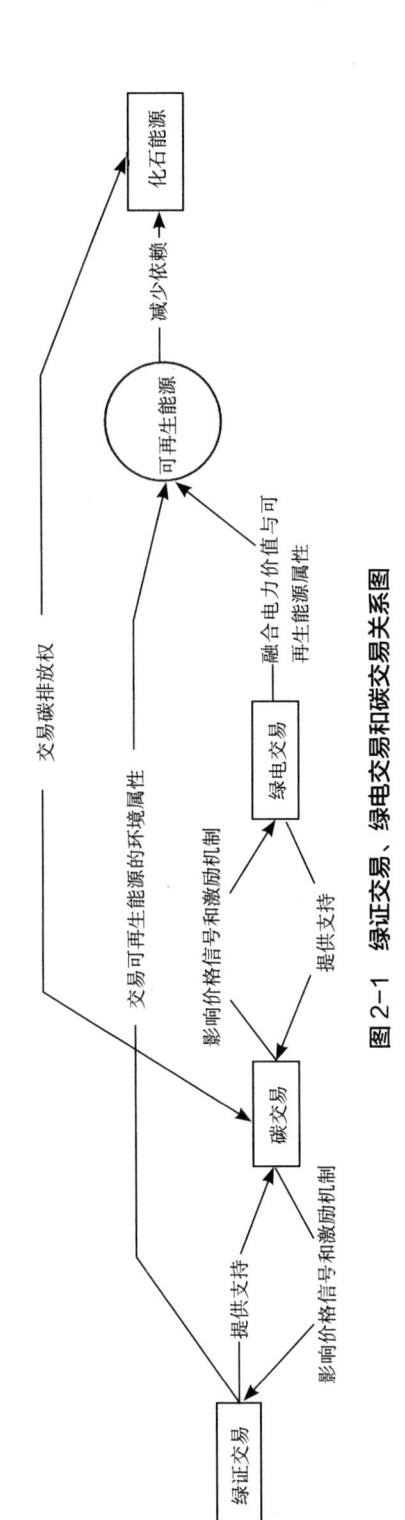

高效流通与配置，影响市场的公平性与整体效率。

三是监管政策与标准的不统一问题。绿证交易、绿电交易与碳交易市场分别由不同政府部门进行监管，既可能出现政策重叠带来的冗余，又可能形成政策空白地带造成的监管空白。更为关键的是，绿色电力的认定标准、碳排放核算方法等重要技术参数若在不同市场间存在差异，不仅会增加市场参与者的理解难度，还会提升其合规成本，对市场的健康发展和资源的有效配置构成障碍。因此，建立统一监管政策与标准，加强跨部门协作，成为推动绿电交易与碳交易市场协调发展的紧迫任务。

四是在跨区域交易方面，绿证交易、绿电交易与碳交易市场面临显著障碍。电网互联不足是核心问题之一，由于物理电网的互联程度有限，绿色电力的长距离、大规模跨区域输送受到严重制约，难以满足我国东部地区对绿电的高需求与中西部地区绿电供应富余之间的平衡，同时，市场壁垒也是一大挑战，不同区域间市场规则、价格机制、政策支持等存在差异，导致跨区域交易的难度和成本显著增加。这些因素共同作用，影响了绿证、绿电和碳交易市场在跨区域层面的协同发展，限制了资源的优化配置和整体市场的效率提高。

五是国际市场对接面临挑战。首先，各国在绿色电力认证标准、碳交易机制上存在显著差异，导致跨国交易需应对复杂的规则适应性难题。其次，国际市场交易中的货币兑换受汇率波动影响显著，这不仅推高了绿证市场、绿电市场及碳交易市场全球化的交易成本，还导致了交易结果的不确定性，进一步加剧市场风险。此外，信息壁垒亦是国际市场对接的主要阻碍，市场信息获取渠道有限，使得市场参与者难以全面、及时地掌握国际市场的最新动态与趋势，这无疑增加了国际交易的难度与复杂性，限制了国际市场的有效对接。

（6）绿证交易、绿电交易和碳交易协调发展的策略

首先，为推进绿证交易、绿电交易与碳交易市场的协同发展，需构建一套协同高效的市场机制与交易模式。其首要任务是制定统一的交易规则、技术标准和数据接口规范，明确市场准入与退出条件，以保障各市场间的顺畅

衔接与整体一致性。在此基础上，推动市场间的互联互通，建立跨部门的电—碳协调工作机制，统筹组织市场交易，强化数据共享与信息公开，提升市场的透明度与公信力，同时，积极探索创新交易模式，深入研究绿证与绿电交易的"证电合一"与"证电分离"机制，鼓励利用绿证在碳排放核算中抵扣部分排放份额，充分发挥绿色电力的环境价值。此外，通过开发包括绿证期货、绿电期权等在内的多元化绿证与绿电交易产品，并结合碳债券、碳基金等丰富的碳金融产品与服务，激发市场活力，吸引多元主体参与，共同推动绿证、绿电与碳交易市场的繁荣发展。

其次，需深度优化市场结构与资源配置。这包括完善电力市场机制，创新市场模式，以促进新能源的投资、生产、交易与高效消纳，确保新能源全面融入市场交易体系，实现电力资源在全国范围内的优化配置，同时，应注重提升市场灵活性，通过促进电力中长期市场、现货市场及辅助服务市场的协同发展，强化市场间的有序衔接与协调，并广泛引入发电企业、售电公司、用户及储能等多元化市场主体，以此激发电力市场的蓬勃活力与持续创新能力。此外，还应完善价格形成机制，改革煤电价格市场化机制，优化电价传导路径，以有效平衡电力供需关系，从而推动工商业用户全面融入市场体系，同时确保居民、农业及公益性事业等用电价格的公正合理与稳定，为构建绿色低碳、高效灵活的现代化电力市场体系奠定坚实基础。

最后，要加强政策引导、市场监管与风险防范。通过制定更多激励政策，如税收减免和补贴，鼓励企业和个人积极参与绿色电力的生产和消费，同时，建立健全市场监管体系，强化对市场参与者的监管，打击市场操纵与虚假交易，保障市场秩序。加强交易数据的监测与分析，并建立风险防范机制，提高市场应对突发事件的能力。此外，加强与国际市场的交流，借鉴先进经验，促进绿色电力证书、绿色电力及碳交易的国际互认与合作，共同应对全球气候变化和能源转型带来的挑战。

5. 完善适应新兴主体参与的市场交易模式

在推动电力市场发展的过程中，应培育多元竞争的市场主体，积极引导社会资本有序参与售电业务，并鼓励新兴市场主体，如用户侧可调负荷资源、储能系统、分布式能源及新能源汽车等积极融入市场交易。此进程需有序放开发用电计划，促使燃气、热电联产、新能源及核电等优先发电主体逐步走向市场化，并引导经营性用户全面参与，将优先发电与购电计划转化为政府授权的中长期合同，同时，应当严格把控售电公司的准入门槛，充分利用其创新的商业模式优势，为用户提供包括综合能源管理和负荷集成在内的多样化增值服务。

为进一步促进新兴市场主体的有效参与，需构建灵活多样的交易模式，允许其直接或聚合参与市场，并自主选择参与容量、辅助服务和电能量交易，以获得最大化市场效益。针对分布式电源，应进一步完善市场准入与价格机制，发展就近交易模式，强化分布式主体的自我平衡与调控能力，实现电力市场的公平交易与合理定价。此外，面对新能源接入带来的不确定性问题，探索平衡责任分摊机制尤为重要，通过建立平衡单元，由具备售电资质、具有灵活调节资源的聚合商，与发用电主体共同承担系统平衡责任，不仅能减轻电网压力，还能激励市场主体积极参与需求响应，提高电力系统整体的安全性与效率。

第三节　新型电力系统下的电网发展

一、新型电力系统背景下的电网功能与发展要求

在推进"双碳"目标的征程中，能源是主战场，电力是主力军，电网是排头兵，大力发展风能、太阳能等新能源是关键。构建新型电力系统，必须坚定不移地贯彻新发展理念，要求电网在更高层次上平衡好低碳、安全、经济与共享等多重目标。这意味着，既要协调发展和安全，确保电力供应的稳定可靠；又要统筹保供与转型，推动能源结构的优化升级，以高质量满足经

济社会发展对能源的需求。

(一)电网服务新能源高质量发展,增强资源配置能力

随着新能源装机规模的持续扩大,电网需适度超前发展,以提升对可再生能源的消纳与调控能力。中国国家发展改革委与国家能源局联合印发的《关于促进新时代新能源高质量发展的实施方案》及《"十四五"现代能源体系规划》明确指出,电网在构建新型电力系统中的平台和枢纽作用至关重要,需推动其主动适应大规模集中式新能源与分布式能源的发展,建立以大型风光电基地为基础,周边清洁高效煤电为支撑,稳定特高压输变电线路为载体的新能源供给消纳体系,并着力提高配电网接纳分布式新能源的能力,加快配电网的改造升级,推动智能配电网与主动配电网的建设,以提升配电网对新能源及多元化负荷的承载力和灵活性,促进新能源的就地就近开发利用。

与此同时,随着能源生产清洁化和消费电气化的不断推进,电网资源配置功能日益平台化,电网形态正由传统的单向逐级输电网络向涵盖交直流混联大电网、微电网、局部直流电网及可调节负荷的能源互联网转型,从电力枢纽升级为能源枢纽,显著提升了清洁能源的配置与消纳能力。这一转型不仅能支持大型电源基地的集约化开发与远距离输送,完善新能源供给消纳体系,服务大型新能源基地建设,还能显著提升配电网的综合承载能力,推动现代智慧配电网的建设,促进分布式能源的发展,实现电、氢、热、气等多能源协同互补,确保各类电力设施的便捷接入与即插即用,为新能源的高质量发展提供有力支撑。

(二)电网深挖源、网、荷、储智调节潜力,增强电力安全保障效能

在能源结构低碳化调整的背景下,电网面临着新能源带来的运行风险以及能源电力发展新阶段带来的保供压力。此外,随着新型电力系统"双高""双峰"(夏季和冬季用电高峰)特征日益凸显,外加极端天气等因素的影响,电力系统安全运行与电力供需平衡的形势越发严峻。电网需充分挖掘源、网、荷、储、智调节潜力,强化电力安全保障能力,以应对这些挑战。

国务院印发的《2030年前碳达峰行动方案》明确指出，要大力提升电力系统综合调节能力，加快灵活调节电源建设，建设坚强智能电网，以提升电网安全保障水平。这一要求与电网当前面临的形势紧密相连，旨在通过构建更加智能、灵活的电力系统，来应对新能源接入带来的不确定性以及电力供需平衡的压力。

同时，我国的《"十四五"现代能源体系规划》和《"十四五"可再生能源发展规划》也强调了能源安全的重要性，并提出了从战略安全、运行安全和应急安全等方面夯实能源供应稳定性和安全性的具体措施。在战略安全层面，需要优化电网等基础设施规划布局，以确保能源供应的稳定性；在运行安全层面，需要保障系统安全稳定运行必需的合理裕度，加强电网安全防护和保护，确保电网重要设备、通道等设施的安全；在应急安全层面，则需要提升电力应急供应和事故恢复能力，加强风险隐患治理和应急管控，推动电力安全治理能力实现现代化，以保障能源系统安全平稳转型，并提升电力应急储能能力。

因此，积极稳妥地推进"双碳"目标，加快规划建设新型能源体系，是确保能源安全的重要途径。在这一过程中，电网作为连接能源生产和消费的枢纽，需要充分发挥其平台作用，强化源、网、荷、储各环节间的协调互动，充分挖掘系统灵活性调节能力和需求侧资源，以提高系统运行效率和电源开发综合效益。通过构建多元供能智慧保障体系，电网将能够更好地适应新能源发展的需求，确保电力系统的安全稳定运行，为我国的能源转型和可持续发展提供有力支撑。

（三）电网发挥市场资源配置作用，服务多元市场主体

电力系统是一个高度集成的系统，涵盖了发电、输电、变电、配电和用电的各个领域，以及源、网、荷、储的各个环节，同时技术体制也贯穿其中。其中电网作为电能生产与消费之间的桥梁，是电力系统的中枢环节。近年来，通过技术创新和基础设施升级，特高压输电通道、配电网等电力基础设施的使用已能够实现远距离、低损耗的电力输送，从而大幅提高了电力资源的配

置效率，并有效降低了能源损耗及运营成本。

为应对能源转型的需求，中国国家发展改革委与国家能源局发布的《关于完善能源绿色低碳转型体制机制和政策措施的意见》及《关于促进新时代新能源高质量发展的实施方案》等文件明确了以消纳可再生能源为主的增量配电网、微电网及分布式电源在电力市场中的主体地位，鼓励微电网、分布式电源、储能及负荷聚合商等实体独立参与电力交易。未来，面对能源系统的多元化变革，电网需通过体制机制的创新，进一步丰富电力市场的多元主体结构，以实现经济高效、成本可控的电力供应目标。

（四）强化电网基础设施网络效应，坚实守护民生需求

电网作为关系国计民生的重要能源基础设施，具有直接连接终端用户、服务广大人民群众的特点，是经济社会发展的先行军和助推器。

首先，电网发展带动了能源电力产业链上下游企业的协同与融合。通过提升电网共享发展水平，不仅促进了产业链各环节的紧密衔接与高效运作，还强化了技术合作与交流，推动了能源电力技术的创新性发展。另外，电网产业链作为资金、技术密集型产业，对经济发展具有显著的带动效应。通过发挥"链长"作用，促进产业转型升级，为经济绿色升级提供持久动能。

其次，电网在促进新型城镇化与乡村振兴中的角色愈发突出。随着工业化步伐的加快，新型城镇化进程的推进，以及乡村振兴和区域协调发展战略的深入实施，优化电力营商环境变得尤为迫切。电网基础设施的完善不仅确保了城乡居民在安全、可靠、清洁用能方面的需求，还通过提升供电服务质量，为乡村振兴的全面实施和共同富裕目标提供了坚实的电力保障，推动区域经济的协调共进。2023年7月4日，国家发展改革委、国家能源局与国家乡村振兴局联合颁布了《关于实施农村电网巩固提升工程的指导意见》，文件中明确指出至2035年，将基本构建起安全可靠、智能开放的现代化农村电网体系，全面提升农村地区电力供应保障能力，实现城乡电力服务的基本均等化。这将为分布式可再生能源的开发利用与就地消纳提供坚实平台，显著提升农村电气化水平，大幅提高农村电力自给自足能力，为乡村振兴和农业农

村现代化注入强劲动力。

最后，抽水蓄能电站在系统中扮演重要角色，电网企业作为其重要投资运营者和非抽蓄储能技术的创新推动者，在提升储能灵活能力方面发挥引领与推动作用。

二、新型电力系统背景下的电网形态变革

在传统电力系统逐步向新型电力系统转型升级的过程中，电网正经历着前所未有的变革，加速向柔性化、智能化、数字化的方向演进。电网的形态由传统的"输配用"单向逐级输电电网，逐步转变为多元双向混合层次结构的网络。这一转变意味着电网不再仅仅是电能的传输通道，而是成为一个更加复杂、多元且具备双向互动能力的系统。同时，电网的能源供应模式也在发生深刻变化，过去以转动惯量为主的常规电源和单向供电方式，正逐步被高比例电力电子化新能源和双向供电模式所取代。大电网与送受端、交直流、高低压电网之间的耦合更加紧密，一次系统和二次系统的运行方式也变得更加复杂。

此外，负荷特性正经历显著转变，由传统的刚性、纯消费模式向灵活的产消一体化模式演进。与此同时，各类新型并网实体层出不穷，负荷尖峰现象频发，配电网有源化特征日益明显。这些动态变化要求电网必须大幅提升其灵活性与适应性，以有效应对负荷需求与能源供应的持续变动。

（一）输电网高质量发展

1.技术革新引领能源网络优化升级

为加强资源优化配置，中国正加速构建横跨东西、纵贯南北、覆盖全国的能源网。目前，"西电东送"战略下的北、中、南三大输电通道已初具规模，形成了跨省跨区的强大输电网络，输电能力攀升至3亿千瓦左右，并成功投运了20条特高压直流输电通道。在此基础上，中国持续优化区域电网主网架结构，构建了以多个区域电网为核心、高效互联互通的电网发展新格局。

特高压直流输电工程作为能源输送的"主动脉",在提升长距离输送能力方面扮演着至关重要的角色。

为巩固并提升特高压直流输电技术的全球领先地位,中国正不断加大研发投入,持续推动技术创新与升级。短期内,将加速推进陕北—安徽、甘肃—浙江、蒙西—京津冀、大同—天津南等关键特高压工程项目的核准与建设。通过技术创新与升级,中国将进一步提高能源网络的输送能力和运行效率,为大型电源基地的集约开发和远距离电能输送提供坚实支撑。

与此同时,柔性直流技术展现出巨大的发展潜力。该技术的研发推动了电力系统向多电源、多落点网络化方向发展,不仅能显著提升电力系统的灵活性与经济性,还能有效应对新能源发电的波动性和间歇性,为新能源的友好并网提供有力保障。

此外,灵活交流输电技术融合了新技术与传统电网,提高了输电能力和系统稳定性,增强了系统可靠性。静止无功补偿、串补等技术已广泛应用,提升了电网电压支撑和输电容量。同时,统一潮流控制器(UPFC)、静止同步串联补偿器(SSSC)、低频输电等新技术正示范应用,能大幅提升新能源交流网络的输电能力,实现电力潮流快速调节,支撑新能源的高效利用。

2.数字化与智能化转型

数字化与智能化转型不仅可以优化输电网络的管理与运维,还可以通过智能化输电设备与系统的应用,进一步提高电力行业的整体运营效率与抗风险能力,为电力行业的未来发展奠定坚实的基础。

数字化轻资产在提高重资产效率方面发挥着关键作用。通过巧妙运用数字化技术,能够极大地优化输电网络的管理与运维流程,这不仅能显著提高电网的运作效率和可靠性,还确保了电力供应的稳定性。具体而言,数字化手段使得电网的实时监测、预警及调度成为可能,从而大幅降低了运维成本,并推动整体运营效率的提高。

智能化输电设备与系统的引入,为电力行业注入了新的活力。积极推动输电设备的智能化升级,利用智能传感器、远程监控等先进技术,使得设备运维工作得以远程进行,同时实现了智慧诊断,大幅提高其运维效率与精准度。此外，加强输电系统的智能化建设，通过提升系统的自适应能力和抗风险能力，可以确保电网在面对各种复杂情况时能够保持高效、稳定地运行。

3. 跨省跨区输电通道高质量发展

在国家能源局印发的《2024年能源工作指导意见》（以下简称《意见》）指引下，我国输电网建设步入了一个崭新的发展阶段。《意见》不仅为增强跨省跨区输电通道的互助共济能力指明了战略方向，也为推动跨省跨区输电通道的高质量发展奠定了坚实基础。

为加速这一进程，未来工作将聚焦于特高压工程等重点项目，深化区域电网互联互通，全面提高输电效率与经济性。具体措施包括强化蒙东与东北主网联网，推进华北特高压交流电网向蒙西地区延伸加强，提升西北省间通道输电能力，建成华中特高压骨干网架。同时，加快开展西南、西北、东北、内蒙古等清洁能源基地送出通道前期工作，旨在构建更加完善的清洁能源外送体系，促进清洁能源跨区域优化配置，为能源结构绿色转型提供强大支撑。

此外，国家能源局还持续关注农村电网的巩固提升，致力于通过政策实施和技术进步，全面提升我国输电网的互助共济能力，为构建清洁低碳、安全高效的现代能源体系贡献力量。

4. 强化应对自然灾害与环境挑战的能力

在推进输电网高质量发展的道路上，制定并实施应对自然灾害与环境挑战的有效策略至关重要。鉴于输电线路频繁遭受风暴、洪水等自然灾害的侵袭，以及面临导线损耗等环境因素的困扰，需采取一系列精心设计的措施予以积极应对。

首先，加大电网改造与升级的力度。通过实施一系列更坚固、更智能的电网改造项目，提升电网的自然灾害抵御能力。这些项目不仅可以增强电网的物理强度，还可以通过引入智能化技术，提高电网的监测和响应速度，从而能够更好地应对自然灾害带来的挑战。

其次，实施灾害预警与差异化设计策略。建立全面的灾害预警系统，实时监测和预测自然灾害的发生，为电网运行提供及时、准确的信息支持。同时，结合差异化的线路设计策略，根据不同地区的自然环境和灾害特点，对输电线路进行针对性的优化和改造，从而有效降低自然灾害对电网运行的潜在威胁。

最后，积极探索并应用新型导电材料和前沿技术。这些创新材料和技术的应用，不仅会显著降低输电线路的电能损耗，还会降低故障发生率，进一步确保电网运行的高效与安全。通过这些措施的实施，为输电网的高质量发展奠定了坚实的基础，也为应对自然灾害和环境挑战提供了有力的保障。

（二）配电网高质量发展

1. 功能定位与结构形态的转变

配电网承担着城乡电力供应的"最后一公里"。随着新型电力系统建设的推进，配电网正逐步由单纯接受、分配电能给用户的电力网络转变为源、网、荷、储融合互动、与上级电网灵活耦合的电力网络，在促进分布式电源就近消纳、承载新型负荷等方面的功能日益凸显。

由此必须提升其供电保障和综合承载能力，构建安全高效、清洁低碳、柔性灵活、智慧融合的新型配电系统。在增强保供能力的基础上，推动配电网在形态上从传统的"无源"单向辐射网络向"有源"双向交互系统转变，在功能上从单一供配电服务主体向源、网、荷、储资源高效配置平台转变。这意味着配电网将不再是简单的电能传输通道，而是能够实现源、网、荷、储协同互动、大电网与微电网协同控制的重要平台。

2. 配电网的柔性互动

传统交流配电网采用"闭环接线、开环运行"的模式，由于源、网、荷之间单向传输、联动性弱，以及规模化新要素的接入，导致部分地区配电网承载能力受到较大挑战，对供电质量、新能源消纳等造成了较大影响，为此部分地区通过加强电网协调互动以及示范应用直流配电技术，提升了对新要素接入的适应性。例如，由国网山东电科院牵头，清华大学等单位参与申报的科技成果"支撑高比例分布式光伏接入的柔性配电网关键技术、核心装备及应用"荣获2023年山东省科技进步一等奖。该成果成功研制了系列化的构建柔性配电网的核心装备，突破了柔性配电网架构设计、控制保护等多项关键技术，有效解决了高比例分布式光伏灵活接纳问题，项目成果整体达到国际领先水平。

3. 技术应用的创新

2024年年初，国家电网公司探索性提出加快建设数智化坚强电网。数智化技术成为驱动配电网转型升级的核心引擎。数智化坚强电网作为新型电网的重要形态，是推进新型电力系统、新型能源体系建设的核心环节和主要抓手，在改造电网形态、增强电网功能方面发挥重要作用。

配电网将加快智能终端与配电通信网的建设步伐，依托先进的传感、通信及控制技术，实现对运行状态的高精度监测与调控，显著提升其可观、可测、可调、可控能力。通过积极探索人工智能、边缘计算、数字孪生、区块链、安全防护等数字技术、先进信息通信技术、控制技术与柔性直流、可再生能源友好接入、源网荷储协调控制等能源电力技术的深度融合，实现配电网的数字化、智能化转型，极大提高配电网的运行效率与智能化管理水平。

未来，新型电力系统将呈现出大电网与分布式兼容并举的形态，通过应用新技术、新材料和新设备，来提高电网的技术含量和智能化水平；通过加强信息通信技术与电网的深度融合，来实现电网的数字化、网络化、智能化管理。

三、电网发展面临的挑战与应对策略

在新型电力系统构建的背景下，电网正经历着深刻的变革，向着柔性化、智能化、数字化的方向加速演进。然而，在这一转型过程中，电网发展也面临着诸多挑战。从电网的安全稳定运行到应急能力的提升，再到电网经济的可持续发展，每一个环节都充满了复杂性和不确定性。为了应对这些挑战，确保电网的稳定、高效、经济运行，需要深入研究并采取相应的策略，为电网的未来发展提供有益参考。

（一）电网安全稳定运行面临的挑战与策略

新能源发电的迅速崛起对电网的安全稳定运行构成了严峻挑战。例如，新能源机组的并网导致电网特性发生变化，其抗扰动能力的欠缺可能触发大规模停电事件。此外，新能源电力输出的随机波动与电力负荷的相互交织，进一步增加了配电网调控的复杂性。并且，地方电网与主电网之间的互联互通难题，也对民生用电保障和区域经济发展构成了潜在威胁。为有效应对这些挑战，需强化新能源发电的安全稳定基础，健全电力系统的"三道防线"机制，并加大对直流系统运行风险的防控力度统。

1. 电网安全运行面临的挑战

一是新能源发电大量替代常规发电机组，极大地改变了传统交流电网的物理形态和运行特性，当前新能源机组的抗扰动能力尚显不足，面对频率、电压的波动容易脱网，使故障处理过程变得更加复杂，增加了大面积停电的风险。并且新能源机组通过电力电子设备并网，依赖复杂的控制算法实现同步，具有低抗扰性和弱支撑性，这无疑对电网的安全稳定运行提出了新的、更高的要求。

二是尽管在未来相当长一段时间内，电力系统仍以交流同步技术为主导，但是由于新能源发电等电力电子静止设备对旋转同步电源的大规模替代，导致电网系统惯量减少、电压调节能力下降，并呈现出宽频震荡、多失稳模式耦合等复杂特性，这些变化可能引发新的稳定性问题，对电网的动态特性产生深远影响。

三是有源配电网调控运行难度增加。新能源的随机性、波动性及其与负荷的时空耦合性，特别是源荷双端的不匹配及潮流的双向流动性，导致电压越限问题频发，甚至局部性的电压过高可能导致发电单元停止运行，降低新能源发电的渗透率，增加了网损并影响电力系统的经济运行。此外，随着分布式新能源的普及，单个微电网在消纳新能源发电方面存在局限。因此，多微电网集群运行模式将成为主流，通过微电网间的能量互济来确保电力系统可靠运行。然而，源荷的不确定性、信息隐私保护需求以及多利益主体间的协调难题，共同构成了制约微电网协同运行的主要障碍。

四是在新型电力系统转型的大背景下，地方电网作为电力市场的重要参与者，面临着诸多问题。首要问题聚焦于地方电网与大电网的互联互通上，由于历史原因或现实条件限制，部分地区电网的220千伏变电站接入大电网受阻。地方电网的电源接入能力难以跟上负荷需求的快速增长速度，直接威胁到民生保供的可靠性和区域经济的发展。

2.电网安全运行的策略

一是夯实高比例新能源系统安全稳定支撑基础。首先，需要建立新能源调节支撑激励机制，提高虚拟同步机和动态无功补偿装置在新能源发电系统中的配置比例，提升新能源在转动惯量、频率、电压支撑方面的履责能力。其次，需要完善新能源配套储能激励机制，提高新能源配套储能设备的技术标准和在系统中的调节约束力。再次，需要深化对高比例电力电子设备接入下电力系统稳定机制的理解，明晰电力电子设备对电网运行特性的具体影响，掌握提升新能源极限承载能力与直流输电系统极限送出能力的核心技术，以有效解决高比例电力电子化电网面临的多频带振荡问题。最后，研究多直流系统之间和交直流系统之间的交互影响，强化规划阶段对关键密集输电通道进行精细化的安全稳定分析和校核，深化对高比例新能源系统稳定机制的研究和理解，以进一步提升电力系统的稳定性和可靠性。

二是巩固完善电力系统"三道防线"的主动防护能力。第一道防线即继电保护和预防性的控制措施，需强化先进信息技术在整定计算领域的应用，加速信息处理流程，提升保护整定对工况频繁变化的适应性，以确保在故障发生时能迅速可靠地隔离故障。第二道防线涵盖安全稳定控制装置以及切机、切负荷措施，应着力构建以响应为基础的安全稳定控制体系，力求实现"即时决策、即时干预"，从而能够高效应对那些虽概率较低但是影响重大的安全事故。第三道防线应着重强化智能调度控制系统、机器人流程自动化（RPA）和5G通信等先进技术的融合应用。通过这些技术的赋能，进一步优化负荷调整策略，并深化营销负控系统和配电调度系统之间的协同作业，以实现精准减载，有效应对配电网有源化带来的挑战。

三是强化直流系统运行风险防控机制。近年来，国家电网公司持续优化直流技术监督与支持体系，不断提升支撑服务效能，确保直流输电系统的稳定运行。特别是在2022年5月，国网江苏公司成功主导完成了"千万千瓦级特高压直流多落点电网安全稳定混合防御关键技术与应用"项目，该项目构建了针对直流密集接入区域的电压安全多层防御体系，提出以换流站为核心的"站域—近区—全局"电压安全防御策略，以及无功资源的"逐级推导—协同调配"技术，有效遏制了电压扰动的扩散，显著提升了连锁故障的防御能力。未来，为持续深化交直流联合控制能力，需依据系统实时状况科学设定直流送电功率，并加强特高压直流与相邻交流断面的协同调控，有效阻断交直流及送受端可能产生的连锁故障，同时，要密切监控直流系统稳定控制下的可切除负荷量，确保直流系统故障不会危及系统整体安全。此外，要加速推进直流配套常规电源与送受端电网架构的建设，对于新建直流项目，必须同步规划并落实支撑电源及送受端电网架构，合理布局直流落点，以降低多回直流间的相互干扰。

（二）电网应急能力面临的挑战与策略

近年来，高温、寒潮、暴雨、台风等极端天气事件多发、频发，对电网安全稳定运行构成了严峻威胁。这些极端天气不仅增加了电网故障的风险，还可能导致大面积停电，严重影响社会正常生产生活秩序。在此背景下，完善电网应急体系建设对于保障电力供应的稳定性、可靠性和安全性至关重要，是维护国家能源安全、经济稳定和社会发展的重要基石。

1. 电网应急体系建设概况

近年来，我国电力行业积极响应并深入践行能源安全新战略及党中央关于应急管理的各项决策部署，砥砺奋进、勇于担当。面对极端天气频发、电网安全风险加剧的严峻形势，电力行业持续构建并完善电力安全风险管理体系，积极开展跨省区大面积停电事件应急预案的修编与演练工作，并大力推进了7个国家级电力应急基地和2个国家级电力应急研究中心的建设。这一系列举措使得电力应急管理体系得到了进一步健全，使防范与化解重大风险的能力显著提升，电力应急救援的效率和质量有效提高。

在电网方面，中国电网行业正致力于不断完善并加速推进电网防灾应急体系及能力的现代化建设。目前，已构建了涵盖国家层面的应急管理机构、地方电网公司的应急管理部门以及各电力企业在内的应急队伍。这些机构和部门在应急响应中各司其职、协同配合，形成上下联动、左右协同的应急管理体系。中国电网应急体系建设全面覆盖预案完善、监测预警、资源配置、处置救援及科技支撑等关键领域。通过制定详尽的应急预案、构建高效的应急响应机制、强化多源监测预警与信息共享、充足储备应急资源并建设应急基地、加强应急培训与实战演练，同时依托技术创新与智慧应急系统建设等措施，可以全方位提升电网应对极端天气与突发事件的能力，确保电力供应的安全稳定。

2. 电网应急能力面临的挑战

虽然电网行业在应对自然灾害和生产事故灾害方面的能力在持续提升，但是在应急体系和能力建设方面仍暴露出一些不够系统规范的问题，亟待进一步优化和完善。

一是多主体应急协同能力有待提升。自然灾害和重大突发事件往往影响范围广泛，应急处置工作紧急且复杂。在此背景下，各参与方的高效协同能力对于迅速缩小灾害影响、保护人民生命财产安全至关重要。然而，当前电网与通信、气象、交通、水利等重点基础行业之间的突发事件协调联动机制尚不完善，跨行业应急协同能力有待提升。此外，部分地区应急处置信息共享存在障碍。由于各方信息获取渠道多样，难以实现数据互联和相互验证，导致道路交通情况、通信情况等重要信息无法及时、准确地共享给所有应急响应参与方，从而限制了应急处置工作的效率和效果，因此亟须加以改进。

二是极端情景应对能力有待提高。近年来，极端天气和自然灾害发生频次越来越高，已经成为影响电网安全稳定运行的重要因素，部分城市基础设施先行标准规定的运行环境、工况条件不足以有效应对极端情况。

三是应急资源配置与处置能力有待提升。当前，我国分布式新能源涉网标准尚不完善，耐频和耐压能力相对薄弱，进而影响了电力系统安全稳定水平及第三道防线的效能。有源配电网设备面临反向重过载、电压越限等挑战，虽然新型并网主体的网络安全防护边界日益扩展，但是安全管理水平却亟待提升。此外，一些地区对用户侧自有电力设备的监督管理存在明显短板，部分重要用户未能按要求配置或定期维护保养自备应急电源。

3. 电网应急能力的提升策略

针对近年来我国面临的突发事件，主要从以下几个方面提出应对措施，以推动电网应急管理体系的现代化发展。

一是强化多主体间的应急协同机制，完善应急处置流程与体系。为有效应对电网突发事件带来的广泛社会影响，必须强化多主体应急协同机制，加强政府、行业、社会三方的深度参与和紧密协作，形成强大的应急处置合力，构建电网应急处置流程与体系，并推动保障理念从单纯的电网安全向涵盖经济民生的综合保障转变。此外，通过深化应急基础领域的创新，强化先进技术的应用，建立更加高效的应急指挥架构，有效整合并充分利用多方资源，可以大幅提高应急响应的速度和协作效率，确保在突发事件发生时能够即刻行动、迅速恢复。

二是健全应急预案的制定与管理，强化监测预警机制。为显著提升电网应急能力，应健全应急预案的制定与管理，牢固树立底线思维。这需要紧密结合自然地理特征、电网架构及用户特性，精心制定针对极端情况的专项应急预案。同时，加大培训演练力度，以提升预案的兜底能力和应急人员的警觉性与应对能力。此外，加强应急监测预警能力建设至关重要，它有助于实现对灾害链的综合监测与风险的早期识别预警，确保能够迅速响应、主动作为，从而将影响与损害降至最低。另外，还需着重加强电网差异化防灾减灾能力建设，依据区域灾害严重程度实施分级分区管理，优化电网建设标准，并大力推进坚强局部电网建设，确保城市核心区域及关键用户供电稳定，从根本上提高电网的抗灾韧性及应急响应水平。

三是加强用户自备应急电源建设，提升重点用户在突发事件中的自保与自救能力，确保在紧急情况下能够满足重要用户的用电需求。在政策层面，2022年4月，国家发展改革委发布的《电力可靠性管理办法（暂行）》明确指出，电力用户应配置必要的供电电源和自备应急电源，加强自身系统和设备管理，保障供电可靠性的同时，避免对公共电网运行构成威胁。此外，国家能源局发布的《电力安全生产"十四五"行动计划》强调，推动《重要电力用户供电电源及自备应急电源配置技术规范》升级为国家强制性标准。在地方实践方面，自2021年以来，我国多地政府部门陆续发布了相关通知，指出增加重要电力用户供电电源及自备应急电源配置，旨在构建一个以坚强统一电网为支撑、自备应急电源为兜底、应急移动电源为补充的重要电力用户供用电保障体系。

（三）电网经济发展面临的挑战与策略

1. 电网经济发展面临的挑战

首先，随着可再生能源占比与分布式能源规模的不断扩大，发电侧的间歇性和不确定性显著增加，这对电力供应保障、电网平衡维持及系统安全带来了前所未有的挑战。为了应对这些挑战，电网需要投入大量的资金和技术，增加储能设备、调整电网结构、提升智能化水平等，同时，可再生能源发电的波动性要求电网频繁调整发电和输电计划，以确保电力供应的稳定性和电网的安全运行，进一步推高了运营成本。

其次，在"双高"和"双峰"的背景下，新能源并网与消纳推动了电力系统源、网、荷、储各环节建设与运营成本的显著增长。此外，过去基于预测最大传输容量来决定电网增容扩建规模的方法已无法适应当前电力传输需求的高波动性和高峰谷差，导致电网可能无法及时、准确地满足电力需求的变化，进而引发电力供应不足或过剩的问题。为了满足电力需求的波动，电网需要频繁地进行调整和扩容，这不仅增加了电网的运营和维护成本，还可能造成资源的浪费。

更为严峻的是，电网实际投资能力与所需投资规模之间存在不匹配的问题，且投资效率低下。如果电网的投资能力不足，将无法满足电网建设和升级的需求，进而影响到电网的安全、稳定和可靠性。然而投资效率低下则意味着电网在建设和运营过程中可能存在浪费和损失，这也将增加电网的成本。

最后，新能源资源与电力需求呈逆向分布，新能源主要集中在西部和北部地区，而电力需求则主要集中在东部和南部沿海地区。这种逆向分布导致新能源远距离大规模输送的成本高昂，不仅增加了新能源发展的难度，也对电网的传输能力和经济性提出了更高要求。

2.电网经济发展的策略

（1）能量补偿手段

一是积极运用储能技术来精确平衡电网供需，提升电力系统的灵活性和稳定性，包括抽水蓄能、电化学储能等多种手段。当前，中国抽水蓄能技术以其成熟度高、经济性好、安全性可靠及调控运行简便等优势，能够充分发挥调峰、备用及顶峰运行等多重功能，成为储能领域优先发展的方向。同时，磷酸铁锂电池凭借其卓越的安全性、长循环寿命以及良好的成本效益，与储能需求高度契合，也有望在电力系统中得到广泛应用。

二是无功补偿装置与潮流控制技术的运用。首先，无功补偿装置，如并联电容器、电抗器及其高级形态，如静止无功补偿器和静止同步补偿器，通过精确调控电网节点电压，有效平抑电压波动，从而大幅提升系统稳定性。虽然静止无功补偿器和静止同步补偿器的初期成本较高，但是其快速响应与小型化特性预示着成本降低的巨大潜力及广泛的应用前景。其次，引入潮流控制技术旨在主动管理线路输送功率，防止功率越限，以保障电网的安全高效运行。在高压输电系统中，串联电容器等传统手段已展现显著成效。而诸如统一潮流控制器、静止同步串联补偿器等柔性直流输电技术，虽然当前成本较高，但是随着技术的持续进步和规模经济效应的显现，其成本有望逐步降低，达到可广泛推广的水平。

在新能源大规模接入的背景下，这些技术对于缓解电网阻塞、提升功率传输能力将发挥至关重要的作用。值得一提的是，2020年12月9日，全球首个220千伏分布式潮流控制器（DPFC）示范工程在湖州祥福变电站成功完成一期试验并投入运行。该项目由国网浙江电科院、南京南瑞继保电气有限公司及国网湖州供电公司等联合研制。湖州DPFC工程的成功投运，标志着我国在柔性交流输电技术上取得新突破，为能源互联网形态下多元融合高弹性电网实践树立了典范。该技术已在实际项目中展现出良好的经济性与技术优势，通过优化潮流管理，进而显著降低电网投资成本，验证了其在提高电网运行效率与经济效益方面的巨大潜力。

（2）先进调控手段

先进调控手段的应用是提高电网运行效率的关键。动态增容技术通过实时采集线路数据，动态评估线路容量，可以有效提升电网的输送能力，且成本远低于传统的电网增容扩建模式。智能保护技术的引入，则能够通过智能化手段预判电网运行情况，自动启动保护动作，避免电网故障的发生。此外，虚拟电厂作为一种创新的电网调控手段，通过聚合分布式电源和灵活性负荷，形成虚拟的发电和调节能力，将为电网的灵活调度和稳定运行提供有力支持。

（3）市场调节手段

针对电网发展面临的成本激增及成本分摊机制缺失的双重挑战，市场调节手段成为平衡供需、优化资源配置的核心策略。

首先，必须革新能源价格机制，确保市场在资源配置中发挥决定性作用。这包括实施动态浮动电价、两部制电价制度以及需求响应机制等市场调节措施，以引导电力资源的合理流动和高效配置。通过采用阶梯电价、尖峰电价、分时电价等方式，可以有效调节用户行为，进而减轻电网高峰时段的压力，同时准确反映电网输送成本，增强系统灵活性与可靠性。此外，建立需求响应机制能够激发用户参与电网调节的积极性，形成供需双方的良性互动。

其次，针对新能源的低边际运行成本与其间歇性、不确定性所引发的高系统成本（如调频、备用、容量需求增加等）之间的矛盾，亟须通过建立健全容量市场、增强辅助服务收益等路径进行有效疏导，以实现新能源与传统能源之间的成本平衡。

最后，在"双碳"目标指引下，挖掘电碳耦合价值，通过绿电交易、绿证交易、碳交易等多市场机制协同作用，统筹考虑不同能源的生产成本与环境价值，共同推动能源体系向更加绿色、低碳的方向发展。这一系列举措不仅有助于缓解电网成本压力，更将为实现全球能源转型与可持续发展目标贡献力量。

第四节　新型电力系统的关键技术

新型电力系统建设是电力系统全面转型升级的重大机遇与技术挑战。大力发展新能源技术，构建新型电力系统，促进电力领域脱碳是推动能源清洁低碳转型、实现"双碳"目标的必由之路。本节将从多个关键技术发展的角度来论述新型电力系统转型。

一、电力系统深度脱碳技术与碳评估

作为我国碳排放的主要领域，电力行业在推动"双碳"目标实现过程中扮演着重要角色。深度脱碳技术的研发与碳排放的全面评估，是电力行业达成这一宏伟目标的关键驱动力。近年来，我国电力行业积极响应，广泛且深入地探索并实践了多种碳减排技术路径。

（一）清洁能源替代技术与灵活改造技术

清洁能源替代技术是指利用太阳能、风能、水能、生物能以及地热能等可再生能源来替代传统化石燃料的技术。通过清洁能源替代战略，逐步削弱燃煤发电的主导地位，为人类社会提供清洁、环保的能源供应，有助于减少温室气体排放，推动能源的可持续利用。

灵活改造技术是指对传统能源系统进行改造，以提高其灵活性和适应性，从而更好地接纳和整合清洁能源的技术。这种技术通过改进火电机组的调峰能力、提升电网的智能化水平以及应用储能技术等手段，使得传统能源系统能够更加灵活地应对清洁能源发电的不稳定性与波动性问题。这些综合施策，不仅彰显了火电企业在碳减排方面的积极作为，也为实现"双碳"目标、促进能源结构的绿色低碳转型奠定了坚实基础。

（二）超低排放技术与节能降耗技术

超低排放技术作为火电清洁化的核心手段，依托先进的脱硫、脱硝及除尘装备，成功将火电生产过程中产生的二氧化硫、氮氧化物及颗粒物等污染物排放量削减至极低水平。截至 2023 年年底，全国超 95% 的煤电机组实现了超低排放，彰显了我国在火电清洁化改造领域的显著成效。

与此同时，节能降耗技术通过提高机组运行效率与减少煤炭煤耗，有效遏制了碳排放的增长势头。以国家能源集团常州电厂为例，该电厂通过引入脱硫双塔双循环、低氮燃烧器、SCR（Selective Catalytic Reduction）脱硝及湿式电除尘等一系列先进技术，不仅实现了主要污染物的超低排放，还显著提高了能源利用效率，为电力行业节能降耗树立了典范。

（三）碳捕捉利用与封存技术

碳捕捉利用与封存（CCUS）技术正稳步应用于火电领域，致力于实现燃煤发电过程中二氧化碳的高效捕获与安全封存。我国已成功建立多个 CCUS 示范项目，充分展示了该技术巨大的减排潜力。尤其值得一提的是，我国拥有的亚洲规模最大的煤电 CCUS 项目已圆满运营一周年，其间累计捕获并安全封存二氧化碳超过 20 万吨，这一成就标志着我国在碳减排技术的研发与实践应用方面取得了巨大的进展。

（四）绿电制氢与氢能储存运输技术

绿电制氢技术作为氢能产业的重要发展方向，正逐步成为能源转型的关键载体。由国家发展改革委和国家能源局联合发布的《氢能产业发展中长期规划（2021—2035 年）》明确了氢能在未来能源体系中的重要地位，特别是可再生能源制氢（绿电制氢）的战略意义。

当前，国内工业制氢技术主要包括化工副产氢、化石燃料制氢和电解水制氢。化工副产氢如焦炉气制氢、氯碱副产氢等，具备成本优势，是燃料电池行业的重要氢源。虽然天然气重整和煤制氢等化石燃料制氢技术，当前已得到广泛应用，但是未来，凭借其清洁与可持续的特性，电解水制氢预计将成为主流制氢方法。电解水制氢技术涵盖碱性电解（AEC）、质子交换膜电解（PEM）及固体氧化物电解（SOEC）等类型，虽然目前面临成本较高的挑战，但是其展现出的发展潜力巨大。

在氢能的运输与存储方面，气态储运、液态储运和固态储运各有优势。我国正积极探索提高储运效率、降低储运成本的技术路径。短距离运输多采用高压气态长管拖车，而中长距离大规模运输则考虑管道输氢和低温液态储氢。虽然管道输氢成本低、能耗小，但是建设成本高；尽管低温液态储氢储运效率高，然而液化过程能耗大。此外，有机液体储运、液氨储运和固体储运等新型技术也在不断研发中，未来有望降低成本，提高储运效率。

（五）火电厂耦合新能源发电技术

近年来，我国煤炭行业积极转型，探索与新能源发电技术的融合之路。从光热发电到污泥废弃物发电，再到生物质发电，煤炭公司不断尝试将煤炭发电与这些新型技术相结合，旨在降低煤炭依赖，提升电力系统的灵活性和环保性能。自2016年以来，得益于政府政策的有力推动，光热发电与燃煤发电的融合获得广泛支持。通过构建并行运作系统，不仅有效提升了发电量，还成功降低了碳排放。

与此同时，燃煤发电行业正积极迈向绿色升级的新阶段。通过融合污泥与垃圾发电技术，燃煤电站不仅有效解决了城市废弃物的处理问题，还实现了资源的循环利用。这一创新模式充分利用燃煤电站的锅炉设施，将废弃物转化为电能，有效减轻了环境污染。此外，生物质气化发电技术的引入，更是将农林废弃物转化为清洁电力，可显著提高发电效率并增强减排效果。这种耦合发电模式不仅妥善解决了农林固体废物的处置难题，还可以大幅减少煤炭消耗及二氧化碳排放。

（六）碳排放核算与评估

为确保电力行业低碳转型的顺利推进，精确核算与评估电力碳排放至关重要。联合国政府间气候变化专门委员会（IPCC）为此制定了指南，该指南通过统一的数据标准和严格的质量控制，确保了核算结果的准确性和国际的可比性。自 1995 年年初版发布以来，IPCC 不断对其方法学体系进行更新与完善，直至 2019 年推出修订版，为全球各国提供了一个科学、严谨且全面的核算框架与基准。2022 年 8 月，国家发展改革委、国家统计局和生态环境部联合印发了《关于加快建立统一规范的碳排放统计核算体系实施方案》，旨在确立全国及地方层面的碳排放统计核算制度，完善行业和企业碳排放核算机制，并构建重点产品碳排放核算方法体系。这一体系的建立，对于系统掌握我国碳排放状况，统筹有序做好碳达峰碳中和工作、推动经济社会绿色转型提供了关键性的数据支撑与基础保障，同时，它也是政府制定相关政策、实施评估考核工作及参与国际气候谈判与履约的重要参考依据。

碳排放统计核算已成为衡量碳排放状况的关键手段，其应用范围广泛，不仅涉及国家层面的绿色证书交易，还深入至电力系统碳排放流动分析及产品碳足迹追踪等细致领域。一个科学且精确的碳排放计量体系，对于明确界定各排放主体的责任至关重要，为碳配额的合理分配及碳减排目标的科学设定奠定了坚实基础。我国正加速整合 5G、大数据、云计算、区块链等现代信息技术，以优化数据采集、处理及存储的整体流程，并积极探索卫星遥感高精度连续监测技术的创新应用，同时，我们积极支持相关研究机构深化大气级、场地级及设备级温室气体排放的监测、校验及模拟等基础研究工作，旨在全面推动碳排放统计核算向精准化、智能化方向发展。

此外，碳足迹评估作为一种衡量个体、家庭、团体或产品全生命周期温室气体排放量的重要工具，也逐步得到广泛应用。生命周期评价（LCA）方法，凭借其全面性和系统性等优势，已成为评估产品或服务碳足迹的主流方法。具体而言，过程生命周期评价聚焦于具体过程的深入剖析，投入产出生命周期评价利用宏观经济数据进行分析，而混合生命周期评价则巧妙融合了这两种方法。这些评估工具从多个维度和视角为碳足迹提供了科学、全面的评估框架，为制定高效的碳减排策略及优化能源结构提供了至关重要的参考信息。

二、新能源消纳与储能技术

新能源的大规模并网对电网的消纳能力提出了更高要求。为有效提升新能源的消纳水平，优化电源结构、提高电力系统的互联互通水平以及提升负荷侧的调节能力成为关键举措。与此同时，储能技术作为促进新能源消纳的重要工具，发挥着不可或缺的作用。压缩空气储能、飞轮储能以及锂电池等多种储能方式各具特色，且其经济性持续优化，预示着未来成本的进一步降低。通过科学合理地配置储能设施，能够有效地平抑新能源出力的波动性，进而提升电力系统的灵活性与稳定性。

（一）新能源消纳运行机制及其影响因素

1. 新能源消纳的运行机制

在传统电力系统中，常规电源通过调节其出力来跟踪负荷变化，从而维持系统的动态平衡。然而，新能源发电的随机性、波动性和间歇性特性显著增加了电力系统的调节难度，可能导致新能源发电的浪费，出现弃风和弃光现象。因此，优化电力系统的调节能力，特别是增加灵活调节电源的比例，成为提升新能源消纳能力的关键因素。

对于内部无网络约束的系统，新能源的消纳潜力主要由系统调节能力的下限与"负荷＋外送电力"曲线之间的系统调节空间决定。这一机制直接体现了系统调节能力与新能源消纳之间的紧密联系，即调节能力越强，系统能够吸纳的新能源就越多。

2. 影响新能源消纳的关键因素

一是电力系统互联互通水平。资源与负荷逆向分布的现状是我国新能源消纳面临的一大挑战。新能源资源富集区域往往远离高负荷中心，大规模新能源并网后，对电力系统的跨省跨区输送能力提出严峻考验。因此，加强新能源外送通道的建设，提升电力系统互联互通水平，成为缓解这一矛盾、提升新能源消纳能力的关键。

二是电源调节性能。受资源禀赋限制，目前我国电源结构以燃煤火电为主,其调峰灵活性有限,难以有效匹配新能源出力的快速波动。特别是在冬季供暖期,供热机组的"以热定电"模式进一步削弱了系统调节能力。

三是负荷特性与灵活性。电力系统运行特性要求电力系统必须维持发用电的实时动态平衡,即新能源出力需实时适应负荷变化,这限制了新能源的大规模接入。从负荷侧出发,提升负荷灵活性,实施电能替代和需求侧响应策略,成为增强新能源消纳能力的有效途径。通过引导用户优化用电行为,提高负荷侧对新能源出力的适应性,有助于实现新能源发电的高效利用。

(二)促进新能源消纳的策略

针对新能源高速发展所伴随的消纳难题,需在源网协同优化、调节能力增强、市场机制构建以及政策监管完善等多个关键环节上提前布局、超前谋划。

1.加速电网配套建设

首先,优化电网规划,需要充分考虑并网送出和消纳能力,加快配套电网规划、建设工作,确保新能源规划规模与电网承载能力相匹配,简化接网流程,缩短并网时间。

其次,加快国家布局的大型风光基地、流域水风光一体化基地等重点项目建设,为其开辟纳规"绿色通道",加快推动新能源配套电网项目纳规。对于 500 千伏以下配套电网项目,优化省级能源主管部门的管理流程,做好项目规划。

2.增强电力系统调节灵活性

首先,在电源侧,应提升传统电源的调节性能。这涵盖了对煤电、气电等支撑性电源实施灵活性改造,确保它们能够灵活适应新能源发电的波动性。此外,还应强化抽水蓄能电站的建设运维,并积极推动新型储能技术的研发与运用,这些措施共同为电力系统增添额外的调节容量,可以有效应对新能源发电所带来的不确定性挑战。

其次,在电网侧,应扩大电网覆盖范围并提升电网的智能化水平。通过建设坚强的主干网架和配电网,以及推进智能电网技术的应用,实现对电力资源的优化配置和实时监测。这不仅可以提高电网的输电效能和运行稳定性,还可以更好地提升新能源发电的接入和消纳能力。此外，加强跨省跨区电力互济能力建设，也是提升电网调节灵活性的重要手段。

再次，在负荷侧，应深入挖掘需求侧响应潜力。通过实施需求侧管理策略，如定价激励、能源效率提高和灵活的用电时间安排等，引导用户根据电力供需情况灵活调整用电行为。这不仅可以降低电网的峰谷差异，提高电力系统的运行灵活性，还可以为新能源提供更多的实时消纳空间。另外，应该优化调度机制，提升系统对新能源波动性的适应能力，尤其在冬季供暖期需平衡调峰与供热需求。

最后，还需要加强政策支持和市场机制建设。政府应出台相关政策，鼓励和支持新能源技术的研发与应用，以及储能设施的建设和运营，同时，应建立健全电力市场机制，利用现货市场、辅助服务市场等，为调节资源提供合理的收益渠道。通过市场机制的引导，可以激发各类主体的积极性，共同推动电力系统调节灵活性的提升和新能源的消纳。

3. 促进省际资源流动

为了促进电力资源的高效流通与优化配置，应提升输电通道能力，优化并完善省间电力交易机制，打破地域壁垒，有效促进我国华北、东北、西北地区与东中南部地区的电力互济，同时，应积极完善全国统一电力市场体系，进一步优化资源配置，深化区域间及省际的资源共享与合作。在此基础上，鼓励和支持绿色电力交易，借助市场机制的力量推动新能源的广泛消纳，例如浙江湖州已率先通过全国省间绿色电力交易，为本地充电站供应绿色电力，显著提高了配电网的运行效率。

此外，政府应推出一系列激励措施，旨在加速新能源配套电网的建设步伐，推动灵活电源的发展，并深化省际电力互济合作，同时，加强监管力度，确保各项政策措施得到有效执行，为新能源行业的持续、健康发展构筑坚实后盾。

4. 充分发挥新型储能的调节能力

未来，储能技术将是增强电力系统灵活性、促进新能源消纳的关键途径。中国正致力于构建一个以抽水蓄能和电化学储能为主导，多种类型储能技术协同发展的综合储能体系。在此过程中，电化学储能预计将在实现碳达峰目标的道路上展现出最快的发展速度和最广阔的应用潜力。此外，储能技术的成熟度与经济性预计将显著提升，其在电力系统中的应用将主要聚焦于两大核心领域：一是确保电力供应安全稳定的保障性调节，二是促进电力市场高效运行的市场化调节。

在规划层面，国家发展改革委、国家能源局联合印发的《"十四五"新型储能发展实施方案》提出："到 2025 年，我国新型储能由商业化初期步入规模化发展阶段，具备大规模商业化应用条件。其中，电化学储能技术性能进一步提升，系统成本降低 30% 以上。到 2030 年，新型储能全面市场化发展。新型储能核心技术装备自主可控，技术创新和产业水平稳居全球前列，市场机制、商业模式、标准体系成熟健全，与电力系统各环节深度融合发展，基本满足构建新型电力系统需求，全面支撑能源领域碳达峰目标如期实现。"

在技术层面，近期内，锂离子电池技术成熟度高，在新型储能市场中占据主导地位，其中磷酸铁锂电池因新能源汽车产业的快速发展而在储能市场建立稳固基础。钒液流电池凭借其长寿命和高安全性，非常适合用于大型长时储能，且其成本正逐步接近锂离子电池。此外，压缩空气储能技术作为一项潜力巨大的长时储能技术，有望与抽水蓄能技术相匹敌，正逐渐成为未来储能领域的重要发展方向。并且，钠离子电池凭借高效性和易回收性，展现出大规模应用的巨大潜力。从中长期视角来看，储能技术与可再生能源将深度融合，携手推动能源行业的深刻变革。锂电池市场在持续增长的同时，钠离子电池与液流电池随着技术不断突破和产业链日益完善，也有望在不久的将来实现大规模产业化，同时，压缩空气储能的成本有望进一步下降，而重力储能技术也展现出广阔的发展前景。虽然，储氢技术目前仍处于行业探索阶段，但是其巨大的发展潜力不容忽视。另外，熔盐储热技术正从商业化初期稳步向规模化应用迈进，预计将以低碳高效的方式持续巩固其在储能领域的关键地位。

三、电力系统数字化与智能化技术

当前，数字产业正逐步成为经济转型升级的关键驱动力。以数字化转型为杠杆，推动能源行业实现结构性变革并促进其实现低碳绿色发展，既是当下的迫切需求，也是未来行业发展的必然趋势。在电力系统中，数字化转型是引领变革的必经之路，其核心聚焦于业务的革新。简言之，从业务视角来看，数字化转型是在大数据、云计算、物联网、移动互联、人工智能等新一代信息技术的驱动下，对业务、管理，以及商业模式进行的一场深刻变革与重构。这一过程并非对现有信息系统的颠覆，而是在对现有信息系统进行融合优化的基础上，借助新兴技术手段来提高技术能力、管理和运营效率，从而实现质的飞跃。

（一）配电物联网与配电柔性互联技术

1. 配电物联网

配电物联网作为传统工业技术与物联网技术深度融合的产物，重塑了电力网络的运行形态。它通过赋予配电网设备敏锐的感知力及互联、互通、互操作能力，构建了一个基于软件定义、高度灵活且与分布式智能协作的配电网络体系。这一体系不仅实现了对配电网的全面感知、数据融合与智能应用，还满足了对配电网精益化管理的需求，为配电系统的全面数字化转型提供了有力的支撑。

在应用层面，配电物联网具有六大核心优势：一是凭借低成本的智能识别与感知技术，实现了对配电变压器、分支箱等关键节点的全面状态监测；二是通过分布式智能部署与配电物联网云主站集中计算及终端设备边缘计算的结合，实现快速决策与即时响应；三是引入软件定义系统，打破传统管理模式的局限，构建灵活且高效的新型业务体系；四是应用模式得到升级，推动配电技术的模型化进程，加速应用服务的快速迭代；五是具备业务快速迭代能力，有效应对配电网形态多样且快速变化的业务需求；六是通过云—端协同的分布式智能架构，实现资源的高效利用，提高整体资源配置的效率。

配电物联网架构清晰地划分为"云、管、边、端"四个部分。其中，"端"作为感知与执行主体，利用传感技术实现对配电设备基础数据的监测与采集，同时作为保护、控制操作的执行单元，支撑配电网的可靠运行；"边"作为分布式智能代理，提供就地智能决策与服务，通过软件定义实现硬件资源与软件应用的深度解耦，拓展终端功能应用范围，并促进边缘计算与云端大数据应用的高效协同；"管"作为数据传输通道，通过软件定义网络架构实现通信资源的综合管理与灵活调度，满足配电物联网多样化的通信需求；而"云"则作为数据处理与决策中心，为整个配电物联网体系提供强大的计算与智能支持。

2. 配电网柔性互联技术

配电网作为电力系统的关键组成部分，肩负着合理分配电能、服务广大客户及确保用户安全用电的重任。然而，当前配电网的结构不合理、调控手段有限等问题日益凸显，特别是随着国民经济的快速发展和产业结构升级，供电需求与网架建设之间的不平衡加剧，部分区域负荷发展不均衡，导致电网运行灵活性和可靠性受限。

为解决上述难题，配电网柔性互联技术应运而生。该技术通过引入电力电子变换器替代传统断路器作为馈线联络开关，不仅优化了配电网的拓扑结构，还极大地增强了其运行的灵活性和可控性。配电网柔性互联能够灵活、快速、精确地调节有功功率和无功功率，有效应对负荷波动、可再生能源接入等复杂情况。在实际应用中，该技术能在故障情况下保障负荷持续供电，同时阻隔短路电流；通过智能调控馈线负载，改善系统潮流分布；实施精细化的电压无功控制，提升馈线电压质量；并显著提高配电网对分布式电源的消纳能力。面对可再生能源就地灵活消纳、配电网运行可靠性和调控灵活性提升的迫切需求，配电网柔性互联技术无疑将成为未来电力系统发展的重要方向。随着技术的不断进步，交直流广泛互联的配电网形态也将逐步成为现实，为构建更加高效、绿色、可靠的能源供应体系奠定坚实基础。

（二）微电网技术

微电网是指由分布式电源、储能装置、能量转换装置、负荷、监控和保护装置等组成的小型发配电系统。它是相对于传统大电网的一个概念，通过精心设计的拓扑结构，将多个分布式电源及其相应负载相互连接，并利用静态开关与常规电网实现灵活关联。

微电网技术作为新型电力系统的前沿形态，凭借其微型、清洁、自治及友好的特性，高效整合本地能源资源，实现能源利用的深度优化与电力系统的和谐共生。其独立运行的能力尤为突出，能在主电网发生故障时，确保关键负荷的不间断供电，极大提升了电力系统的抗灾韧性及灾后应急响应能力。微电网不仅显著提升了供电的灵活性和可靠性，还加速了配电网的智能化转型步伐。尤其在偏远地区，通过实施定制化解决方案，有效降低建设成本，可以显著优化分布式发电的接入与消纳，丰富供电服务的多样性，提高能源利用效率，为构建更加坚韧、高效的电力系统奠定坚实基础。

微电网技术可细分为独立型微电网技术、并网型微电网技术以及微电网群技术三大类别。独立型微电网能够自主运行，不依赖外部电网，特别适用于偏远及海岛地区，可有效降低电网的建设成本，但是其电能质量与稳定性、可靠性相较于传统大电网存在较大差距。并网型微电网则能在外部电网故障时迅速切离，确保内部关键负荷的连续供电，广泛应用于提升供电质量、促进可再生能源消纳及提供个性化供电服务等领域，如可再生能源富集区、综合能源供应系统等。然而，由于当前分布式电源、储能系统及控制系统的高昂成本，以及市场化机制的不成熟，因此限制了并网型微电网技术的商业化进程。微电网群技术作为新兴领域，在国内外均处于探索阶段。我国正积极推进典型特征分析、运行控制策略及能量管理系统等一系列微电网群的关键技术研究。通过微电网群的协调控制，能够显著提升分层分群的电力电量平衡能力，实现整体效益的最大化。此外，微电网群技术还可以促进微电网之间的协同作业，提升分层分群的电力电量平衡能力。随着分布式电源在配电网中的不断发展，微电网群有望成为未来智能电网不可或缺的组成部分。

（三）数字孪生技术

自 2002 年迈克尔·格里夫斯（Michael Grieves）首倡数字孪生理念以来，数字孪生技术已逐步成熟，成为一门融合多学科、多物理量、多尺度特性的综合仿真技术。它集成了智能传感器、5G 通信、云平台、大数据分析以及人工智能等尖端科技成果，核心在于构建物理实体的高精度数字化镜像模型，以此实现对实体状态的实时监测与精准预测。

在电力领域，面对电力模型的高度复杂和数据量急剧增长的挑战，电力数字孪生技术得到了快速发展与应用。该技术侧重于数据驱动，实现实时态势感知与超实时虚拟推演，为电力系统的运营、管理和调控决策提供有力支持。电力设备的数字孪生模型覆盖其全生命周期，借助数据采集、存储及仿真分析手段，能够精确掌握并预测设备状态，确保运维管理的精准性和前瞻性。在技术框架上，电力设备的数字孪生技术分为物理层、通信层、虚拟层和应用层四个层次。物理层负责数据采集与状态感知；通信层确保数据的高效传输与同步；虚拟层则进行高精度建模、仿真与数据分析；应用层则支撑各环节业务需求，如设计制造、智能运维等。

当前，电力设备数字孪生面临高保真建模、多物理场耦合实时仿真等挑战。高保真建模需融合三维空间重建与多源数据配准，实现虚拟设备的高精度重现。多物理场实时仿真则需考虑设备几何形状、物理参数等，建立多尺度、多区域仿真模型，并通过模型降阶等技术提高仿真效率。此外，基于大数据与人工智能的状态诊断分析，正通过数字孪生平台获取更多缺陷数据样本，优化设备状态的智能辨识模型。数字孪生技术将在电力设备领域展现出巨大潜力，通过精准建模与仿真，为电力系统的智能化运维与决策提供强有力的技术支撑。

四、虚拟电厂

虚拟电厂的概念起源于 21 世纪初的欧洲，旨在应对电力市场化进程中分布式资源高效管理的挑战。随着分布式电源、电动汽车、储能等资源的广泛普及以及通信技术的不断进步，虚拟电厂的实践应用愈发广泛。虚拟电厂的核心在于将分散的各类分布式资源（涵盖分布式电源、储能系统、电动汽车以及可调控负荷等）整合为一个协同运作的整体，通过先进的协调优化控制技术，使这些资源在整体上对外展现出类似发电厂或可调负荷的特性，进而有力支撑电网的安全、稳定、经济运行。

虚拟电厂的核心技术涵盖其运行基础架构、协调控制策略与智能计量体系。在实际运行中，虚拟电厂可以根据其对外体现的不同功能，分为商业型虚拟电厂（CVPP）和技术型虚拟电厂（TVPP）。商业型虚拟电厂主要聚焦于最大化内部各类分布式资源用户的综合经济收益，通过积极参与电力市场交易从而实现盈利；而技术型虚拟电厂则更强调为电力系统的运行提供服务，例如为配电网提供电压调节、阻塞管理等服务。两者在电力系统中扮演着不同的角色，相辅相成，共同推动电力系统的低碳化转型与高效稳定运行。

协调控制技术作为虚拟电厂运作的基石，其控制架构灵活多样，包括集中控制、分散控制及集中—分散混合控制模式，以灵活适应各类分布式资源的特性与调控需求。智能计量技术则依托于先进量测系统，实现对分布式资源发电与用电情况的实时精确监测，为虚拟电厂的控制决策、运营优化及收益结算提供坚实可靠的数据支撑。

虚拟电厂的内部结构打破了传统电力系统中发电厂与用电侧之间的界限，通过区域性多能源聚合的方式，实现了对大量分布式资源的灵活控制。其核心手段是"通信"和"聚合"，即通过先进的控制、计量、通信手段将分散的分布式资源集合起来，以"集合体"的形式参与电力市场交易。这种方式不仅可以增强系统运行的经济性、灵活性与环保性，还可以通过聚合实现资源多样性及增加整体容量，降低单个分布式资源参与市场的不平衡风险。

第三章
能源正义视角下的新型电力系统

在推动新型电力系统构建的过程中,确保能源服务的公平性、可负担性和可持续性至关重要。新型电力系统的建设不仅是技术革新和结构的调整,更是实现能源正义、促进社会公正和可持续发展的关键环节。因此,新型电力系统的建设需要兼顾经济、环境和社会三方面效益,高度重视并践行能源正义,特别要关注低收入群体及能源匮乏群体的用电权益,进而解决转型成本分担、绿色失业等问题,使电力转型成果惠及全民,助力实现"双碳"目标及全球绿色发展的宏伟蓝图。本章将聚焦于新型电力系统中的能源正义议题,通过系统梳理能源正义的概念框架,以及新型电力系统对此的积极回应,深入探索并阐述在中国新型电力系统建设中,保障能源正义的具体路径与实践策略。

第一节 能源正义的概念与基本架构

亨利·舒(Henry Shue)认为"如果人身安全是一项基本权利,那么创造人身安全的条件也是一项基本权利,如就业、食物、住所以及未受污染的空气、水和其他环境商品",他称为生存权。能源是人类社会生产和生活的基础,是维持社会经济发展和人民生活的重要支撑。对于缺乏能源的人而言,其生存权将受到威胁。为了保障人的生存权这一基本权利，需要在能源的获取、利用和分配中考虑公正和平等的原则，以确保每个人都能够获得足够的能源，从而维持其生存和健康。由此可见，能源问题绝非纯粹地涉及技术问题，而是涉及政治权利、社会公平的道德和伦理问题。能源正义受环境正义和气候正义启发，将正义原则具体应用于能源领域，将价值纳入能源系统，直面能源问题背后人与人之间、人与自然之间、区域与区域之间的复杂关系，追求整个能源系统与能源转型中的公平正义，是能源系统发展演进的宗旨立基。当前，能源正义的相关研究蓬勃兴起，不仅为全球的绿色转型进程赋予了深远的价值导向，还为能源领域的绿色化改造铺设了清晰的规范框架与策略指引，引领着能源行业向着更加公正、可持续发展的未来迈进。

一、能源正义相关概念

（一）环境正义

环境正义运动始于 20 世纪 70 年代的北美洲，是作为对污染或废物设施等环境问题分布不均的回应而出现的。它根植于弱势群体不应该不成比例地受到负面环境影响的原则。最近，环境正义通常被定义为对环境危害的分配和所有自然资源的获取；它包括平等保护，免受负担，有意义地参与决策，以及在获得福利方面的公平待遇。环境正义不仅涉及成本和效益的分配，而且寻求平等地参与程序正义。这就构成了环境正义的核心原则，即分配、承认和参与原则。另有学者认为环境正义面临着定义过于宽泛以及难以转化为经济学从而影响政策形成的难题。

（二）气候正义

气候正义概念和运动的演变与环境正义的理论发展并存。气候正义最初是从气候变化运动演变而来的，即对基层环境正义运动和对全球气候变化的关注。气候正义的研究重点关注的是帮助受气候变化影响的人，分担气候变化的负担和好处、缓解和适应，以及减少二氧化碳排放。气候正义认为，气候变化的责任和脆弱性分配不均，减缓或适应气候变化的政策，都可能产生不公平的结果。气候正义的一个基本命题是那些对影响气候变化责任最小的人们却在承受最严重的后果。因此，气候正义运动秉持长期可持续发展的战略视野，积极探寻治理结构与决策流程中的优化路径，力求推动更加公平的气候行动。

关于环境正义与气候正义有效性的问题，学界一直存在争议，越来越多的学者开始反思气候正义行动起到的作用仍然规模较小，差异太大，是否能够有效面对更大的气候挑战和风险。因此，需要寻求更具体、更公正和更有效的正义模式，特别是那些涉及能源的开采、使用与排放的，同环境和气候息息相关的，以能源问题为中心的模式。

能源正义受环境正义和气候正义启发，与二者共享哲学基础，包括注重分配正义、程序正义和承认正义的核心原则。能源正义为能源关切、环境和气候正义运动等议题的区分提供了可能。但是，能源正义并非环境和气候正义的优越替代品。拉斐尔·J.赫夫伦（Raphael J. Heffron）和达伦·麦考利（Darren McCauley）指出："能源正义有机会避免环境和气候正义学术的陷阱，并为其核心意义和价值建立一个更坚实和持久的基础。"

二、能源正义内涵

2010年，"能源正义"一词首次出现在标题为《能源正义与可持续发展》的学术文献中，并被定义为"寻求将公平这一基本正义原则，应用于那些明显缺乏维持生命可持续所需能源的人群中"。但是，这篇文章更为关注的是可持续发展，而非能源正义。2013年年初，"能源正义"开始受到更广泛的关注，其概念和内涵也变得复杂而多元。McCauley等（2013）将"能源正义"定义为"为所有领域的所有个人提供安全、负担得起和可持续的能源"。Sovacool和Dworkin（2014）将"能源正义"视为一个公平分配能源服务利益和负担的全球能源系统，以及具有代表性和包容性的能源决策系统。并紧接着在其

2015年的研究中将"能源正义"界定为"所有人都有权获得能源服务，无论他们是发达经济体还是欠发达经济体的公民。它涵盖了与能源相关的负面环境和社会影响如何在空间和时间上分布，包括侵犯人权和被剥夺权利的群体获得或应该获得补救的机会"。Islar等（2017）将"能源正义"界定为"尊重普遍人权，并确保每个人都有权达到获得最低限度幸福所需的能源水平"。Chatterton等（2016）认为"能源消费背景下的能源正义工作，往往侧重于确保被认定为燃料贫困的社会某些部门获得能源支持，以使他们能够以负担得起的成本满足其基本能源需求"。同时，Chatterton认为"有必要拓宽能源正义的视角，不仅仅考虑低端还要考虑高端消费"。这种观点的提出是关于"为了谁的正义"的概念的持续探讨。Heffron和McCauley（2017）认为"能源正义是一个概念框架，旨在确定能源部门的不公正何时何地发生，以及法律和政策如何应对它们"。具体的定义和观点见表3-1。

表3-1 国外学者对能源正义的定义和观点

年份	学者	对能源正义的定义和观点
2010	Guruswamy	寻求将公平这一基本正义原则，应用于那些明显缺乏维持生命可持续所需能源的人群中
2013	McCauley等	为所有领域的所有个人提供安全、负担得起和可持续的能源
2014	Sovacool和Dworkin	一个公平分配能源服务利益和负担的全球能源系统，以及具有代表性和包容性的能源决策系统
2015	Sovacool和Dworkin	所有人都有权获得能源服务，无论他们是发达经济体还是欠发达经济体的公民。它涵盖了与能源相关的负面环境和社会影响如何在空间和时间上分布，包括侵犯人权和被剥夺权利的群体获得或应该获得补救的机会
2017	Islar等	尊重普遍人权，并确保每个人都有权达到获得最低限度幸福所需的能源水平
2016	Chatterton等	能源消费背景下的能源正义工作，往往侧重于确保被认定为燃料贫困的社会某些部门获得能源支持，以使他们能够以负担得起的成本满足其基本能源需求；有必要拓宽能源正义的视角，不仅仅考虑低端还要考虑高端消费
2017	Heffron和McCauley	能源正义是一个概念框架，旨在确定能源部门的不公正何时何地发生，以及法律和政策如何应对它们

国内学者对能源正义的研究起步较晚，其研究主要涉及能源正义的概念、

内涵和实践等方面，旨在探讨能源决策的公平性、合理性和可持续性，以保障个体和社会的权益和福祉。涉及法学、经济学、管理学、伦理学、国际关系学等学科。毕竟悦（2014）指出全球能源形势严峻，但是国际社会的无政府状态导致能源正义局限于各国内部，其阐述了发展中国家赢得反制性话语权的重要性，以扭转资源民族主义宰制世界能源贸易规则的局面。王广辉和万俊人（2015）从伦理学角度论证了能源权是一项基本人权，并强调要将能源权置于人类社会和自然界构成的统一整体中考虑，以应对能源问题带来的伦理困境。他们认为能源正义调适的便是那些由能源生产、消费所造成的严重的、易诱发人类冲突的规范性、伦理性问题，而这些问题常常被人忽略。张忠民和熊晓青（2016）将能源正义"限缩"为农村的能源正义，研究中国农村能源非正义的事实和法律现况，认为能源正义包括分配正义、程序正义、矫正正义和社会正义等四个基本面向，并将能源正义界定为"能源的所有方、供给服务方、消费方等主体不因其身份性质、地域分布和禀赋强弱等因素，而应在能源的勘探开发、加工转换、仓储运输、供给服务等领域享有平等的对待和实质的参与"。王明远和孙雪妍（2020）解读了我国电力法制中能源正义的内涵，认为能源正义理论以保护个人权利为价值归宿，公平分配人际、代际间能源利益和负担，是一种应用于政府能源决策的分析框架。郑佳宁（2021）尝试构建多维视角下能源产品价格形成机制的基本原则，其中能源正义原则是基本原则之一，并主张能源正义应重点关注改善弱势群体的生活，通过政府主导财政、税收、定价等手段保障弱势群体能源需求，纠正市场对能源的扭曲与异化。徐金金和黄云游（2022）认为能源正义是追求能源法律、政策制定过程中一种普遍的、回归个人权利的"正义"，每个人在能源法秩序下享有平等的道德地位和权利义务。朱玲玲（2022）认为能源转型过程中会产生无数的公平和正义问题，使得能源正义成为政策议程上的一个重要问题；能源正义包含成本、收益和程序三个维度上的正义。陈倩（2022）认为能源正义的核心在于对能源利益的平衡，应该在分配、程序和矫正方面充分发挥政府和市场的作用。宁立标和杨晓迪（2022）认为能源正义追求整个能源系统以及能源转型系统中的公平正义，它要求每个人在能源系统中都能获得公平的对待、应有的尊重以及实质性参与的资格；并从分配正义、承认正义、程序正义、恢复正义和国际正义原则的角度探讨了我国能源转型的法律规制路径。张万洪和宋毅仁（2024）的研究表明，能源正义理论在中国式现代化背景下的能源转型中具有深远的意义，是实现能源系统治理、统筹能源产业结构调整、应对气候变化和实现低碳发展的重要理论基础；并且能源正义的追求涵盖了能源系统内部的正义和转型过程中的程序正义，这两者是维护社会秩序稳定的基础，也是能源转型的最终目标。李文贺（2024）指出，我国农村生活用能保障面临着法律体系不健全、制度文本规定简单化以及行政职权衔接不清晰等规范困境，并基于能源正义的视角提出了相应的疏解方案。该方案中能源正义视为农村生活用能保障法律体系的理论内核，旨在实现农村生活用能的最大利益，确保农村居民能够不受阻碍地获取和利用能源，从而保障其生存和发展的基本需求（见表3-2）。

表3-2 国内学者对能源正义的定义/观点

年份	学者	研究内容	主要观点
2014	毕竞悦	全球能源形势与国际社会无政府状态对能源正义的影响	发展中国家应赢得反制性话语权的重要性
2015	王广辉、万俊人	从伦理学角度论证能源权是一项基本人权，强调能源权在人类社会和自然界的统一整体中的重要性	能源正义调适由能源生产、消费所造成的伦理性问题
2016	张忠民、熊晓青	将能源正义"限缩"为农村的能源正义，研究中国农村能源非正义的事实和法律现况	能源正义包括分配正义、程序正义、矫正正义和社会正义，将能源正义定义为各主体在能源领域享有平等对待和实质参与的权利
2020	王明远、孙雪妍	解读我国电力法制中能源正义的内涵	能源正义理论以保护个人权利为价值归宿，公平分配人际、代际间能源利益和负担
2021	郑佳宁	构建多维视角下能源产品价格形成机制的基本原则	能源正义应重点关注改善弱势群体的生活，通过政府手段保障弱势群体能源需求，纠正市场对能源的扭曲与异化
2022	徐金金、黄云游	能源正义是追求能源法律、政策制定过程中一种普遍的、回归个人权利的"正义"	每个人在能源法秩序下享有平等的道德地位和权利义务

续表

年份	学者	研究内容	主要观点
2022	朱玲玲	能源转型过程中会产生无数的公平和正义问题,使得能源正义成为政策议程上的一个重要问题	能源正义包含成本、收益和程序三个维度上的正义
2022	陈倩	能源正义的核心在于对能源利益的平衡	应该在分配、程序和矫正方面充分发挥政府和市场的作用
2022	宁立标、杨晓迪	探讨我国能源转型的法律规制路径,从分配正义、承认正义、程序正义、恢复正义和国际正义原则角度分析	能源正义追求整个能源系统及能源转型系统中的公平正义,它要求每个人在能源系统中获得公平对待和实质性参与资格
2024	张万洪、宋毅仁	能源正义理念在中国能源转型中的应用与意义	能源正义的追求涵盖了能源系统内部的正义和转型过程中的程序正义
2024	李文贺	我国农村生活用能保障的规范困境,并基于能源正义的视角提出了疏解方案	能源正义作为农村生活用能保障法律体系的理论内核,旨在实现农村生活用能的最大利益

综上所述,"能源正义"是一个复杂而多元的概念,其定义和内涵在不同的学术文献中有所不同。总体而言,这些概念涉及能源服务的公平分配,可持续性、代表性和包容性的能源决策,生存环境和社会影响的分布以及保障每个人的能源权利。具体而言,获取最低限度幸福所需的能源是一项基本人权,能源决策应该确保所有人都能够获得安全、可负担和可持续的能源服务;受能源相关的负面环境和社会影响的群体应该获得补救的机会。因此,"能源正义"可以被理解为追求为所有人提供安全、负担得起和可持续的能源,以及公平分配能源服务利益和负担的全球能源系统。它涵盖了能源服务的普遍获得权,以及与能源相关的负面环境和社会影响如何在空间和时间上分布的问题。

三、能源正义的原则

(一)分配正义、程序正义和承认正义

McCauley(2013)等在《推进能源正义:三项基本原则》一文中首次将分配正义、程序正义和承认正义三项原则扩展至能源领域,明确应该将三项

正义原则应用于能源系统治理过程，以确保能源政策能够为所有公民提供安全、可持续、负担得起的能源。Heffron 和 McCauley（2014）将能源正义原则应用到整个能源供应系统中，以研究能源的可持续供应。通过对丹麦风能部门的研究，他们强调了能源正义三项核心原则在确保整个能源供应周期安全方面的重要性。同年，Sovacool 和 Dworkin 在《全球能源正义：问题、原则和实践》一书中不仅更为详细地介绍了分配、承认和程序正义三项能源正义原则，并从多个角度阐释了全球能源不正义的现象，如低效的能源系统、能源负外部性，能源系统如何助长侵犯人权、社会不稳定，甚至军事冲突、排斥少数群体和被剥夺权利者。接着，他们将能源正义理论发展为一种决策工具，以帮助能源规划者和消费者做出更明智的能源选择，进而有效整合能源分配、程序、承认和全球正义问题。

分配正义、程序正义和承认正义三项核心原则是能源正义的基础，是评估和提升能源服务公平性和可持续性的重要依据，也是能源正义领域中使用最广泛的理论框架，通过它们可以很好地概念化能源正义。

1. 分配正义原则

分配正义，作为社会科学与伦理学中的核心议题，其思想渊源可追溯至古希腊哲学家亚里士多德（Aristotle），其"各自得到其应得"的古典理念为后世提供了理论基石。随着社会的演进，现代分配正义理论的内容进一步丰富和深化，强调国家需通过有效机制进行物质资源的再分配，以保障社会成员的基本生活水准，并体现了对公平、公正与可持续发展的深刻关切。

在能源领域，分配正义的重要性尤为凸显。它不仅是对传统分配正义理论的继承与拓展，更是当代社会追求公平、公正与可持续发展核心理念的直接投射。在此，我们特别聚焦于分配的主体、内容和模式，旨在深入解析能源正义所代表的利益群体以及分配正义的实质内容，为构建更加公正、高效且可持续的能源体系提供坚实的理论基础。

（1）分配的主体

分配正义的主体界定了能源分配的实体范围，这一范围的背后，蕴含着深刻的伦理和哲学思考。在宏观学术视角，不同学派对能源正义的主体持不同见解。人类中心主义正义观坚持能源分配的主体应严格限定在人类之内，非人类实体则被排除在分配正义的考量之外。动物中心论则扩展了这一视野，它赋予动物同人类一样的生命权和自由权，呼吁社会重视对动物的关怀。生物中心正义论深化了这一思考，强调所有生物的内在价值，人类有义务尊重所有生命，公平分配环境资源。在此基础上，生态中心主义更为全面地主张生物圈内所有存在物均享有生存、繁衍和自我实现的权利。这些理论不仅将自然的内在价值纳入分配正义的研究范畴，还强调了物种间的公平与和谐，为能源分配提供了多元化的伦理指导。然而，值得注意的是，从极端的"人类中心主义"到极端的"生态中心平等主义"，都存在其固有的局限性。前者忽视了自然的内在价值，而后者则过度强调了生态的平等性，以至于在一定程度上否定了人类作为社会主体的劳动实践和价值创造，这既阻碍了人类认识自然、改造自然，也让人类在解答"人类自我实现"等深层生态学问题时所面临困境。因此，在探讨能源正义时，我们需要寻找一种更为平衡和科学的视角，以实现人与自然的和谐共生。

宏观层面，人类与自然是休戚与共的命运共同体。人与自然不仅是简单的共生关系，更是彼此之间相互依赖、相互影响的生命共同体。因此，应秉持包容性的能源分配正义观，在追求能源正义的过程中，超越狭隘的人类视角，尊重并保护自然环境的价值与权利，以实现人类与自然的和谐共生与可持续发展。在确保所有生命体享有可持续、安全、可靠的能源供应的同时，保护生物多样性和生态系统的完整性。

微观层面，能源分配正义的本质在于保障个体或群体能够平等地获取并利用能源资源，以满足其基本生活与发展需求。这要求能源分配机制必须公正合理，尤其需关注弱势群体的权益，避免他们因能源资源分配不公而被边缘化或被剥夺基本能源服务。在中国，能源分配正义的核心理念是民生优先、共享发展，秉承以人民为中心的发展理念，将增进人民福祉、促进人的全面发展作为发展的根本出发点和落脚点。在能源领域，这一理念具体表现为不断提高能源普遍服务水平，加强民生领域的能源供应保障；确保能源发展的成果能够惠及广大人民群众，维护弱势群体权益；强调环境可持续性，以保障后代能源资源的持续供应。

（2）分配的内容

在能源领域，分配正义的核心在于明确分配的对象与内容，即确保能源利益、责任及负担在利益相关者之间实现均衡分配，遵循公平与正义原则，为各方在能源系统中的权益提供坚实保障。同时，必须正视能源获取差异与能源贫困问题，致力于实现能源资源与服务的普遍可及与可负担性，消除因贫困等因素造成的不平等鸿沟。更进一步说，要推动资源、权力及机会在地理空间上的公平配置，促进能源基础设施的均衡布局，并赋予当地居民充分的参与权与决策权，确保各地区均能平等共享能源资源发展的成果。

总体而言，能源领域的分配正义旨在清晰界定并均衡分配能源利益、负担及责任，确保所有利益相关者的权益均得到公正维护。在此过程中，需特别关注能源获取的平等性与能源贫困的消除，致力于实现能源价格与成本的低廉、稳定、公平、可负担及可持续性。对于因能源问题而遭受不利影响的群体，应提供及时有效的补救措施，以确保能源分配的全面正义得以实现。

（3）分配的模式

能源的分配模式，即指能源资源分配所依据的原则和方法，深刻反映了平等、功利主义、公平或按需分配等西方多元化的正义理念。其一，平等分配观念。平等分配观念来源于 Aristotle 和 Dworkin 的正义理论主张，即资源应根据个人贡献或生命价值平等分配，同时倡导机会平等。其二，基于功利主义的最大效用分配观念。功利主义追求社会整体幸福或效用的最大化，即主张能源资源应分配给能带来最大幸福感的个体或群体。其三，公正分配观念。公正分配观念强调社会权益和负担的公正分配，特别是根据约翰·罗尔斯（John Bordley Rawls）的无知之幕的论述，能源资源的分配应特别关注对劣势者的扶持。其四，按需分配原则。按需分配强调资源分配应基于个体的基本生活和发展需求，彰显了发展正义的理念。该原则尤其关注弱势群体权益并致力于消除机会不均等现象。

从 Aristotle 的正义理论到按需分配原则，均深刻体现了对利益分配和社会福祉的关切。然而，西方的正义理论有其局限性。Aristotle 聚焦于探求政治平等，但对经济和社会平等的关注不足。功利主义虽追求整体幸福最大化，却容易忽视个体与群体的特殊需求。Rawls虽深刻关注社会弱势群体的权益，但是其理论框架具有理想化特质，且在实际应用中面临显著的实践挑战。从理论上看，按需分配原则因人们需求的差异性而难以实现真正平均，且可能因个体过度追求个人需求而忽视社会整体利益。

中国的能源资源分配模式坚持以人民为中心的原则，确保能源福祉广泛惠及民众，深刻彰显了对弱势群体的深切关怀及以人为本的发展理念。政府通过授权开采、经营等多种途径推动能源资源的合理高效利用，并运用税收、利润分配等机制支持公共服务与环境保护事业。在能源责任分配层面，政府通过法规监督各方切实履行责任，如中华人民共和国生态环境部出台《温室气体自愿减排交易管理办法（试行）》，以明确能源排放责任，强化"排碳需付费、减碳得回报"的环保意识。此外，中国高度重视保障中低收入群体的能源权益，通过政策扶持引导其参与能源项目并分享收益，同时采取补贴、优惠电价等措施减轻其能源消费负担，以缩小贫富差距，推动共同富裕目标的实现。相比较而言，中国的能源分配模式紧密结合国情，独具特色，其核心在于公平正义、关怀弱势群体、促进共同富裕，旨在实现社会的长期繁荣、人民的幸福安康以及可持续发展的宏伟目标。

2. 程序正义原则

程序正义是关注决策过程的正义观。程序正义的核心要素涵盖参与权、信息获取权以及决策者的无偏见。它的主要原则是确保所有相关方充分参与决策流程、自由表达意见并受到尊重、获取充分信息以及提供纠正不公正决策的机制。这些原则在实践中的贯彻程度，直接影响了参与者对决策过程中公平性的感知。正当的程序旨在确保利益相关者参与能源决策过程的潜力至少与利害关系事项的重要性大致相匹配。因此，能源正义框架下的程序正义，特别关注制定和完善与能源相关的决策步骤与流程，以确保所有利益相关者和群体都能享有公平、平等的参与机会。这不仅是对决策过程公正性的追求，也是实现能源领域全面正义的重要基石。

践行程序正义是剖析并应对能源冲突中出现不公现象的有效途径。具体实践策略涵盖社区积极参与、环境与社会影响评估、中立的仲裁机制、自由、事先且知情的同意程序，以及真正的权力共享安排等方面。这些策略共同作用于提升能源决策过程的公平性与透明度，进而推动形成更优、更公正、更高效的结果、决策及投资。

然而，值得注意的是，践行程序正义虽至关重要，却并不能单独保证决策结果的绝对公平。结果公平应追求并确保决策成果对所有利益相关方公正无偏，要求决策者审慎权衡不同群体和个人利益，避免出现任何形式的不公。此外，决策者还需全面审视决策对社会结构的广泛影响，积极预防不平等现象的发生。尽管程序正义不直接聚焦于决策结果，但是一个公正的决策过程能够显著提升决策结果的公正性与公众接受度。程序正义与结果公平相辅相成，共同构成了构建公正、可持续能源服务体系不可或缺的基石。

3. 承认正义原则

阿克塞尔·霍耐特（Axel Honneth）将承认理论视为一种正义观念。他主张的承认正义关注社会关系和个体自我认同，强调对他人的尊重和承认，以及对弱势群体的关注和支持。Fraser（2009）提出对社会经济不公正的补救办法是重新分配，对文化不公正的补救办法是转变社会模式，为边缘化者提供应有的承认，并赋予他们政治参与的机会。Walker 等（2015）则认为，承认正义体现在个人能被公正地代表，免于人身威胁，享有完整且平等的政治权利，并致力于修复受影响社区与地方身份所遭受的不公。总体而言，承认正义理论家们深切关怀人的全面发展、命运走向及生存状况，注重群体认同与文化认知。他们致力于识别并理解不同群体在能源服务领域的具体需求，深入剖析这些群体在政策制定与决策过程中的代表性及表达途径，以期实现更加公正、包容的能源服务体系。

承认正义强调必须充分承认并尊重所有利益相关者的意见与需求。承认正义是程序正义的先决条件，若利益相关者的地位未得到恰当承认，那么决策过程的公平性与非歧视性便无从谈起。程序正义则侧重于在能源决策中构建和完善公平、平等的决策步骤与流程，旨在保障所有利益相关者的积极参与。实践程序正义，是确保能源决策过程公正透明，且是对所有利益相关者公平对待的必要条件，它奠定了决策公正性的坚实基础。

（二）新兴能源正义原则的探索

1. 恢复正义

Heffron 和 McCauley（2017）将恢复正义原则引入能源正义的基本架构，强调对能源系统中已经存在的不公正以及潜在的不公正进行监测与矫正。恢复正义的运用，将能源正义的概念发展从理论推向了实践。在能源领域，恢复正义关注在于能源资源的开发和使用过程中的环境和社区损害，并采取相应的恢复措施。

2. 矫正正义

Nozick（1974）认为有效的正义理论包括三个原则：获得、转让和矫正，其中矫正原则描述了如何纠正过去的不公正现象。他认为，如果不公正已经发生，我们必须确定如果没有发生不公正，预期的结果会是什么，从而消除不公正。Fraser 和 Honneth 认为矫正正义的存在旨在纠正不公正的根源，事实上一切形式上的不公正都牵涉到分配不公和错误承认。恢复正义和矫正正义被许多学者视为同一种正义形式，认为二者都是为了矫正能源系统中的非正义性问题。在能源系统中，有关责任主体应当重视能源系统中负外部性的同步治理与矫正，防控负外部性所招致的不公正后果。

3. 流动正义

Mullen 和 Marsden 认为流动正义是指无论个体的社会经济地位、性别、种族、年龄或身体能力如何，均应在交通与流动性领域享有均等的机会与权利。这涵盖了对交通工具及基础设施的无差别访问、安全健康保障、环境保护措施及可持续性发展的综合考量。流动正义旨在构建一个既公平又包容且能持续满足人们日常基本需求、提升其生活质量的流动性体系。

此外，流动正义的概念还能延伸至能源转型对交通等流动性模式的影响，如促进低碳交通方式的广泛采用，以减轻环境负担，同时确保公众对交通设施与服务的平等享用。因此，流动正义与能源领域的公平、包容及可持续发展紧密相连。

4. 空间正义

据研究表明，能源贫困展现出鲜明的地理分布特征，特定地区相较于其他地区更易遭受其困扰，这一现象的根源深植于地理的嵌入性与偶然性之中。Yenneti 等借助"空间正义"视角，对可再生能源开发中的土地征用进行了批判性分析。进一步地说，全球视角的分析揭示了不同国家在空间正义层面上的差异与共性，预示着各国在能源分配与利用上面临的挑战与问题各具特色。例如，发达国家农村地区天然气基础设施的缺失导致居民只能依赖成本更高的石油等材料取暖；希腊寒冷且海拔较高的地区家庭能源贫困率显著偏高；而印度能源贫困指数的地理差异则极为显著。Bouzarovski 与 Simcock 将空间正义理念融入能源正义框架，强调资源、权利与机会在特定地理空间内的公平配置。他们指出，能源获取与使用方面存在深刻的社会与空间不平等，且能源贫困主要波及社会经济弱势群体。

综上所述，能源贫困具有明确的地理格局，其背后的地理因素不容忽视。空间正义旨在揭示这些不平等的根源，并推动相应解决措施的实施。这一系列发现为我们深入理解能源系统中的空间正义问题提供了宝贵洞见，对于能源政策的科学制定、促进能源公平与可持续发展具有重要意义，同时也为实现社会与环境正义提供了实践指导与理论基础。

5. 时间正义

Heffron（2017）等深入探讨了能源正义在时间维度上的体现，即时间正义。时间正义着重于对历史遗留及未来潜在的能源不公正进行补救或缓解。具体而言，某些国家过去实施的能源政策可能已造成对特定群体的不公待遇，时间正义旨在通过诸如补偿措施或政策调整等手段来弥补这些历史不公。同时，它亦前瞻性地关注未来可能产生的不公，例如气候变化对未来世代产生的潜在影响。因此，时间正义聚焦于如何在不同世代间公平分配资源；与之相辅相成的是空间正义，它强调在社会空间内公正、平等地分配具有社会价值的资源及其使用机会。

6. 能力正义

Day（2016）等从能力视角界定了能源贫困，指出其源于"无法充分获取负担得起、可靠且安全的能源服务，进而直接或间接阻碍基本能力的实现"。能力方法作为分析能源使用相关规范性问题的理论基石，为分析和处理伦理冲突下的福祉分配提供了新视角。能力方法构成了分析能源使用相关规范性问题的理论基石，为审视和解决伦理冲突下的福祉分配问题提供了新颖且深入的视角。在此基础上，Wood 和 Roelich（2019）开发了一个新的概念框架，旨在利用能力方法来规避气候变化减缓措施可能加剧的不平等现象。此外，能力方法还被应用于分析能源生产与消费领域的代际正义问题。同年，Melin 和 Kronlid 运用此方法评估了瑞典三种潜在能源情景对代际正义的影响，并强调，从维护未来世代能力的角度出发，我们有充分理由对此给予高度重视。

7. 世界性正义

2015 年，Heffron 等将世界主义哲学的方法引入能源正义研究，界定世界性正义为一种集体方法，旨在推动能源行为与态度的全球性变革，凸显能源资源的全球性质，倡导全球资源分配的公平与公正，强调超越国界的关怀与责任，同时关注当前与未来世代。LaBelle（2017）进一步指出，世界性正义需考虑能源不公平的跨境特性及道德、政治责任的跨境属性，涵盖公平、良好治理、可持续性等八个方面，旨在构建公正的全球能源资源体系。

由此可见，世界性正义超越了国界，将能源议题置于全球视野下审视，强调能源资源、机会与责任的平等分配，致力于消除全球层面的不平等与不公正。它强调每个人的基本人权都至高无上，应得到尊重与保护，其道德关怀的最终单位应是每一个个体，而非特定社会群体或受国界限制的人。

8. 社会正义

广义上，社会正义是指社会生活领域的公平与平等，涵盖政治、经济、文化等多方面。能源正义基于社会正义理论，与全球化、经济不平等、移民、健康和安全等社会问题紧密相连。能源正义与社会正义相比是专门指向能源问题的正义，是社会正义的下位概念。

狭义上，社会正义有时被视为世界性正义，承认所有民族同属一个道德共同体。而部分学者以社会正义原则为基础，采取人类中心主义视角探讨能源正义。另有学者认为，能源正义包含社会与技术相关的正义概念，有助于将能源转型的社会技术与环境正义的社会生态基础相联系。尽管社会正义的概念有广义与狭义之分，但是这些理论观点均强调每个人的道德价值平等。

9. 补偿正义

在分配正义失败的地方，由补偿正义取而代之，旨在通过向利益受损方提供相应补偿，以纠正分配不公或失败所引发的问题。补偿正义机制能够弥补因能源决策不公而遭受损失的人们，这些损失不仅涵盖财产损失、健康影响及社区结构破坏等，还包括文化和情感等层面。

在学界与业界专家学者的持续努力下，使能源正义的概念与原则不断得到深化与拓展。在深入剖析能源正义的理论架构时，我们需明确，尽管分配正义、程序正义及承认正义构成了其核心支柱，但是能源正义的原则体系实则更为广博与复杂。尽管新兴的能源正义原则尚未形成统一共识，其原则不断涌现正体现了学界对这一议题的深切关注。这些原则共同织就了能源正义的严密理论体系，为能源政策的制定与执行提供了坚实的学术基石与实践指南。为推动能源正义理论与实践的进一步发展，我们需持续探究并讨论这些新兴原则，并思考其应用之道，以期更精准地洞察并解决能源领域所出现的不公现象，促进能源的公平、可持续与包容性发展。

四、能源正义的评价指标研究

能源正义作为一种分析手段，其核心功能在于运用能源正义的原则和评价指标，来揭示能源体系中存在的不公现象，并据此提出改进措施。其演进过程中，逐渐构建起了两大核心框架：首先，是一个以分配正义、程序正义及承认正义为基础，融合了多种理论共同发展的综合理论体系；其次，是一个专为决策者设计的评价指标体系。在此框架下，能源正义的原则构成了制定能源政策的基本遵循，而评价指标则成为衡量及推动这些能源正义原则落实的具体手段。

（一）五项能源正义评价指标

《全球能源正义：问题、原则和实践》一书率先提出了能源正义的八项核心评价指标，强调能源决策应致力于促进能源的可用性（Availability）、可负担性（Affordability）、正当程序（Due Process）、信息（Information）、可持续性（Sustainability）、代际公平（Intergenerational Equity）、代内公平（Intragenerational Equity）和责任（Responsibility）。Sovacool 等（2015）对上述指标进行了调整，将"信息"原则更新为"善治（Good Governance）"。随后，在 2016 年，为应对核废料处理、非自愿移民、能源污染、能源贫困及气候变化等紧迫的正义挑战，Sovacool 等进一步将"善治"更新为"透明度与问责制"，形成新的能源正义八项核心评价指标。在 2017 年，他们在此基础上增添了"抵抗（Resistance）"与"交叉性（Intersectionality）"两项指标，形成了迄今最为全面的十项能源正义评价指标体系。这十项评价指标不仅揭示了能源正义问题如何与种族、阶级、权利等因素的复杂交织，而且能够贯穿于整个能源系统及能源转型的各个决策环节，从原材料开采、基础设施选址到生产、运营、定价、消费、废物管理等，既作为实现能源正义的决策指导，也是评估其实现程度的关键指标。为了便于理解和应用，我们将这些指标归纳为可用性、可负担性、可持续性、善治以及系统性这五大类别。这一分类有助于更全面地把握和应用能源正义原则，推动能源系统的公正转型与发展。

1. 可用性

能源正义评价体系中，最基本的核心要素即为能源的可用性。Sovacool 和 Dworkin（2017）将能源正义的可用性定义为："人们有权获得充足且高质量的能源资源，以满足其实际需求。"这一理念与分配正义紧紧相通，能源的可用性和可负担性成为衡量分配正义的重要标尺。能源匮乏不仅制约着人们的生产与生活，推高生产成本与运输成本，削弱企业的盈利能力与市场竞争力，还可能引发人们对社会不满与冲突，并进一步加剧气候变化与环境污染问题。因此，可用性原则的关键在于能源资源或服务能否被人们便捷地获取与使用。

为了准确评估能源的可用性，我们可依据以下关键指标：通电率、人均用电量、用电量占总能耗的比例、不同收入与种族群体的用电量变化、断电频率、供电人口比例、发电多样性、获取优质电力的能力、电价、物理资源获取机会、太阳能光伏技术及家用电器的普及程度等。这些指标有助于我们全面审视一个地区或国家的能源利用状况与公平性，以及能源供应的稳定性和可靠性。

2. 可负担性

能源可负担性是分配正义的核心内涵之一，它着重强调能源资源和服务应在社会各个阶层中普遍可承受，要求能源价格与成本兼具经济性、稳定性、公平性、可接受性及可持续性。其核心目的在于确保公共资源与服务定价合理，避免给弱势群体带来过重的经济压力。

评估能源可负担性的核心指标是燃料贫困状况，这通常由于能源价格高昂或收入不足导致家庭能源支出难以承受。解决燃料贫困的关键在于提高能源的可负担性。燃料贫困状况的测量标准涵盖以下几个关键维度：首先，家庭能源支出占家庭总收入的比例超过10%；其次，家庭收入低于平均水平且能源成本高于平均水平；最后，家庭居住的房屋能源效率评级较低（如D、E、F或G级），并且在扣除住房成本和能源需求后，其可支配收入低于贫困线。因此，在评估能源可负担性时，必须全面考虑能源价格、个人及家庭的经济状况、经济发展水平以及可能受到的环境影响等多维度因素，以确保评估的科学性和全面性。

3. 可持续性

联合国可持续发展目标（Sustainable Development Goals，SDGs）提出"确保所有人都能获得负担得起、可靠和可持续的现代能源"。这一目标蕴含了国家的重大责任，即避免过度开采自然资源及对环境造成不当损害。它强调，无论是当代还是后代，每个人都应公平享有获取能源的权利，同时，能源资源的消耗需兼顾节约与社会发展的需求。能源可持续性追求的是现代能源服务的广泛可及性、经济合理性和长期稳定性，旨在促进经济、社会、环境三方面的和谐共生。

为实现这一目标，必须持续创新并优化能源利用方式。这不仅是对自然资源审慎利用和影响环境最小化的国家责任体现，更是对当代及后代公平享有能源权利的高度尊重。在能源转型与利用过程中，需特别警惕其对就业市场和居民健康的潜在威胁，并努力消除这些负面影响。此外，能源正义还着重关注能源贫困群体，致力于为他们提供合适且可持续的能源技术，确保能源使用的公平性和普惠性。

深度审视能源可持续性与发展潜力，坚持分配正义原则，不仅能保障资源均衡分配，为未来世代留下充分发展空间，彰显发展正义，而且通过提供全面的能源支持与服务，可有效促进个人和社会的潜能实现与价值提升，这正是能源正义的核心要义。

4.善治：正当程序、透明度和问责制、责任原则

善治作为一种治理理念，以民众为核心、权利为指向、权力制约为要义，要求政府及其权力的行使要体现大多数公民的利益，尤其是贫困和弱势群体的利益。善治是实现能源正义的基础，它要求构建和完善以正当程序、透明度和问责制为支柱的能源正义评估框架，以确保能源决策和管理过程的公正、公平与高效。

正当程序在能源决策中至关重要，它要求利益相关者在自由、事先和知情的基础上参与能源决策事项，环境和社会影响评估应切实纳入利益相关者意见，并应提供价值中立的仲裁机构处理争议。正当程序超越了分配问题和社会经济地位的差异，旨在保障法律面前公民地位的平等性，确保管辖范围内所有主体均享有同等权利。因此，正当程序是对程序正义的呼吁，也是对公平参与能源决策过程的呼吁。

透明度和问责制是践行正当程序、确保能源治理过程公开透明、决策结果公正性的关键。政府和公共事业单位在决策过程中，必须向公众披露必要信息，确保利益相关方能够充分了解决策流程及结果，并接受公众的监督与审查。在公共产品定价机制中，透明度和问责制应处于核心地位，对于维护价格公正、预防腐败及能源浪费具有重要意义。

此外，责任原则在能源正义体系中占据举足轻重的地位。它着重强调国家、当代人类在能源相关决策中应肩负的责任，涵盖减缓环境退化、守护自

然环境、减轻能源使用的负面影响,并尊重及保护非人类物种的生存权益。这不仅是达成能源正义不可或缺的基石,更是推动人类社会迈向可持续发展的根本要求。

5. 系统性原则:抵制和交叉性

抵制行动倡导公民或群体积极站出来反对能源不公正现象,并肩负起监督政治当局遵循能源正义原则的责任。然而,受利益相关者观念的影响,部分抵制行动可能演变为非法行为,如破坏能源基础设施、干扰社会运营乃至扰乱社会秩序。因此,我们应鼓励采用合法的、非暴力的公民行动来纠正能源不公正现象,以确保纠正行动的有效性和社会的和谐稳定。

交叉性的概念源自对女权主义理论的反思,旨在深入理解个人与群体所承载的多重身份,以及这些身份在资源分配和社会结果中的复杂影响。在能源正义领域,交叉性概念能帮助我们揭示能源不公正如何与种族、阶级、性别、健康状况或移民身份等多重因素交织在一起,从而深化了对边缘化群体的认识,并为决策者提供了更为全面、细致的能源正义信息。交叉性不仅涵盖了现代社会中不断演变的新身份,还拓宽了承认正义概念的外延。此外,解决能源非正义问题,需要与其他社会问题的应对策略相互交织,形成协同治理的新格局。

(二)JUST 评价指标

JUST 评价指标旨在识别关键问题、催化必要行动、评估研究成效及提供解决方案,以促进能源决策的公正性与公平性。该指标通过整合能源、环境及气候正义,系统性地应对分配正义、程序正义、恢复正义、世界正义及承认正义等多维度的挑战。JUST 评价指标是由四个核心且互补的要素构成:J 代表正义(Justice),涵盖分配正义、程序正义及恢复正义;U 代表普遍性(Universal),包含承认正义与世界正义;S 代表空间(Space),强调事件发生的地域层级,如地方、国家及国际层面,并特别关注边缘社区群体,如承认传统农村、城市贫民窟及逃亡奴隶后裔社区中群体的公平和自由代表权;T 代表时间(Time),将正义原则与现实世界的时序紧密相连,适用于通过时间轴规划能源转型的步骤与安排。

（三）能源正义度量评价指标

能源正义度量（Energy Justice Metric，EJM）评价指标，依托于国际机构与国家政府的数据资源，旨在量化并比较各国能源正义水平及不同能源技术的正义表现，揭示能源、经济与环境目标间的平衡之道。EJM 的主要目标是平衡能源三角难题。关于三角难题所涵盖的内容存在多种不同说法，但是它们的核心问题都是相同的——即来自经济、政治和环境方面的问题。该指标运用三元图（见图 3-1）直观展示分析结果，进一步将一个国家的能源正义表现映射到下面的能源三角难题图上，深入剖析不同能源正义维度间的内在联系。

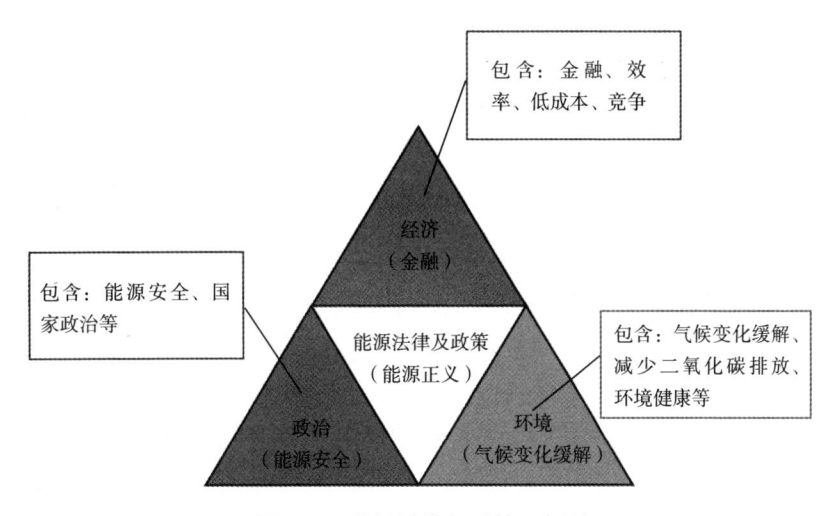

图 3-1　能源法律与政策三角形

来源：HEFFRON R J, DARREN MC, ZARA ZUA DRG. Balancing the energy trilemma through the Energy Justice Metric[J]. Applied Energy, 2018, 229: 1191−1201.

其中，能源法律及政策位于三角形的中心，而三角形的三个顶点分别是经济（金融）、政治（能源安全）和环境（气候变化缓解）。这三个问题各自都在试图将能源法律与政策引向自己的方向。实质上，有效且高效的能源法律与政策会平衡这三个目标，从而为社会带来最佳结果。然而，如果更详细地审视能源法律与政策，通常只是其中一个问题主导着能源议程。而推动能源法律与政策发展的动力是能源正义。

总的来看，能源正义度量评价指标的计算涵盖三大核心度量：一是评估各国当前能源系统在资源分配、利用效益及服务普及方面的正义性；二是基于经济效益、社会影响及环境可持续性标准，衡量各类能源基础设施的正义表现；三是通过加权计算能源正义价格，并将其融入经济模型，为能源正义决策提供科学依据。这一综合评价体系，为推动能源正义与可持续发展提供了有力工具。

综上所述，能源正义评价指标体系不仅提供了坚实的理论基础，还配备了详尽的实践指导，有助于深化我们对能源正义概念及原则的理解与应用。以下可通过表 3-3 详细阐述这些评价指标与能源正义原则之间的内在联系。

表 3-3　能源正义决策框架与相关能源正义原则

能源正义评价指标	标准		能源正义原则
可用性	能源资源或服务是否能够被人们便捷地获得和使用		分配正义
可负担性	确保能源资源和服务对所有人都是可负担的； 能源价格和成本兼具经济、稳定、公平、可承受和可持续		分配正义
可持续性	满足人类需求；环境可持续；能源技术可持续；确保社会正义		分配正义 社会正义 能力正义
善治	正当程序	确保利益相关者能够参与能源决策过程，并且他们的参与程度应该与所涉及问题的重要性和可能达成的任何决定的不可撤销性大致相匹配	程序正义
	透明度和问责制	所有人都应该获得有关能源和环境的高质量信息，以及公平、透明和负责任的能源决策形式	程序正义 承认正义
	责任原则	强调国家责任；当代人类责任	世界正义 能力正义 恢复正义 补偿正义
系统性	抵制	积极和慎重地反对能源不公正现象； 公民或群体有责任或义务监督政治当局遵守能源正义原则	承认正义
	交叉性	能源不公正如何与种族、阶级、性别、健康状况或移民身份等因素相互关联	承认正义 社会正义

续表

能源正义评价指标	标准		能源正义原则
JUST指标框架	J—正义（Justice）	法律程序和环境影响报告等必要的法律步骤是否得到遵守	程序正义
		纠正能源部门造成的不公正现象，强调执行特定法律的必要性	恢复正义
	U—普遍性（Universal）	社会上不同群体的权利是否得到承认	承认正义
		国界之外和全球范围内的影响	世界正义
	S—空间（Space）	强调事件发生的地域层级	空间正义
		特别关注边缘社区群体的公平和自由代表权	承认正义
	T—时间（Time）	将正义原则与现实世界的时序紧密相连，适用于通过时间轴规划能源转型的步骤与安排	时间正义
能源正义度量指标（EJM）	评估各国当前能源系统在资源分配、利用效益及服务普及方面的正义性		
	基于经济效益、社会影响及环境可持续性标准，衡量各类能源基础设施的正义表现		
	通过加权计算能源正义价格，并将其融入经济模型		

五、新型电力系统建设中的能源正义内涵

在全球共同应对气候变化、积极推进可持续发展的宏大背景下，能源正义已成为一个备受瞩目且至关重要的议题。它不仅是一项原则性的价值倡导，更蕴含了丰富深邃的内涵与多维度的考量，涵盖能源正义的基本原则、科学的评价指标等关键要素。能源正义要求我们在能源的整个生命周期——从生产到分配，从分配再到消费的过程中，必须全面、深入地考虑并平衡不同地区、不同社会群体的利益诉求。能源正义的核心在于，既要确保能源资源的可持续开发利用，又要保障所有社会成员都能公平享有安全、经济、可靠的能源服务。此外，能源正义还关注能源活动所产生的负面环境和社会影响如何在空间和时间上得到公正、合理的分配与消解，以实现能源正义发展与环境保护、社会公正的和谐共生。

在新型电力系统建设的广阔背景下，能源正义的内涵得到了更为深刻且全面的拓展与丰富。它不仅聚焦于技术层面的革新与系统结构的优化，更深

刻地触及了社会公平与可持续发展的核心议题。在这一进程中，分配正义、承认正义、程序正义及新兴原则共同构成了能源正义的基石。

分配正义作为能源正义的首要原则，要求电力资源与服务必须在全社会范围内实现公平、公正的分配。这就意味着在制定法律和政策时，必须充分考虑社会各阶层、各地区的能源需求，并特别关注弱势群体和经济欠发达地区的电力可获得性。通过确保每个人都能获得可负担且可持续的、满足其基本生活需求的电力供应，可以有效避免能源贫困现象的发生，让电力系统发展的成果真正惠及全民，进而促进社会整体福祉的提升。

承认正义强调在电力系统转型的过程中，必须全面尊重并承认所有利益相关方的权益与诉求。土著居民、经济贫困群体和农民等长期处于边缘化地位的群体，其能源使用权和发展权应得到法律的明确保障，以确保他们在电力系统转型的浪潮中不会被忽视或边缘化。通过法律与政策的双重保障，确保他们的声音被听见、权益得到充分维护，从而实现真正的社会包容与公正。

程序正义要求新型电力系统的决策、规划、实施等各个环节都必须遵循公正、透明、参与的原则。为实现这一目标，必须着手构建一套完善的公众参与机制，包括但不限于公开听证会、公众咨询委员会等多元化平台，从而确保所有利益相关方，无论其社会地位高低、力量大小，都能积极融入并有效参与到新型电力系统建设的全过程中来，充分保障公众的知情权、参与权和监督权。通过提升决策的透明度，增强公众的参与度，不仅能有效遏制权力滥用的风险，防范腐败现象的滋生，还能使新型电力系统建设真正成为一个汇聚民智、反映民意的伟大工程。

随着新型电力系统建设的持续深化，一系列新兴且重要的能源正义原则逐渐显现，共同构筑了能源正义的丰富内涵与多元化体系。其中，恢复正义与世界正义尤为引人注目。恢复正义着重关注新型电力系统建设对环境与社会产生的深远影响。面对潜在的环境污染、生态破坏等负面效应，我们必须构建出一套行之有效的监测、评价与矫正机制。通过加强环境影响评估，及时修复和治理受损的生态环境，并设立生态补偿机制，为利益受损方提供合理补偿，以实现经济、社会与环境三方面的和谐共生，确保发展的可持续性。

与此同时，世界正义在全球化背景下显得尤为重要。在新型电力系统构建的征程中，我们应秉持开放、包容的态度，深化与国际社会的交流与合作，合力推进全球能源治理体系的健全与完善，为全球电力的未来发展绘制了一幅光明、和谐的宏伟蓝图。此外，在享受电力所赋予的诸多便捷之际，我们必须深思熟虑，确保当代人的发展不会以牺牲后代人的权益为代价，真正实现代内与代际的公平正义。

第二节 我国新型电力系统对能源正义的响应

我国新型电力系统以新能源为主体，融合了多种先进技术，具备高度智能化、灵活性和清洁化等特征。这一转型不仅是应对我国能源结构深刻调整与环境压力加剧的必然选择，更是对能源正义理念的深刻践行与积极响应。面对我国地域辽阔、人口众多、各区域发展不均衡的国情，新型电力系统如何在能源正义的框架内有效运作，对于达成国家能源战略目标、促进社会公平正义，以及应对全球气候变化挑战，均具有举足轻重的战略意义。

在本节内容中，我们深入探讨了我国新型电力系统如何响应并实践能源正义原则。同时，还细致剖析了电力系统转型过程中在经济、社会、文化、技术与体制机制、环境与生态等层面推进能源正义所面临的挑战及其原因，旨在为我国能源领域的可持续发展提供有益洞见与参考，助力我们国家在全球能源转型的大潮中稳健前行。

一、新型电力系统背景下能源正义原则的体现与实践

在构建新型电力系统的进程中，能源正义原则得到了充分体现与深入实践。这一系列相关政策明确支持偏远及弱势地区和群体平等参与电力系统建

设并从中受益，显著缩小了他们在电力利用与服务水平上的差距。此外，电力市场化改革严格遵循法定程序，确保了政策的合法性与规范性，彰显了程序正义的精神。更值得注意的是，新型电力体系建设还积极诠释了恢复正义、矫正正义、空间正义、社会正义等新兴正义原则，有力推动着能源结构的优化与转型升级，促进能源领域的公平正义与可持续发展。在全球舞台上，中国主动担当，积极参与全球能源治理和气候变化国际合作，展现出负责任大国的风范，携手国际社会共同推动全球能源系统迈向更加绿色、低碳、可持续的未来。

（一）能源分配正义的体现与实践

1. 对地区与群体的扶持

在新型电力系统的构建中，能源分配正义得到了深刻体现。为确保偏远山区、少数民族地区及低收入群体在新型电力系统建设中不被边缘化，国家采取了多重扶持措施，具体包括资金、技术和政策等方面的支持，从而有效缩小了地区间、群体间的能源利用差距。

在法律保障层面，国家对弱势群体及偏远地区电力建设的重视与政策倾斜得到了充分体现。例如，《中华人民共和国电力法》中的相关条款（第8条、第47条及第48条），明确规定了国家对少数民族地区、边远地区和经济欠发达地区电力事业发展的支持与优惠，鼓励可再生能源在农村电气化中的应用，并赋予农民生活和农业生产在用电指标和电价方面的优先权，这些举措深刻彰显了国家对电力公平建设与发展的坚定承诺。

在政策引导方面，我国高度重视农村和农民等弱势群体在绿色转型过程中的利益保障。具体而言，《2021年能源工作指导意见》中不仅强调了能源低碳转型的重要性，还特别指出要加强民生用能保障，特别是在经济欠发达地区，通过加强能源服务建设，巩固脱贫攻坚成果，为乡村振兴提供有力支撑。同时，《中共中央 国务院关于完整准确全面贯彻新发展理念做好碳达峰碳中和工作的意见》等文件，不仅明确了"双碳"目标的实现路径，还着重强调了在转型过程中要妥善处理好与能源安全、粮食安全及群众正常生活的关系，防止因转型过度而对弱势群体造成不利影响。此外，针对农村和农民等弱势群体在能源转型中的脆弱性，政策还提出了具体保障措施，如《2030年前碳达峰行动方案》旨在确保农村和农民等弱势群体在绿色转型中的利益得到有效保护，不受损害。

2.电力资源的优化配置

《加快构建新型电力系统行动方案（2024—2027年）》明确提出，要大力推进大规模、高比例新能源外送攻坚行动，旨在通过优化电力资源配置，实现能源产地与消费地之间的有效平衡，确保能源资源能够在各地区之间得到公平分配。同时，营商环境的持续改善和一般工商业电价的不断降低，也进一步提升了能源资源分配的公平性。

此外，《2024年能源工作指导意见》《中华人民共和国可再生能源法》《关于加快经济社会发展全面绿色转型的意见》及《国家能源发展战略行动计划（2014—2020年）》等政策通过显著提高非化石能源发电装机比例，特别是风能发电与太阳能发电的份额，并强化化石能源的清洁高效利用，同时设定可再生能源的强制性市场份额，旨在优化能源结构，推动可再生能源的高质量发展。这一系列举措不仅为公众提供了更加丰富、清洁、可持续的能源选项，还在更广泛层面上促进了能源分配的公平性与合理性。

另外，我国电力系统还通过电网建设、农网改造、电力扶贫等一系列工作，致力于实现电力普遍服务，提高电力覆盖率和供电质量，确保所有地区、所有群体都能享受到安全、可靠、稳定的电力供应。这充分体现了能源分配正义中的"可获得性"原则，即无论地域、经济水平如何，公众都能平等地享有电力资源，共享电力发展带来的福祉。

（二）承认正义的体现与实践

1.关注弱势群体利益的制度性保障

在新型电力系统建设的过程中，我国构建了一套以《中华人民共和国可再生能源法》为核心的能源转型政策体系，这一体系深刻体现了能源承认正义的原则。该法律框架不仅鼓励多元经济主体积极参与可再生能源的开发利用,还通过法律手段保护参与者的合法权益,为能源转型的深入实施提供了坚实的制度保障。这一制度设计凸显了能源转型政策的包容性特质,确保包括低收入者、边远地区居民在内的弱势群体也能公平分享能源转型的成果与红利。

尤其是在光电、水电、风电等可再生能源的关键领域,国家精准施策,推出了一系列针对性举措,高度重视农村地区居民、低收入群体及新能源项目移民等弱势群体的利益。这些政策不仅加速了可再生能源项目的广泛布局与迅速发展,还通过制度设计,明确认可了这些弱势群体在能源转型中的独特贡献与需求,确保他们在转型过程中得到应有的尊重与实质性利益。

2. 优化市场机制促进电力系统转型公平性

《关于推进电力现货市场建设的实施意见》的颁布,标志着我国电力市场改革迈出了重要一步。电力现货市场的建立,确立了市场在资源配置中起决定性作用,通过价格发现机制实现电力资源的优化配置。这一过程不仅提高了电力市场的效率与透明度,还间接促进了能源承认正义的实现进程。合理的电价体系成为激发社会各界投资可再生能源热情的催化剂,有效拓宽了能源福祉的覆盖范围,使得包括因高电价而受限的弱势群体在内的广大用户,均能享受到我国电力市场改革与能源转型带来的积极成果。

电力现货市场的运行进一步促进了能源转型的公平性。在市场机制的作用下,可再生能源发电项目能够获取更为公平合理的收益,这极大地吸引了社会资本的投入,加速了可再生能源技术的研发与应用进程。同时,随着可再生能源占比的不断提升,电力供应结构日益多元化,降低了对化石能源的依赖,减少了能源消费所带来的环境外部性问题,从而间接提升了社会整体的福祉水平,特别是弱势群体的生活质量得到明显改善。

(三)程序正义的体现与实践

近年来,我国电力市场化改革步伐稳健,不断深化。在《关于进一步深化电力体制改革的若干意见》的引领下,一系列旨在打破垄断、引入竞争、提升市场效率与公平性的政策如雨后春笋般涌现。在这场深刻变革中,程序正义扮演着至关重要的角色，为改革保驾护航。从改革措施的制定到实施，每一步都严格遵循法定流程，确保"正当程序"得到切实执行。这不仅保障了政策的合法性和规范性，更体现了对法治精神的尊重与坚守。同时，"透明度"原则在改革中得到充分贯彻，政策信息、市场交易数据等关键信息的及时公开，为市场参与者提供了一个公平、公正的信息平台，有力促进了电力市场的健康有序发展。

电力规划与政策制定，事关国计民生，其重要性不言而喻。为了保障决策的民主性和科学性，我国政府始终高度重视公众参与，积极构建多元化的参与体系。《电力中长期交易基本规则》的出台就是一个典型例证，该规则明确并强化了电力市场交易的公平竞争原则，确保所有市场参与者在同等条件下展开竞争，实现能源资源的公正配置。并且，《电力市场信息披露基本规则》的颁布，从信息披露的原则、方式、内容、调整、保密、封存及监督管理等多个维度，全面规范了全国电力市场的信息披露机制，进一步增强了市场交易的透明度与公正性，有助于打破市场分割现象，促进全国统一电力市场体系的建设，显著提升市场的整体效能。此外，政府还可通过举办听证会、座谈会及开展网络调查等多种形式，为公众、企业和专家等利益相关方搭建高效的沟通平台。这些举措不仅保障了公众的知情权与参与权，还能广泛吸纳各方意见，有助于提高政策制定的科学性与合理性。

（四）新兴正义原则的体现与实践

恢复正义在电力领域得到了生动诠释。我国积极响应环境保护的迫切需求，通过实施《大气污染防治行动计划》等有力举措，不仅推动火电厂采用超低排放技术，还在水电站建设中融入生态保护理念，显著降低污染物排放，有效改善了空气质量，实现空气质量的显著提升与受损自然环境的逐步恢复。这充分展现了人与自然和谐共生的美好愿景，是恢复正义在电力能源领域的生动实践。

矫正正义则体现在能源分配结构的优化上。通过出台《关于推进分布式光伏发电有关工作的通知》等政策，扶持分布式光伏发电等小规模能源项目，打破了大型能源项目的垄断格局,促进了能源市场的公平竞争与多元化、包容性增长,确保了各类能源生产者都能够获得平等的发展机会。

空间正义与时间正义的实现,分别依托于《国家能源发展战略行动计划》与《电力需求侧管理推进工作实施方案》的精准施策。前者强调能源资源在区域间的均衡配置,通过跨区域输电网络建设等手段,有效缓解了能源分布不均的问题;后者则通过需求侧管理,优化电力使用的时间分布,提高了电力系统的灵活性和效率,确保电力供应与需求在时间上的精准对接。

社会正义在电力系统中体现为对弱势群体的深切关怀与支持。通过实施《关于完善光伏产业政策促进光伏产业健康发展的若干意见》等政策,扶持光伏等清洁能源产业的发展,推动能源结构的转型升级,为社会提供更加清洁、可负担的能源服务,有助于缩小能源利用上的社会差距,以实现电力领域的公平正义。

流动正义在新能源汽车产业的蓬勃发展中得到了充分展现。《新能源汽车产业发展规划(2021—2035年)》的实施,引领了能源消费模式的深刻变革,从传统石油依赖转向电能驱动,促进了能源的高效、清洁利用,推动着能源流动方式的现代化转型,实现能源流动过程中的正义与可持续性发展。

在全球视野下,我国积极参与全球能源治理和气候变化国际合作,彰显了世界正义。通过签署《巴黎协定》与实施《国家应对气候变化的工作方案》,展现了中国作为负责任大国的担当与作为。同时,我国积极参与国际能源合作与交流,通过技术引进、资金支持等方式,帮助发展中国家提高电力供应能力和能源利用效率,携手国际社会共同推动全球能源系统向更加绿色、低碳、可持续的方向发展。

二、新型电力系统建设中推进能源正义面临的挑战及其成因

(一)经济层面的挑战及成因

在新型电力系统构建过程中,经济层面的挑战尤为突出。新能源技术的

研发、生产和安装成本高昂，导致新能源项目的初期投资巨大，增加了新型电力系统建设的经济负担。同时，新能源的间歇性与不稳定性对电网稳定性与安全性构成严峻挑战，为适应新能源并网，电网亟须大规模改造与升级，从而进一步加剧了资金需求的紧迫性。加之，新能源技术的成熟度与效率直接影响项目经济效益，这些因素共同推高了新型电力系统建设过程中的经济成本。

（二）社会层面的挑战及成因

在新型电力系统建设的进程中，社会层面的挑战同样显著且不容忽视。首要挑战在于利益分配与社会公平问题。向新型电力系统转型涉及政府、企业、投资者及广大公众等多方利益主体，他们各自拥有不同的利益诉求，这在转型过程中极易引发各方博弈与冲突，阻碍新型电力系统建设的顺利推进。其次，当地居民、经济贫困群体、农民及残疾人等社会弱势群体在电力系统转型中可能面临被边缘化的风险，难以充分享受转型带来的利益与福祉。例如，有研究显示，部分地区的农民即便在获得能源改革补贴后，仍处于脆弱状态，这反映出能源分配领域的不公正现象。中国农村能源转型政策的实施未能实现预期的能源正义，主要归因于政策决策过程缺乏广泛的参与性和透明度，导致程序正义水平偏低，同时未能充分解决少数群体的特定需求，以及受影响家庭间能源消耗的差异，对承认正义产生了负面影响。

深入分析这些社会层面挑战的背后原因，其中利益冲突是首要因素。首先，传统能源与新能源之间的替代关系复杂，不同利益群体间的诉求差异显著，导致在电力系统转型的过程中难以形成共识，易产生冲突与对立。其次，信息不对称加剧了弱势群体的边缘化。由于弱势群体往往缺乏获取电力系统转型的相关信息和参与决策的机会，难以有效表达和维护自身利益，进一步加剧了他们在转型过程中的不利地位。最后，公众教育与沟通机制的缺失也是重要原因。新能源技术的复杂性和不确定性使得公众对其缺乏深入了解，而缺乏有效的公众教育和沟通机制则无法及时消除公众的疑虑与担忧，从而阻碍了电力系统转型的顺利推进。

（三）文化层面的挑战及成因

首先，新能源技术因其复杂性和创新性，导致公众对其理解呈现多样化，不同社会群体在新型电力系统构建的必要性与环境保护的认知及接纳度上存在明显分歧。这种分歧可能源于个体的教育背景、生活方式选择及经济利益考量，部分公众因对新能源安全性和可靠性心存疑虑而持反对态度，甚至引发"别在我的后院（NIMBY）"等抗议运动，严重阻碍新型电力系统建设的进程。

其次，能源文化冲突成为又一个显著挑战。新型电力系统构建不仅面临着技术全面革新，更是能源文化的深刻变革。传统能源文化与新能源文化之间的冲突日益凸显，体现在技术选择、能源利用方式及社会价值观、生活方式等多个层面。传统能源文化在长期历史积淀中形成了固有的价值观和行为模式，而新能源文化的兴起则带来了全新的理念和实践方式，两者之间的冲突增加了电力系统转型的复杂性和不确定性。

（四）技术与体制机制的挑战及成因

首先，电力系统作为一个错综复杂的网络体系，要向新型电力系统转型绝非简单的能源类型更迭，而是涵盖了发电、输电、配电及用电等各个环节的全面革新。新能源技术的集成与运用、电网的智能化升级以及储能技术的创新突破，均需跨越重重技术壁垒。更为复杂的是，传统电力能源结构长期形成的路径依赖和惯性，严重阻碍了新能源技术的快速普及与推广，导致部分区域或群体难以及时享受到新能源技术所带来的积极效益与福祉。

其次，基础设施存在的瓶颈问题，也是阻碍新型电力系统建设过程中实现能源正义的关键因素。许多地区的基础设施建设尚显滞后，难以有效支撑大规模可再生能源的接入和分布式能源的发展。这不仅涉及电网的扩容与改造，还包括储能设施、智能电表等配套基础设施的建设，需要大量资金与技术的持续投入。然而，受多重因素影响，这些基础设施的升级与改造进度往往未能与新型电力系统的建设步伐相匹配。

（五）环境生态与可持续发展的挑战及成因

首先，在新型电力系统建设的征途中，不可避免地会遭遇环境与生态层面的诸多挑战。尽管新型电力系统建设的初衷在于减少对化石燃料的依赖，推动电力系统与能源结构的绿色升级，但是在可再生能源项目的选址、施工与运作等环节也常涉及环境破坏与资源浪费问题。例如，大型水电站的建设往往会占用大片土地，改变河流的自然流向，进而可能会对周边生物多样性和生态平衡造成干扰。此外，光伏发电行业中存在的高弃光率现象，也违背了新型电力系统构建的初衷。

其次，可持续性问题同样至关重要。新型电力系统建设不仅是一项短期的经济决策，更是关乎未来世代福祉的长远发展规划。新型电力系统建设的每一步，都必须确保所采取的措施和策略具备长期发展的可持续性，防止引发新的环境问题。这就要求我们，在追求绿色能源项目经济效益的同时，必须秉持高度的责任感与前瞻性，将生态环境保护、社会的和谐进步与经济效益置于同等重要的位置，全面审视新型电力系统建设带来的环境、社会及经济的综合效应。唯有如此，才能确保新型电力系统建设稳健推进，为子孙后代营造一个更加绿色、和谐且繁荣的生存环境。

（六）能源结构与供应安全的挑战及成因

随着新型电力系统建设的深入，传统能源与新能源之间的替代关系变得越发复杂且微妙，这种动态变化直接牵动着能源供应结构的稳定性和安全性，进而对能源正义的实现产生深远影响。

1.区域差异与资源分配不均

长期以来，煤炭在电力系统中一直占据核心地位，尽管风能、太阳能等新能源领域近年来取得了显著进展，但是它们在总体能源供应体系中所占的比例仍然有限。从区域角度来看，我国各地区发展不均衡，资源禀赋差异明显，这无疑为新型电力系统建设带来了额外的复杂性和挑战性。以煤炭大省山西为例，其经济高度依赖传统煤炭产业，因此，向新型电力系统转型不仅意味着对传统经济结构的深刻变革,还伴随着巨大的经济调整和社会成本增加的压力。相比之下,东部沿海等经济发达地区则凭借其较为雄厚的经济实力与丰富的转型资源,展现出更强的转型能力与适应性。

这种区域间的不平衡发展和差异不仅阻碍了全国能源结构的优化进程,还深刻影响着能源资源在不同社会群体和地区间的均衡分配。这可能导致能源贫困和社会不公正问题的进一步加剧,阻碍能源平等获取。因此,在推进新型电力系统构建的过程中,必须充分考虑区域差异,制定和实施差异化的政策措施,以促进资源的合理配置和社会的公平发展。

2.新能源供应的波动性挑战

新能源供应的天然波动性,尤其是风能和太阳能的发电供应受自然条件影响显著,对能源供应稳定性构成重大挑战。在新型电力系统构建的过程中,如何有效管理和应对新能源的波动,确保能源供应的连续可靠,成了亟待解决的关键问题。若处理不当,可能引发电力供应中断、电价波动等问题,甚至对弱势群体的能源使用造成不利影响,从而违背能源正义的原则。

(七)产业转型与就业困境的挑战及成因

尽管我国已达成全面建成小康社会的目标,但社会结构的多元化特征仍旧鲜明,致使不同群体在应对变革时展现出截然不同的适应力。随着新能源结构的深刻转型,传统煤炭等能源密集型行业将逐步衰退,其从业人员面临着技能与岗位需求不匹配及就业机会缩减的双重挑战。与此同时,新能源产业的崛起虽为部分人群开辟了新的就业渠道和经济增长点,却也在不同产业间划下了一道转型的鸿沟。

第三节　新型电力系统建设中的能源正义保障路径

在全球能源转型的大背景下，中国新型电力系统建设正在步入一个关键时期。能源正义，作为衡量电力系统转型成功与否的重要标尺，不仅关乎能源资源的公平分配与高效利用，更触及社会公平、环境保护与经济发展的深层次问题。

本节将全面剖析中国新型电力系统建设中能源正义的保障路径。内容不仅涉及能源正义的法律地位与实践，详述其在新型电力系统构建中的关键作用、政策根基及法治化实施路径，而且阐述在能源正义导向下，新型电力系统如何通过推动能源结构调整、提升基础设施公平性与包容性、加强技能培训与完善转型支持政策、促进技术创新与产业升级、增强公众意识与参与度，以及深化国际合作与交流等多元化措施，实现全面发展。此外，本节还将着重构建一个系统性的能源正义评价指标及评估体系，旨在为我国电力系统向新型模式转型提供更公正、高效的指导与支持，为能源领域的可持续发展与社会公平正义贡献力量。

一、新型电力系统建设中能源正义的法律地位与实践

（一）能源正义的法律地位

在新型电力系统建设中，能源正义不仅是纠正结构性失衡、保障弱势群体权益、确保转型公正性的关键策略，更是实现社会公平正义与可持续发展的核心所在。全球能源转型的实践表明，缺乏能源正义性的转型路径虽短期内可能显现效率优势，但从长远来看将引发社会危机，破坏转型的可持续性。因此，我国新型电力系统的推进必须摒弃"经济至上，效率优先"的传统思维，将能源正义系统性融入制度框架与政策体系，实现转型效率与正义目标的良性耦合。

能源正义应被牢固确立为新型电力系统建设中的一项基本法律原则，全面贯穿于立法、执法及司法的各个关键环节。该原则强调法律与政策设计必须考量能源资源的公正分配、利益相关方权益的全面保障及转型进程的公平性，致力于实现能源领域公平正义的现代化愿景。能源正义的内涵远超电力资源的均衡分配与责任共担，它还蕴含着环境保护、社会包容与经济发展的和谐统一。

（二）能源正义的政策基础

在新型电力系统的构建过程中，政府应将能源正义置于核心位置，策划并实施针对性强、覆盖面广的政策措施。这些政策措施包括电力资源的优化配置与高效利用，特别关照弱势群体和位于边缘地区人群的电力接入问题，消除电力贫困，实现电力服务全民覆盖。同时，新型电力系统构建需注重能源安全与公民能源权益保护，确保公民享有基本能源权利，包括保障最低限度的能源供应，维护能源开发利用中的合法权益，以及依据国家能源资源与经济实际，为公民提供持续、稳定的能源服务。

目前，中国已颁布多项重要政策文件，如《电力体制改革方案》《中共中央 国务院关于进一步深化电力体制改革的若干意见》《关于促进新时代新能源高质量发展的实施方案》《关于深化电力体制改革加快构建新型电力系统的指导意见》《加快构建新型电力系统行动方案（2024—2027年）》等，为新型电力系统的构建奠定了坚实的法治基础。这些政策文件构成了我国电力体制改革的战略导向，为能源正义在新型电力系统建设中的实践奠定了良好的基础。

（三）能源正义实践的法治化路径

1. 平衡电力的商品、公共服务与战略三重属性

一是还原强化能源的商品属性。在推进新型电力系统的法治化进程中，还原电力的商品属性至关重要。这不仅可以确保价格机制的有效运行，还使电力价格真实、精确地反映出市场供求的实时变化，如在用电高峰时段适度上调电价，有效激励用户调整用电习惯，促进电力资源的优化配置；还使得

储能设施能够利用价格差进行充放电操作，推动储能产业的蓬勃发展，对缓解新能源发电的间歇性和波动性起到关键作用。同时，明确电力的商品属性加剧了市场竞争，吸引更多小型分布式能源供应商涌入电力市场，这不仅可提升电力供应的质量与服务水平，还能提高整个电力供应体系的效率。更为关键的是，清晰的商品属性为投资者提供明确的回报预期，可以吸引到更多社会资本注入新型电力系统的建设，为新能源发电基地和分布式能源系统的发展注入新的活力。此外，明确的产权界定为电力交易中的各方提供了坚实的法律保障，可有效减少因产权界定不清而引发的纠纷，为能源与电力市场的健康、公平发展奠定坚实基础。

二是重视并提升电力的公共服务属性。电力作为现代社会中不可或缺的公共服务产业，广泛应用于家庭、工业、商业、交通及农业等领域，是维系社会正常运转与民众基本生活的基石。在偏远地区，电力基础设施建设成本高、用户数量少，若仅从电力的商品属性出发，这些地区可能难以获得电力供应。政府通过补贴等政策措施，积极推动电网向这些地区延伸，确保电力服务的普遍覆盖，彰显社会公平与正义。此外，在自然灾害等紧急情况下，能源供应更需超越市场逐利原则，将社会公益置于首位，确保公民基本生活用电不受影响，以维护社会稳定与民众福祉。因此，新型电力系统的法治化构建必须充分考虑电力的公共服务属性。

三是兼顾并强化电力的战略属性。电力是国家安全的重要组成部分，其供应的稳定性直接关乎国家的整体安全与稳定。因此，在构建新型电力系统的法治框架时，电力的战略属性必须被充分考虑。政府应当通过制定和实施相关政策措施，积极引导和推动新能源的发展，以确保国家能源与电力供应的自给自足和自主可控，从而维护并实现国家的安全与稳定发展。

2. 构建全面的法律法规体系，强化能源治理效能

在构建中国新型电力系统的征途中，确保能源正义的实现有赖于电力商品属性、公共服务属性与战略属性的深度融合与相互支撑，三者缺一不可。其核心在于精妙地平衡市场机制的自我调节与政府政策的宏观战略引导，确保能源市场的供需两端精准对接。同时，需着重强化电力市场与广大消费者

的紧密联系,通过完善生产要素市场制度及规范体系,推动生产资源在市场中自由且高效地流转与配置。此外,为全面提升能源治理效能,还需在规划引领、市场化改革、法治建设等多个层面持续深化探索与实践。

首先,在推进新型电力系统建设的过程中,为确保能源正义的实现,必须强化政策规划的引领作用,精心制定具有全局性、前瞻性的战略规划。政策制定者需秉持长远眼光,全面评估能源项目的成本效益,并将代内与代际公平原则融入其中,精心策划综合性的能源规划,确保能源利用既能增进当前社会的整体福祉,又能惠及子孙后代。值此能源转型的关键时期,加速《能源法》的立法进程尤为重要,通过该法明确我国能源转型的战略愿景、核心指导原则及系统性制度框架,可以为能源规划与电力系统改革提供坚实的法律基础。此外,能源规划过程中必须细致审视能源利用的负面外部性,依据各类能源的独特属性科学布局能源结构,有效预防非正义现象的发生,从而确保能源体系既稳健又可持续地发展。

其次,市场化机制在新型电力系统建设中占据核心地位,其核心在于确保市场在资源配置中发挥决定性作用,同时借助相关政策激励,推动市场调节与能源规划的深度融合。为此,深化电力市场改革势在必行,旨在打破电力产业链中发电、输电、配电、售电的垂直一体化格局,为可再生能源的并网与高效利用打造更加灵活、透明的市场环境。具体措施包括推进电价市场化进程、开展直接交易试点、开放售电市场并鼓励独立售电公司的发展等。同时,应巧妙运用价格杠杆,优化资源配置效率,加速落后产能的淘汰与转型升级。未来电价改革还需进一步强化环境因素的考量,确保价格信号能够准确反映出资源的稀缺程度与环境成本,从而保障电力市场的公平竞争与可持续发展。

最后,法治化是新型电力系统建设的重要保障。为了系统性地推进新型电力系统建设的法治化进程,必须不断健全和完善相关法律法规体系,为电力市场的绿色转型提供坚实的法律支撑。这就要求我们深化并完善能源单行法体系,例如将能源正义的原则深度融入《中华人民共和国电力法》《中华人民共和国可再生能源法》等核心单行法之中,明确界定能源分配正义、承认正义、程序正义及恢复正义等关键要素。同时，构建全面的能源民生保障体系，以立法为关键抓手，着重保障弱势群体的电力使用权与发展权，促进社会公平正义的广泛实现。此外，还需加大执法力度，严厉打击能源领域的违法违规行为，维护市场秩序的健康稳定。在此基础上，要构建一个全面、高效的能源监管体系，并不断提升市场监管的智能化与精细化水平，以实现对电力市场动态的全方位、多层次的监管与适时调控。该体系的建立，将有效确保新型电力系统建设中社会公平正义与可持续发展目标的稳步实现。

二、能源正义导向下的新型电力系统实践

在探讨能源正义导向下的新型电力系统实践时，我们聚焦于一系列旨在推动能源结构调整与优化、提升能源与电力基础设施的公平性与包容性、强化技能培训与完善电力系统转型扶持政策、促进能源技术创新与产业升级、提升公众意识与参与水平以及加强国际合作与交流的综合措施。这些举措不仅旨在应对全球能源挑战，实现绿色低碳发展，更核心的目标是确保所有社会群体，特别是弱势群体和经济欠发达地区的居民，能够公平地获得高质量、可持续的能源服务，促进新型电力系统建设过程中能源正义的实现。

（一）推动能源结构调整与优化

为了激励企业和资本积极投入新型电力系统建设，推动能源结构的优化与升级，政府应完善相关优惠政策。首先，税收减免政策为从事可再生能源开发、智能电网建设等新型电力系统相关项目的企业提供显著的成本降低和经济吸引，这不仅可鼓励更多企业参与新型电力系统的研发与建设，还可有效促进可再生能源技术的广泛应用，推动能源结构的优化升级。其次，政府补贴支持政策通过电价补贴、投资补贴等方式，能够提高可再生能源发电项目的经济性和市场竞争力。最后，绿色信贷政策激励金融机构为新型电力系统建设项目提供信贷支持，可有效减轻企业的融资压力，增强企业参与研发和建设的积极性，同时也可促进金融资本与可再生能源产业的深度融合，为

绿色金融的发展开辟新路径，加速电力系统绿色经济转型的步伐。

与此同时，广泛部署分布式能源系统已成为推动能源利用多元化与高效化的重要手段。政府应进一步强化政策支持，积极鼓励并大力推动企业、社区及个人参与分布式能源系统的投资建设，并配套提供关键技术援助与全面的市场服务。分布式能源系统的快速发展，可以有效削弱对化石燃料的依赖，降低碳排放，为保护环境、驱动经济社会迈向更加绿色、可持续的发展轨道作出了重要贡献。

（二）提升能源与电力基础设施的公平性与包容性

为切实提升能源与电力基础设施的公平性与包容性，必须采取一系列具体而有力的措施，确保所有社会群体，特别是经济欠发达地区和弱势群体能够平等、便捷地享受高质量的能源服务。

首先，在制定能源战略和电力发展规划时，必须将经济欠发达地区和弱势群体的能源需求作为优先考虑的因素，加大对这些地区电力基础设施的投资力度，建设和完善输配电网络，注重其智能化和绿色化改造。通过提升能源利用效率，可以确保这些地区接入稳定、高效且价格合理的电力供应，从而缩小能源服务的城乡和区域差距。此外，还应积极推广分布式光伏、风电等可再生能源项目，鼓励并支持偏远地区和弱势群体参与到能源的生产和消费环节中来。这不仅有助于提高他们的能源自给能力和经济收入，还能进一步提升当地居民的电力可获得性和可负担性水平。

其次，在推动电力基础设施建设的过程中，必须秉持程序正义的原则，构建开放透明的公众参与体系。这一体系应全面激发并鼓励所有利益相关方，尤其是长期处于边缘化状态的群体，积极融入电力基础设施项目的规划、执行、监督等各个环节中来，以确保他们的意见得到充分表达，需求得到有效的回应。同时，还应清晰界定能源与电力基础设施全生命周期（包括规划、建设、运营、维护等阶段）中的公平性与包容性标准，并通过法律法规的形式为这些原则的落地实施提供强有力的政策保障。

（三）强化技能培训与完善电力系统转型扶持政策

在电力系统转型的大潮中，技术支持与专业技能培训成为保障转型公正性的核心要素，特别是对于煤炭工人等来自传统高碳行业的劳动者，他们在向新型电力系统过渡的过程中，正在面临严峻的就业困境和失业威胁。为有效应对这一挑战，政府与社会各界必须予以高度重视，并采取切实有效的措施方案加以解决。

具体而言，针对高碳行业的劳动者，政府应出台再就业扶持政策，积极开拓新的就业渠道，为他们创造更多的就业机会；同时，制定合理的经济补偿方案，缓解他们因电力系统转型而承受的经济压力。此外，还需构建全面的技能培训体系，通过量身定制的培训课程，帮助他们掌握新能源领域的关键技能，顺利实现职业转型。这一系列措施不仅旨在确保新型电力系统建设的平稳推进，更深远的意义在于维护社会公正，确保电力系统转型红利能够广泛惠及社会各阶层，特别是那些可能因转型而陷入困境的弱势群体，从而推动能源正义的实现。加强技能培训与转型支持政策，不仅能够促进个人技能提升与职业发展，还能为新型电力系统建设提供坚实的人才支撑，确保电力系统转型过程既高效又公正。

（四）促进能源技术创新与产业升级

为促进环境效益与经济效益的深度融合，应积极倡导技术创新与产业升级，通过技术革新来提高能源效率并削减污染排放。促进能源技术创新与产业升级，关键在于构建产学研用深度融合的协同创新体系，以打破科研与产业间的壁垒，加速高效储能、智能电网、氢能及燃料电池等关键技术难题的攻克与应用。这一机制将学术界、产业界、研究机构及用户紧密联结，通过联合研发平台共享资源，为新型电力系统建设提供坚实的技术支撑。

此外，在促进能源技术创新与产业升级的过程中，还应注重能源产业链的协同发展。通过优化布局、强化上下游合作，形成资源共享、优势互补的产业链生态，可以全面提升能源产业的竞争力，促进能源资源的高效利用。

这不仅有助于推动能源正义的实现，还为构建一个更加公正、高效和可持续的能源体系奠定了坚实基础。

（五）提升公众意识与参与水平

首先，为加速推动电力系统的绿色转型，深化能源知识的普及教育成为一项关键任务。政府机构、教育机构及能源行业组织等相关责任方需采用多样化、多途径的宣传手段，旨在提升公众对新型电力系统及其运行机制，以及能源正义理念的理解与认知。通过强化公众对电力系统转型必要性和紧迫性的认识，引导其树立科学的能源消费观念，激发社会各界人士积极参与节能减排行动，共同为新型电力系统的建设贡献力量。

其次，政府及相关企业应积极拓宽公众参与新型电力系统建设的渠道。通过设立公众咨询委员会、组织听证会、举办公众论坛等形式，广泛吸纳公众意见和建议，确保新型电力系统建设的决策过程更加科学、民主，提升公众对能源政策的认同感和支持度。

最后，鼓励公众通过社交媒体、网络平台等宣传渠道表达对电力系统转型进程中的关切和建议，这同样是提升公众参与度的重要途径。政府和相关企业应建立健全信息反馈机制，及时回应公众关切，解答公众疑惑，让公众感受到自己在推动新型电力系统构建中的价值和作用。通过增强公众意识与参与度，可以营造全社会共同促进电力系统绿色转型、实现能源正义和可持续发展的良好氛围。

（六）加强国际合作与交流

近年来，中国在深化能源体制改革的征途中稳健推进，不仅在国内市场推出了一系列创新举措，更在国际舞台上主动作为，引领全球能源治理体系的革新。中国积极推动国内企业与科研机构加强国际合作，共同应对新能源并网、储能技术及智能电网等领域的核心技术挑战；同时，中国也致力于推动能源市场的开放与贸易自由化，力求打造一个更加公正、透明的国际能源市场环境。在数字化转型与智能化升级方面，中国充分利用大数据、云计算、人工智能等先进技术，积极参与国际能源数据共享平台的建设，为全球能源治理提供科学、精准的决策依据。

面向未来，中国应坚定不移地深化能源与电力行业领域的国际合作，秉持开放包容态度，在新能源、清洁能源等前沿领域积极开拓并创新合作模式。通过优化市场准入条件、改善营商环境、健全市场机制等措施，广泛吸引国内外资本参与，推动我国能源市场的繁荣与发展。依托"一带一路"倡议，中国将有效整合国际国内资源与市场，加强能源项目合作与基础设施互联互通，共同构建开放共享的能源安全保障体系。同时，中国能源行业决策者需敏锐洞察国内外形势变化，把握住新趋势，以创新思维谋划新时代发展蓝图，确保能源供应稳定可靠，满足国家安全与经济发展的双重需求。此外，中国将以更加坚定的决心，引领能源与电力行业的深刻转型与升级，特别是在光伏、风电等新能源领域，中国所积累的技术优势将成为国际合作中的宝贵资源与经验，为全球新能源技术的广泛应用与快速发展注入强大活力。

三、构建全面而系统的能源正义评价指标及评估体系

（一）多维度能源正义评价指标体系的构建

推进新型电力系统的公正建设，关键在于构建一套多维度、可操作的能源正义评价指标及评估体系，以指导我国电力系统向新型电力模式转型，确保转型过程兼顾效率与公平。通过深入分析电力普及与可及性、能源负担能力、能源利用效率与环保性、社会参与度与认可度以及能源转型与正义保障机制等关键维度，为能源领域的决策者、执行人员、参与者及监管机构提供一套科学、系统的评价工具，推动电力系统朝着更加公正、绿色、高效的方向发展。此外，必须坚决避免以牺牲民众基本生活保障为代价的电力系统绿色转型，保护弱势群体和经济欠发达地区的利益不受不当侵害，并应随着转型利益的公正分配得到适当增进。

1. 电力供应与普及评价指标

电力供应保障直接关联到能源服务的基本覆盖情况。具体而言，电力生产与配置能力通过人均发电装机和人均输配电线路长度来衡量，直观展现了一个国家的电力生产潜能和电网布局合理性。电力普及与可及性则以电力普及率为核心指标，不仅直观展示了电力服务的广泛程度，还直接关联到电力服务的基本覆盖情况，反映了电力基础设施的整体发展水平。此外，电网互联互通水平与运行效率同样重要，互联互通水平体现了电网分区间的紧密互联，而电网损耗则是衡量输配电网运行效率的关键。供电保障能力综合考量了电力生产和供应对国家经济社会发展的支撑力度。

2. 消费服务评价指标

为全面评估一国的电力消费水平与潜力，以及电力系统服务的优质性、经济性和高效性，可以构建一套综合性的消费服务评价指标体系，旨在为国家电力消费水平的衡量、潜力的挖掘以及电力系统服务质量的提升提供坚实支撑。具体指标涵盖。①人均用电量：直观反映居民电力消费状况，是衡量电力消费水平的关键指标。②接电时间：体现电力系统对用户需求的响应速度，是评估办电服务效率的重要依据。③电力服务可靠性：通过停电时长与频次来衡量，直接关乎用户用电体验的稳定性和连续性。④电力服务可负担性：评估主要依据两大核心指标，一是电力消费占居民或企业能源消费支出或收入的比例，直观体现了电力消费的经济负担；二是平均电价水平，它紧密关联着居民和企业日常电力消费的经济成本。⑤电力市场发展水平：不仅体现电力市场的成熟度和竞争程度，也彰显电力行业在该国的建设发展进度。⑥人均用电量增速：预示未来电力需求的增长趋势，揭示一个国家电力消费的发展潜力。⑦能源补贴政策效果：评估政府能源补贴措施在减轻弱势群体电力负担方面的实际效果，确保政策红利精准惠及需要帮助的群体，推动社会公平与和谐发展。

3. 能源利用效率与环保性综合评估指标

能源利用效率与环保性综合评估体系深刻体现了能源正义中的可持续性原则，致力于在能源利用中实现环境保护与长期发展的和谐共生。该体系广泛融合了可用性、可负担性、善治及系统性等多重原则，通过一系列精心设计的指标来衡量并推动能源的清洁与高效利用。

在核心指标方面，清洁能源发电量占比与电能占终端能源消费比重直观展示了国家电力生产的清洁程度与电气化水平，确保了社会成员能够获取到清洁、高效的能源，彰显了能源使用的可用性。同时，电力碳排放强度作为衡量电力消费低碳化水平的关键，直观体现了电力系统能源利用的可持续性。新能源发电量增速则凸显了国家在推动电力领域绿色低碳转型方面的进展。

在经济层面，单位 GDP 能耗是衡量经济活动能源利用效率的重要指标，也是评判绿色发展模式成效的关键基准。通过有效降低单位 GDP 能耗，不仅能大幅提升能源利用效率，还能切实减轻社会因能源消费带来的经济负担，体现了能源使用的可负担性。

此外，污染物排放控制指标可借助精确的量化评估手段，能够有效衡量能源利用对环境造成的实际影响，进而确保电力系统转型与环境保护之间的和谐共生。该指标的设立及其严格执行，不仅凸显了环境保护的首要地位，也践行了善治原则中的透明度要求，确保电力系统转型过程中的每一步骤都伴随着信息的全面公开与透明，便于社会各界实施有效监督。

综上所述，能源利用效率与环保性综合评估指标体系可以全面而系统地考量电力系统转型对社会公平、经济发展和环境保护多方面的综合影响。该体系坚决摒弃了以牺牲环境为代价的能源发展模式，充分体现了系统性原则中的抵制与交叉性特征，即在提升能源利用效率的同时，积极寻求各领域间的协同解决方案，以促进新型电力系统建设过程中能源正义的全面实现与深化。

4. 社会参与与认可度评价指标

社会参与与认可度评价指标，强调了公众在电力系统转型中的核心地位。由于知识、文化、经济等多元因素的制约，诸多民众对能源正义、能源转型、电力系统转型与新型电力系统的基本概念、价值目标、规划策略等缺乏充分认知。因此，国家肩负着提升公众能源权利意识、发展意识及法治意识的重任，旨在将民众塑造为能源系统建设的核心力量。

为实现这一目标，国家应通过多样化的公众参与平台、社会绿色教育项目的建设、节能减排意识的培养以及能源正义理念的广泛传播，确保电力系统转型政策能够精准对接民众需求，促进政策与社会之间的积极互动与反馈。

此外，构建电力系统转型与能源正义保障机制，是多维度指标体系中的关键要素。这涵盖了对电力系统转型中利益受损群体的合理补偿、能源政策与法规的公平性审查，以及对转型成效的全面监督。这些机制的建立健全，将为电力系统转型提供坚实的制度支撑，有力推动能源正义的实现与深化，确保转型过程既公正又高效。

5. 能源正义评价指标的深化与拓展

尽管上述评价指标及评估体系已广泛覆盖电力供应与普及、消费服务、能源利用与环保性能、社会参与度及认可度等多个关键维度，旨在为能源领域的决策者、执行者、参与方及监管机构提供一套科学、系统的评价框架，以推动电力系统向更加公正、绿色、高效的方向发展。然而，新型电力系统能源正义评价指标体系的构建是一个既复杂又持续演进的过程，因此，当前的指标体系仍存在一定的完善空间。不过，我们有理由相信，目前这些指标能够为后续的深入研究与实践提供有益的参考与启示。展望未来，我们应不断探索并拓展新的评价指标，力求全方位、深层次地揭示电力系统转型的复杂特性和多维度影响。未来，可以从以下几个维度（但不限于这些方面）进一步深化和拓展相关研究：

首先，高度重视电力系统转型可能引发的健康风险。例如，水电站建设可能导致的环境中有害物质积累、光伏和风力发电设施在生产及运营过程中可能产生对人的健康危害，以及这些设施对民众心理健康的潜在影响等。特别是核能事故一旦发生，其可能造成的环境破坏和健康风险更是难以估量。因此，必须将健康风险因素纳入能源正义评价体系，确保在电力系统转型过程中，这些风险能够得到有效地识别、监测、管理和控制。

其次，要全面且深入地评估各类发电技术的能源效率与能源强度。这包括将电力二氧化碳排放因子以及电力行业清洁生产的量化评价标准融入能源正义评价指标体系中，为各种发电技术制定更为详尽的资源消耗与利用效率评价指标，以精确量化并评估电力资源利用对环境的具体影响等。同时，探索评估新型电力系统中技术创新和智能化手段的应用效果,如智能电网、分布式能源、储能技术、电动汽车充电设施等的部署与运行情况,以及这些技术在提高能源利用效率、优化能源配置、增强能源系统韧性等方面的贡献。

此外,电力系统转型对社会结构与就业市场的影响不容忽视。这具体体现在可再生能源消费对经济增长可能产生的推动作用及其潜在风险,以及新能源产业的蓬勃发展创造绿色就业机会。鉴于此,有必要去探索并建立专门的能源正义评价指标体系,旨在全面而精准地衡量电力系统转型对就业市场、经济增长乃至社区文化和社会认同所带来的深远影响。

再次,对电力系统绿色低碳政策的制定与实施成效进行全面审视与评估,不仅可确保政策的科学性、合理性,还凸显了问责制在监督政策执行效果与追究责任中的关键作用。这一举措保证了政策从规划到执行的每一步都严格遵循既定标准,并始终处于严密的监督之下。

最后,国际合作与全球视野同样不可或缺。在全球气候变化的大背景下,需评估新型电力系统构建中的国际合作进展,包括跨国能源项目合作、技术转移、资金支持等成果,同时要紧跟全球能源治理体系的变革趋势,确保新型电力系统的构建与国际标准和最佳实践相契合,共同推动全球能源转型与可持续发展。

(二)量化评估能源正义评价指标,支撑政策精准调整

能源正义优先的转型理念及其多维度评估指标体系,不仅限于理论探讨,更是实践指导和政策优化的关键基石。为了精准把握电力系统转型的实际情况,必须将这些指标进一步转化为具体的量化评估手段,为政策调整提供强有力的数据支持。通过深入的数据采集、详尽的数据分析、科学的量化排名与评估,能够清晰地揭示新型电力系统建设中存在的核心问题与挑战。这些成果将为政策制定者提供科学依据,促进政策反馈与调整,助力我国新型电力系统朝着更加公正、高效和可持续的方向稳步前进。

1. 数据收集与整理

为了准确反映向新型电力系统转型的实际情况,亟需深度整合并高效利

用现代信息技术的优势，特别是大数据分析与物联网技术，实现对电力生产、传输、分配和消费全链条数据的即时捕捉与精细梳理。这不仅能确保数据的精确度和时效性，还能通过构建常态化的数据收集与整理体系，构建一个全面涵盖电力系统转型动态的数据库，为政策制定者提供精准、有力的数据支撑，助力科学决策与战略规划的制定。

2. 量化评估与排名

依托全面收集的数据，根据预设的能源正义评价指标体系，对新型电力系统建设进程中能源正义的实践状况进行量化评估。通过采用科学计算模型，精确得出各项指标的分值与排名，直观展现出电力系统转型的成效与存在的短板。通过对比分值与排名，可以清晰地看到不同地区在新型电力系统建设过程中能源正义实现程度的差异，为政策制定者精准制定和调整相关政策提供有力参考。

3. 政策反馈与优化调整

依据量化评估的结果，政策制定者与执行机构需及时进行反馈与优化调整。对于量化评估表现优异的地区和领域，应总结成功经验并广泛推广；对于评估结果欠佳的地区和领域，则需深入剖析原因，并针对性地制定改进措施。同时，公开评估结果，以增强政策的透明度与公信力，激发社会各界对新型电力系统建设的关注与支持。通过构建持续的反馈与优化调整机制，不断完善新型电力系统相关的政策体系，确保能源正义的全面实现与深化。

第四章
新型电力系统韧性建构

电力系统作为社会经济与民众生活的核心支撑,其发生故障不仅导致巨大的经济损失,还严重扰乱民众的正常生活秩序。随着全球范围内大停电事件频发,增强电力系统在极端条件下的韧性建构已成为亟待攻克的关键议题。特别是在新型电力系统建设的背景下,其"三高、双峰"特性,进一步加大了气候变化与极端天气对电力系统的负面影响。因此,建构新型电力系统韧性至关重要,它能在极端冲击或长期压力环境下,确保系统特性、结构稳固且功能运行正常,显著提升电力系统安全水平。本章旨在系统梳理新型电力系统韧性的内涵本质,解析其内在建构逻辑,并进一步挖掘新型电力系统的实现路径。

第一节 电力系统韧性的内涵及核心特征

一、韧性的定义与演变

(一)韧性定义及其起源

从语源学视角来看,"韧性(Resilience)"一词源自拉丁语"Resilio",原意为"to jump back/to bounce back（回弹至初始状态或跳回原有状态）"。大约在 16 世纪，法语借鉴了该词，形成了"résiler"，并赋予其"撤回或取消"的含义。后来，该词逐渐演变为现代英语中的"resilience"。通过对比 resilience 的英文释义，其最直接的含义是恢复或回弹——即指物体（包括人体、系统等）在受到干扰（如疾病、灾难，或是导致物体挤压、拉伸及弯曲的外力）后，能够恢复或回弹到原来状态的能力。

韧性的学术概念最早被认为起源于材料学领域，用以描述木材特性，解释为什么有些类型的木材能够适应突然而剧烈的荷载而不断裂，强调物体抵抗外力冲击而不折断的能力。直至 1973 年，霍林（Holling）从生态学领域对韧性进行了系统性的诠释，认为"韧性（Resilience）是衡量系统的持久性及其吸收变化和干扰，并保持种群或状态变量之间相同关系的能力"。即韧性是决定一个系统的内在持久性，以及系统吸收变化和干扰后仍能维持种群之间或状态变量之间相同关系的能力的一种度量。

自韧性这一学术概念提出以来，众多学者在不同领域持续对其进行诠释与发展。在机械学领域，韧性用以描述金属在外力作用下形变之后复原的能力。在心理学领域则常用"韧性"来描述个体在逆境和压力中成功适应生活变化，从负面经历中恢复或回弹的能力。在社会学领域，韧性是指群体或社区应对社会、政治和环境变化所带来的外部压力和干扰的能力。在组织学领域，韧性被视为组织以持续繁荣为目标，能够预测、准备、应对并适应重大变化或突发扰动的能力。在经济学领域，韧性则是指经济系统在遭受灾害后依然能保持基本功能运行，且能在偏离预定发展轨迹后迅速恢复均衡或稳定状态的能力。

（二）韧性概念的多样性与发展

韧性定义的多样性导致了其学术内涵与概念的差异，进而引发了学者们的深入探索与分析。总的来看，韧性概念经历了从工程韧性到生态韧性，再到社会—生态韧性的演变过程。

1. 工程韧性

工程韧性作为韧性概念中最早被提出的认知视角，主要应用于工程学领域。它指的是系统在遭受干扰后，能够恢复到均衡或稳定状态的能力。这一观点在某种意义上与人们日常对韧性的直观理解最为接近，即将韧性视为一种恢复原状的能力。尽管该韧性概念起源于工程学中的韧性理念，但是其实际应用范围已远远超出了单一的工程项目，而是涵盖了整个系统所体现出的工程韧性特性。

Holling（1973）率先将工程韧性定义为，在施加扰动后，系统能够恢复到平衡或稳定状态的能力。Berkes 和 Folke（1998）进一步指出，工程韧性侧重于在既定平衡状态周围的稳定性，因此可以通过系统对扰动的抵抗能力和恢复平衡状态的速度来衡量。Wang 和 Blackmore（2009）则认为，与这种韧性观点相匹配的是系统具有较低的失败概率，以及在失败情况下能够迅速恢复到正常运行水平的能力。综上所述，工程韧性强调系统仅存在于一个稳态，而且系统韧性的强弱取决于其受到扰动脱离稳定状态后恢复到初始状态的迅速程度。

2. 生态韧性

生态韧性是对工程韧性论中单一、稳定均衡态观点的突破与超越。它强调系统具备多元化的均衡状态，并指出系统在遭受扰动后，往往难以甚至无法完全复原到初始状态，而是更有可能转变至其他稳定状态。

随着学界对系统与环境特征及其相互作用机制的深入理解，传统工程韧性论的僵化与单一性逐渐显现。Holling 对此进行了修正，提出韧性应涵盖系统在结构改变前所能承受的扰动量级。Berkes 和 Folke 也进一步指出，系统可以存在多个而非之前提出的唯一的平衡状态。这意味着扰动能够促使系统从一个平衡状态转变为另一个平衡状态。

这一根本性的认知转变，使学者们意识到韧性可能使系统恢复至原始平衡状态，更能促使系统形成新的平衡状态。由于这一观点深受生态系统运行规律的启发，因而被称为生态韧性。廖桂贤（2015）认为，生态韧性侧重于系统的生存能力，无论其状态是否发生改变；而工程韧性则更强调保持稳定的能力，力求系统波动与变化的最小化。

3. 社会—生态韧性

社会—生态韧性理念强调，无论有无外界干预，系统的本质均会随时间自然演变。基于对系统构成及其变化机制的深入理解，学者们在生态韧性的基础上，提出了一种创新性的韧性理念——社会—生态韧性。在此框架下，沃克等（2004）提出韧性不应局限于系统对初始状态的恢复能力，而应视为复杂社会生态系统在应对压力和限制条件时展现出的变化、适应与转型的潜能。Folke 等同样强调，当前韧性理念聚焦于社会生态系统的三大方面，即持续性视角的韧性、适应力以及转变能力。

社会—生态韧性的核心理念根植于 Gunderson 和 Holling 所提出的适应性循环理论这一全新系统认知框架。与以往对系统结构的传统描述不同，该理论将系统的发展划分为四个关键阶段：利用阶段、保存阶段、释放阶段以及重组阶段。

在利用阶段，系统通过吸纳新元素并建立它们之间的联系而持续增长，得益于丰富的选择多样性和元素组织的高度灵活性，系统展现出高水平的韧性。然而，随着元素组织结构的固化，系统的韧性逐渐减弱。进入保存阶段后，元素间的连接更为紧密，系统形态趋于稳定，但是增长潜力随之降低，此时系统的韧性也处于较低水平。到了释放阶段，系统内部元素间的联系变得程式化，需要打破部分旧有联系以寻求新发展，此时尽管系统面临混沌性崩溃的风险，系统的潜力却开始回升，韧性水平虽然较低却呈上升趋势。在重组阶段，具备强大韧性的系统能通过创新实现重构，为进一步发展奠定基础，从而再次步入利用阶段，形成一个完整的适应性循环。但是，若系统在重组阶段缺乏必要的能力储备，则可能无法再继续循环，最终导致系统的衰败。

综上所述，韧性的概念经历了从工程韧性到生态韧性，再到社会—生态韧性的深刻演变过程，这一历程体现了人们对系统认知的持续深化，为应对复杂系统挑战带来了新视角。美国佛罗里达大学生态学教授 Holling 在此领域成就斐然。1996 年，他在《工程韧性与生态韧性》一书中，阐明了两种韧性在"稳定性"和"平衡"理解上的差异：工程韧性追求单一终极平衡，以系统恢复至平衡状态的速度作为衡量标准；而生态韧性则关注系统进化，通过系统在结构改变前所能承受的扰动量级来评估。2001年，Holling首次将生态韧性理念融入人类社会系统，提出"适应性循环"模型，描绘了社会—生态系统中干扰与重组的韧性变化。这一演变，实现了从单一平衡（工程韧性）到多重平衡（生态韧性），再到复杂适应性系统（社会—生态系统）的跨越。随着新型电力系统的不断进步，韧性已成为评估其稳定性和可靠性的核心指标，为我们理解和应对复杂系统挑战提供了创新视角和有效策略。

二、电力系统韧性的核心概念

韧性的概念逐渐被广泛地应用在工程学、心理学、经济学和灾难管理与环境演变响应等多个不同领域。且随着电力系统遭受的突发性事件破坏性日益严重，对经济社会稳定构成重大威胁，韧性概念被适时引入电力领域。

（一）国外研究概览

2009年，美国能源部在《智能电网报告》中率先强调，智能电网必须拥有抵御自然灾害、防范蓄意攻击、应对设备故障及人为失误的韧性。同年，美国国土安全部公布的《国家基础设施保护计划》同样将韧性纳入其中，将其定义为"对潜在破坏性事件具有的预防、承受、抵御和快速恢复的能力"，包含鲁棒性、智慧性、恢复性三个方面。紧接着在2010年发布的《能源领域专项计划》报告中，明确提出建立韧性电网，提高其恢复力。为此，美国深化政策引导，建立了风险评估模型，该模型综合考量气象灾害、设备故障等多重因素，精确分析风险源头，制定相应策略，以全面应对各类挑战。此后，电力系统韧性的概念在全球范围内不断演进。

2011年，英国内阁办公室将韧性定义为"资产、网络、系统对扰动事件预警、吸收、适应以及快速恢复的能力"，包含可靠性、抵御性、冗余性、恢复性四个方面。2012年，联合国减灾办公室将韧性定义为一个系统的适应性程度，即系统、社区、社会对灾害抵御、吸收、适应、快速高效恢复的能力，通过组织和学习过去的灾害,保持其功能以应对危害,包含抵御、吸收、适应、恢复四个方面。2013 年,美国第 21 号总统政策令(PPD-21)进一步明确了韧性的定义,即"系统识别、适应、吸收外界扰动与破坏的能力对恐怖袭击、网络攻击、自然灾害所具有的预先准备、承受、适应、抵御以及快速恢复的能力",包含预先准备、抵御和恢复三个方面。2015 年,Marnay 等基于日本频发的海啸和地震等特殊地理位置对配电网安全稳定运行的威胁,沿用电力系统韧性的相关概念,从偏向灾后恢复方面,对配电网韧性进行深入研究。2017 年,美国国家工程院在《提升电力系统韧性》报告中指出"电力系统韧性为能够识别大面积、长时间的电力中断事件,事件发生前充分预备,事件发生时减小其影响,事件发生后迅速恢复,并能从事故中获取经验进行学习的能力"。2018 年,英国能源研究中心及美国电力系统工程研究中心对韧性进行了定义,认为其应涵盖可靠性、鲁棒性、冗余性、快速性、恢复力等多个方面的综合特征。

(二)国内研究现状

自电力系统韧性概念提出以来,国内学者也深刻认识到电力系统韧性的重要性,并从电力系统及其各个组成部分的韧性展开了全面而深入的探讨。2014 年,华中科技大学提出电力系统韧性应包含鲁棒性、冗余性、机敏性和快速性四个属性。2015 年,别朝红等引入了"弹性电网"以及"恢复力"的概念,并从弹性电网需要应对的扰动事件、评估理论、恢复力提升策略等方面入手,详细分析了弹性电网及其恢复力研究方向和重点,以及在智能电网框架下构建弹性电网的具体措施。其中,弹性电网被定义为针对小概率高损失极端事件的预防、抵御及快速恢复负荷的能力,明确指出弹性电力系统即为具备恢复力的系统。同年,高海翔等沿用国外电力系统韧性概念,将其内容具体到配电网中,指出配电网韧性是配电网是否可以采取主动措施保证灾害中的关键负荷供电,并迅速恢复关键负荷的能力。其中,关键负荷是指对于社会正常运转或是抗震救灾十分重要的用户负荷,例如政府、救灾应急机构等行政机关,以及医院、自来水厂、信号基站、照明和取暖设备等生命线设施。鞠平（2019）从电力系统在持续随机扰动下保持稳定运行的能力这一角度，进一步丰富了韧性概念研究的内涵。阮前途等（2020）则关注电力系统中电网的韧性，提出"韧性电网"的定义，即"能够全面、快速、准确感知电网运行态势，协同电网内外部资源，对各类扰动做出主动预判与积极预备，主动防御，快速恢复重要电力负荷，并能自我学习和持续提升的电网"。进一步，别朝红等（2020）延续以往研究，指出弹性电力系统应对极端事件的基本过程应包含预先准备、抵御与吸收、响应与适应、快速恢复四个阶段，并用"梯形图"（见图4-1）即电力系统的性能（通常用负荷损失来衡量）在极端事件发生前、中、后的变化情况，反映弹性电力系统状态的基本特点。别朝红等认为弹性电力系统比常规电力系统在极端事件下系统性能损失累积量更小（下降幅度降低+持续时间减少），这是弹性电力系统的主要特征和优势所在。

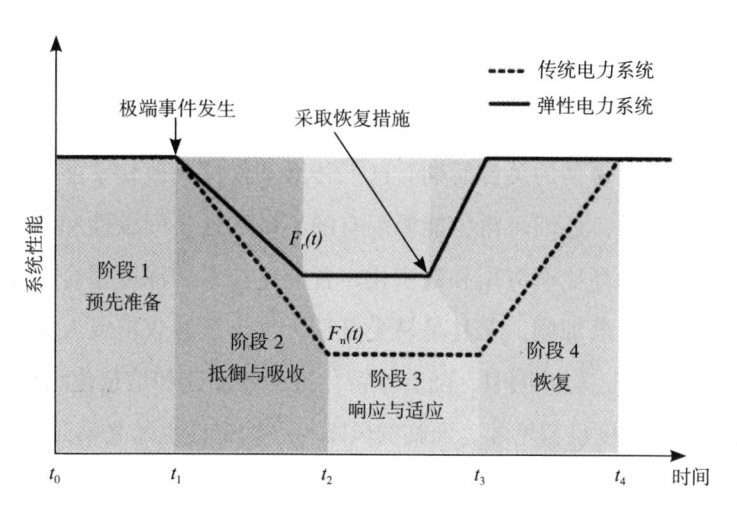

图4-1　极端事件发生前后弹性电力系统状态示意图

来源：别朝红，林超凡，李更丰，等.能源转型下弹性电力系统的发展与展望[J].中国电机工程学报，2020，40（9）：2735-2745.

综上所述，随着电力系统结构与形态的不断演进，其韧性的具体含义日益丰富，但是至今尚未形成统一的定义。通过归纳现有研究成果，可以发现，电力系统韧性主要聚焦于应对小概率高损失极端事件的能力，涵盖预防、适应、恢复和学习四大核心方面。这种韧性是一种贯穿于各种突发事件预防、事中应对与适应、事后恢复与学习的全阶段、全周期的能力体系。在事件发生前，电力系统通过预测、感知及评估潜在威胁与风险，采取有效的预防措施，以增强对极端事件的抵御能力，这体现了前瞻性韧性的重要性。极端事件发生后，系统能够迅速响应、主动抵御，并且采取紧急协调措施以适应极端事件，这充分展现了系统面对极端事件的响应性韧性。极端事件过后，系统则能迅速恢复并维持稳定运行，同时评估事故损失，并在此基础上不断进行自我优化与成长，展示了持续性韧性的价值。由此，可以将电力系统韧性分为前瞻性韧性、响应性韧性与持续性韧性三大维度，它们相互关联、互为支撑，共同强化了电力系统在面对极端事件时的防御、恢复及可持续发展能力。

三、韧性与新型电力系统

我国电力系统正经历着向以风电、太阳能等可再生能源及清洁能源为主导的新型电力系统转型的关键时期。这一转型不仅深刻改变了能源结构、运行模式和调节能力，还因可再生能源固有的不确定性、间歇性和波动性，以及电力电子设备的高比例应用和数字化、智能化技术的深度整合，导致电力系统面临的风险显著加剧，尤其是易受极端天气、黑客攻击或人为破坏等外部恶意威胁的影响。与此同时，随着城镇化进程的加速和信息化水平的提升，电力系统的复杂程度日益增加，面临的风险与不确定性也随之攀升。

在此背景下，新型电力系统对韧性建设提出了更高要求，旨在有效应对供需失衡和突发事件，确保电力系统的稳定运行。然而，当前新型电力系统在韧性方面仍存在显著短板：一是抵御极端灾害的能力较弱，电力供应的脆弱性较高，监测预警体系亟待健全，跨部门协同与预警精细化水平有待提升；二是电源结构的多能互补性不足，特别是在极端天气条件下，清洁能源的供电可靠性问题尤为突出；三是电网系统建设尚不成熟，资源共享与风险共担机制尚不完善，新能源并网及远距离电力输送能力受限，极端灾害下电力运输通道易受阻碍，区域间电力支援的协调效率较低。上述这些问题共同导致新型电力系统在面对突如其来的自然和人为灾害时，展现出极大脆弱性，亟须通过加强韧性建设来提升系统的整体安全性和稳定性。

新型电力系统韧性主要体现在快速适应气候变化、故障恢复能力强以及应对突发事件能力突出等方面。在极端气候条件下，新型电力系统需快速调整运行状态，确保电力供应稳定；在设备发生故障或外力破坏发生时，需迅速定位故障点并采取有效措施进行修复；在突发事件发生时，需迅速调整运行策略，优化资源配置，确保重要用户和关键基础设施的电力供应。

然而，新型电力系统的特性也为应对外部扰动提供了灵活调整运行状态的新机遇。例如，为有效应对可再生能源的不确定性风险，学术界与业界专家深入探索了随机优化、区间优化及鲁棒优化等多种优化手段，旨在提升电力系统的韧性。对于这些优化策略的实施，有助于电力系统在可再生能源出力波动时仍能维持稳定运行，保障电力供应的可靠性和连续性，进而为国家经济的稳健前行和民众的基本生活需求提供有力支撑。因此，韧性不仅是新型电力系统不可或缺的组成部分，更是驱动其持续、健康发展的核心动力。

四、新型电力系统韧性的多维度特征解析

（一）韧性理论的基础框架

1.4R 原则

早期，Bruneau 等（2003）针对地震灾害情境，提出了物理与社会系统韧性的四大核心特征，即 4R 原则：鲁棒性（Robustness）、冗余性（Redundancy）、资源性（Resourcefulness）和快速性（Rapidity）。它们构成了韧性理论的基础框架，为后续研究提供了重要参考。

鲁棒性即系统或元素在压力下保持原有功能不丧失的能力；冗余性指系统中存在可替代元素或路径等，能在主要部分失效时接替工作，确保系统稳定运行；资源性指的是系统在面临威胁时，识别问题、评估优先级，并有效

动员及运用各类资源的能力；而快速性指系统迅速响应潜在损失和中断，及时满足优先级要求并达成恢复目标的能力，是鲁棒性、冗余性和资源性共同运用的结果，旨在控制损失并防止进一步的破坏。这些特征共同体现了系统在面对挑战时的稳定性和恢复力。

2.TOSE 四维框架

Bruneau 等（2003）在提出 4R 原则的同时，也提出韧性可以被视为一个包含四个相互关联的维度的概念，即技术（Technical）、组织（Organizational）、社会（Social）和经济（Economic），简称 TOSE。

其中，技术维度关注的是物理系统（涵盖其各组成部分、相互连接、相互作用及整体架构）在面临自然灾害（例如地震）冲击时，能否保持或恢复至一个可接受或期望的性能水平。这从根本上衡量了系统在灾害环境下维持其原有运行状态的能力。组织维度关注的是管理关键设施并负责执行关键灾害相关功能的组织，在灾害发生时做出决策和采取行动的能力。它关注的是系统组织及其运营者应对极端事件的管理和执行能力，如应急响应等。这有助于实现系统的鲁棒性、冗余性、资源性和快速性。社会维度则旨在减少灾害对受灾社区和政府管辖区因关键服务丧失而遭受的负面后果。在电力系统领域，社会维度着重于减轻停电对社会所带来的负面影响。经济维度是指减少灾害造成的直接和间接经济损失的能力。在电力系统中，经济维度主要关注于减少停电造成的经济损失，如生产中断、商业损失等。

TOSE 四维框架的每个维度都可以进一步细分为多个属性，从而形成一个多维度的韧性评估矩阵，以全面评估系统的韧性水平。

3.六个关键特征

阮前途等（2020）结合我国电力系统的特点和上海电网建设运行经验，提出"韧性电网"具备六个关键特征，即应变力、防御力、恢复力、感知力、协同力和学习力。其中，应变力、防御力和恢复力是韧性电网的核心特征，分别描述电网在扰动事件前、中、后的应对能力；感知力和协同力贯穿于扰动事件全过程，为提升电网应变力、防御力和恢复力提供支撑，同时也适用于电网正常运行状态；学习力是电网从事故中学习和提升的能力，是韧性电网在长时间尺度中自我完善和提升的机制。

应变力是指电网在事故前主动预判事件影响制定预案，并采取预备措施以应对突发扰动的能力。针对电力系统的可预知和不可预知事故类型，有预见性做好针对方案，结合事故预测模型对电力系统面临的风险进行预判和评估，积极开展事故前部署的同时，应具备以不变应万变的能力，识别电网薄弱环节并采取改善措施，部署校正控制、紧急控制、主动解列和孤岛运行等先进运行控制系统提升电网的整体应变力。

防御力是指在扰动事件动态发展过程中，电网采取主动防御措施以降低事件影响的能力。电力系统防御力表现为硬件抗击打力和运行稳定性两个层面。在硬件抗击打力层面，通过制定韧性规划方案，增强电网元件抗打击能力，增加电网冗余度，使电网结构坚强，从而能够抵御极端事件对一二次系统的破坏。在运行稳定性层面，在面对扰动事件时，协调多种可控资源（如直流、抽蓄、可控负荷、储能、微电网、分布式电源、移动应急资源及无功电压源等）快速弥补功率缺额，提升系统稳定性，减小扰动事件的影响范围。

恢复力是指电网正常功能遭到破坏后，及时启动应急恢复和修复机制，保障重要负荷持续供电并快速恢复电网功能至正常状态的能力。在常规扰动场景下，韧性电网应能够利用先进的保护和自动化手段快速识别、定位、隔离故障并恢复用电负荷。面对极端事件引发的大规模停电，韧性电网应展现出强大的修复能力，包括快速修复受损设施、拥有完善的黑启动方案，并能有效整合分布式电源、储能系统、微电网（群）及移动发电车等资源，以确保对重要电力负荷的不间断供电。

感知力是指电网具备全面、迅速且精准地感知其运行状态，预测未来运行趋势，并对潜在风险进行预警的能力。学者强调，这一能力主要依赖于一系列关键技术，包括先进传感技术、实时通信技术、数据融合技术、状态估计技术、数据挖掘技术、态势预测技术以及信息物理融合分析技术等。通过这些关键技术的综合运用，能够实现对广域时空范围内涉及电网运行变化的各类因素的采集、理解与预测，从而精准有效地掌握电网的安全状况，为制定和实施应变、防御及恢复措施提供坚实支撑。

协同力是指电网协同内外部资源，共同应对各类扰动的能力，涵盖输配协同、源网荷储协同、电网与其他关键基础设施的协同，以及能源大脑与城市运营大脑协同等。高效的协同机制在电网应对扰动事件发生的各个阶段均能发挥关键作用。在扰动事件发生前，协同机制促进电网各部门间的紧密联动，有效调配应急资源，实施灾前预防与部署；在扰动事件发生时，通过协同大型发电机组、直流输电等输电网控制资源与分布式电源、柔性负荷等配电网灵活资源，形成合力，共同抵御扰动影响；而在扰动事件后，则采取输电网自上而下的宏观调度与配电网自下而上的协同恢复相结合的方式，同时协调电网内部电源与电动汽车、岸电系统等外部社会资源，共同保障重要电力负荷的持续供电。

学习力是指电网能够从自身历史经验及国内外类似电网遭遇的严重停电事件中吸取教训、积累经验，同时吸纳新兴技术，实现自我完善与优化的能力。具体而言，电网不仅基于自身积累的丰富经验，还应积极借鉴国外具有相似结构和特征的电网在停电事故中的应对案例，深入剖析潜在风险，并据此制定精确的预防措施与提升方案，以推动电网的可持续进步与升级。

（二）新型电力系统韧性的三个特征

纵观电力系统韧性的历史演进与当前研究态势，韧性理念已在电力行业中得到广泛采纳，并因电力系统面临的突发事件威胁日益加剧而成为焦点。电力系统韧性的核心聚焦于面临极端事件的应对能力，涵盖预防、适应、恢复及学习四个核心环节，确保电力系统在事件的前、中、后各阶段，均能展现出强大的韧性。

在此基础上，面对新型电力系统在韧性构建上的更高标准，特别是在有效应对供需波动和突发事件方面的迫切需求，对新型电力系统韧性建设的深入探索显得尤为重要。结合传统电力系统韧性的特点与新型电力系统韧性的特性及目标差异，我们精炼出新型电力系统韧性的三大核心特征：前瞻性、响应性与持续性。

1. 前瞻性

前瞻性韧性源于对韧性理论基础框架的深化与拓展。早期韧性理论中的4R原则，尤其是鲁棒性和冗余性，强调了系统在面对压力时保持功能和替代路径的重要性。而新型电力系统在构建过程中，需要超越单纯的事后恢复与替代，更加注重在事前通过技术创新和战略规划，提升系统的预测与预防能力。前瞻性特征体现了新型电力系统在规划与设计阶段就融入对未来挑战和潜在风险的预判与预备，这与应变力的概念相契合，确保了系统在面对未知扰动时能够迅速而有效地去应对。

2. 响应性

响应性是对防御力、恢复力、资源性和快速性特性的深度优化与融合。它特指在新型电力系统遭遇扰动事件时，系统能即时感知、精准识别问题、迅速评估优先级，并高效动员各类资源以实施有效应对的能力。此特征不仅要求系统拥有敏捷的响应和恢复机制，更着重于通过即刻启动应急预案、调配应急资源、采取紧急管控措施等手段，最大限度降低事故对系统性能的冲击，确保关键负荷的电力供应，并实现电网功能的快速重构。响应性彰显了新型电力系统在面对突发状况时的灵活性、高效运作与适应能力，确保新型电力系统在受损后能迅速做出精准决策并有效执行，从而遏制事故扩散范围，最大限度减少损失。

3. 持续性

持续性是新型电力系统在长期运行中保持稳定与持续进步的关键要素，它融合了恢复力、学习力和道德性理念。具体表现为，系统在遭遇事故后能迅速复原、反思学习，并实现未来可持续发展的运行能力。该系统从历史经验和新兴技术中汲取知识，不断学习并强化自我修复与持续优化的能力。通过不断精进系统架构与运行策略，以更有效地应对未来可能遇到的类似挑战。同时，持续性还涉及了环境、社会和经济方面的协调发展，要求新型电力系统在保障能源安全、促进经济发展的同时，也要注重环境保护和社会福祉。这一特征体现了新型电力系统在构建过程中的全面性和长远性，确保了系统能够在未来持续为社会提供清洁、高效、稳定的电力供应。

此外，持续性还体现在环境、社会与经济的和谐共生中。新型电力系统韧性在确保组织稳定与能源安全、驱动经济发展的同时，也要高度重视环境保护与社会福祉的增进。这一特质充分展现了新型电力系统构建过程中的全局视野与前瞻规划，有力保障其能够源源不断地为社会贡献清洁、高效且稳定的电力资源。

第二节　新型电力系统韧性的建构逻辑

随着全球气候变化日益严峻和能源转型步伐的加速推进，新型电力系统作为能源转型的重要载体，其建设与发展已成为当今时代的迫切需求。在此背景下，新型电力系统韧性在保障能源安全、促进可持续发展及有效应对突发事件方面发挥着举足轻重的作用，直接关系到社会经济的平稳运行和生态环境的长期健康发展。因此，构建具备高韧性的新型电力系统，已成为当前能源领域亟待解决的核心问题。新型电力系统韧性具备三大核心特征：前瞻性、响应性和持续性，这些特征不仅承袭了传统电力系统韧性的特征，还根据新型电力系统的实际需求与目标进行升级，全面贯穿于新型电力系统的规划、设计、运营及维护等全生命周期。

本节将围绕"新型电力系统韧性建构逻辑"展开详细阐述，引入"物理—事理—人理系统方法论（WSR系统方法论）"作为理论框架，从物理、事理、人理三个维度出发，综合考虑电力系统的特性、运行规律以及人类活动的影响，深入探讨新型电力系统韧性的建构逻辑。通过这一理论框架的运用，有助于我们更加清晰地理解和把握新型电力系统韧性的内涵与特征。本节核心的研究目标在于建立一套科学、系统、可行的新型电力系统韧性建构理论与方法体系，为新型电力系统韧性建构的实践提供有价值的理论参考与指导，从而推动更加安全、可靠、高效的新型电力系统建设，为能源转型的顺利推进与可持续发展的深入实践贡献力量。

一、"物理—事理—人理系统方法论"

"WSR 系统方法论"（Wuli-Shili-Renli Approach，WSR），即"物理—事理—人理系统方法论"，是一种根植于东方文化底蕴的独特评价方法论，其精髓深受东方哲学观的影响。该方法论巧妙融合中西方哲学的优秀思想，旨在优化人类在社会改造及主观世界实践中的操作路径，将效率与效能提升至全新境界。通过物理、事理、人理这三个紧密相连、相互支撑的核心维度，WSR 系统方法论为我们提供了一个全方位审视并高效解决问题的全新视角。

WSR 系统方法论强调，系统实践活动是物质世界、系统组织结构与人类活动的动态统一与和谐共生的体现。因此，我们的实践活动需全面融入这三个核心维度，并深入探究它们之间复杂交织、相互依赖的关系。唯有如此，才能获取对所考察对象的全面深刻认知与构想，或是对其进行更深层次的分析与理解，进而采取更为精确、切实可行的策略。在 WSR 系统方法论中，物理、事理、人理这三个核心维度扮演着举足轻重的角色，它们各自的核心内容及原则如表 4-1 所示。

表 4-1 物理—事理—人理系统方法论内容

维度	物理	事理	人理
道理	物质世界、法规、规则的理论	管理和做事的理论	人、纪律、规范的理论
对象（实体层）	客观物质世界	组织、系统	人、群体、人际关系、智慧
对象（方法论层）	是什么？功能分析	怎样去做？逻辑分析	应当怎样做？人文分析
原则	诚实，真理尽可能正确	协调，有效率尽可能平滑	人性，效果尽可能灵活
所需知识	自然科学	管理科学、系统科学	人文科学和行为科学

来源：顾基发，唐锡晋，朱正祥. 物理—事理—人理系统方法论综述 [J]. 交通运输系统工程与信息，2007(6)：51-60.

在 WSR 系统方法论框架下,"物理"维度聚焦于物质运动的机理,其范畴不仅限于传统意义上的物理学,还广泛涵盖了化学、生物学、地理学、天文学等多个自然科学领域。它主要运用自然科学的知识体系来揭示"物"是什么,例如,通过万有引力定律阐释自由落体现象,揭示 DNA 双螺旋结构作为遗传信息的载体,以及核电站利用核反应能量转换为电能的原理。因此,"物理"维度强调的是对事物真实性与客观实在性的深入探索与准确描述。

"事理"指的是做事的道理,其核心在于如何高效、合理地调配设备、材料及人力资源。这一维度常借助系统科学与管理科学的理论与方法,来解答"怎样去做"的问题。典型应用实例包括美国阿波罗登月计划的高效组织执行、核电站建设的精细规划与安全管理,以及供应链设计的优化与日常管理的精细调控等。

"人理",指做人的道理,通常要用人文科学与行为科学的知识体系,来指导我们去回答"应当怎样做"和"最好怎么做"的问题。实际生活中处理任何"事"和"物"都离不开人去做。同时,这些事和物是否应用得当,也依赖于人的判断与价值观。因此,在系统实践中,充分考量人的因素,包括人的需求、行为模式、价值观念等,是至关重要的。

物、事、人方法是一种综合性的总体方法论,它融合多种具体方法,形成了统一的整体。任何组织或个人的理性实践活动无外乎认识活动或实践活动两大范畴。基于此,WSR 系统方法论被划分为两个紧密相连的层次要素:战略层次与战术层次。战略层次的划分依据在于活动是否属于认识活动,它聚焦于系统目的、目标、方向及方针政策的确定,是关乎系统长远生存与发展的宏观规划。战略活动从全局视角出发,旨在为系统未来发展提供蓝图与指导。战术层次(或实践方法)则侧重于战略目标的实现过程,它涉及战略目标的具体执行、操作步骤的采用以及量的确定等战术性问题。战术方法主要解决的是通过什么渠道、怎么样安排,如何有效贯彻执行系统方针、政策,实现系统目标的实践问题。WSR 系统方法论通过战略与战术两个层次的划分,既关注宏观的战略规划,又重视微观的实践操作,为理性实践活动提供了全面而系统的指导。

二、新型电力系统韧性的构建机制

新型电力系统韧性，作为一种全方位覆盖突发事件预防、应对直至恢复各阶段的综合能力，在"WSR 系统方法论"的引导下，我们将进一步深入剖析其在物理、事理、人理三大核心维度上的表现。其中，物理维度聚焦于新型电力系统的本质特性与运行机理，是建构基于物理基础的前瞻性韧性的核心；事理维度则围绕系统响应的策略与逻辑，形成事理驱动的响应性韧性；而人理维度着重考虑人类活动对系统的作用及长远可持续性，发展出以人理为本的持续性韧性。这三者相辅相成，共同构成了新型电力系统韧性的核心架构。

（一）前瞻性韧性——以"物理"为核心的韧性机制

1. 前瞻性韧性的内涵

"前瞻性韧性"结合了"前瞻性"和"韧性"两个关键要素。"前瞻性"通常指以战略眼光审视大势和大局，认清机遇和挑战，准确分析不利环境因素和有利条件，从而未雨绸缪，系统谋划，趋利避害，赢得发展的主动权。它强调对未来发展的预见性和规划性，确保在未来面对不确定性和变化时能够主动应对，占据先机。将"前瞻性"与"韧性"相结合，前瞻性韧性可以理解为是一种具备前瞻性和战略眼光的韧性能力。它不仅是对当前挑战和压力的适应与恢复，更是对未来潜在的风险和变化的预见与准备。前瞻性韧性要求个体、组织或系统在不断变化的环境中保持敏锐的洞察力，提前识别潜在的风险和机遇，制定相应的战略和计划，以确保在面对不确定性和挑战时能够迅速适应、有效应对，并实现持续发展和成长。

总的来看，新型电力系统的前瞻性韧性是指新型电力系统在面对未来潜在的干扰和变化前所具备的预测、预防能力。它不仅是一种被动的防御机制，更是一种主动的策略布局，旨在通过一系列前瞻性的措施，确保电力系统在面对自然灾害、技术故障、市场需求波动等不确定因素时，能够保持高度的稳定性、可靠性和灵活性。

2. 基于"物理"的前瞻性韧性建构

在"WSR 系统方法论"框架下,"物理"维度是新型电力系统前瞻性韧性构建的核心,它聚焦于电力系统的硬件基础设施与物质支撑,旨在确保系统在风险来临前便具备坚实的防御与应对能力。这一维度致力于打造一个全面且动态的电力防御体系,以强化系统对未来潜在风险的预防、应对及恢复能力。

因此,在构建前瞻性韧性的过程中,新型电力系统必须强调其"物理"属性,确保拥有稳固的物质基础和充足的资源保障。具体来说,这涵盖以下两个关键方面:

(1)鲁棒性

鲁棒性是指电力系统在遭遇自然灾害、网络攻击、设备故障、人为误操作、极端天气条件等多种不确定因素时,所展现出的强大抵御能力,这主要强调其物理属性的稳固性。具体而言,鲁棒性体现在灾害发生时,基础设施系统仍然能够保持功能水平相对稳定的能力,这种维持能力不依赖于需求的变化,而是系统自身固有的"抗打击"能力。它要求电力系统具备高度的抗干扰性和容错机制,以确保在各种不利环境条件下仍能持续、可靠地供电。对于新型电力系统而言,提升鲁棒性是有效预防灾害的关键能力之一。鲁棒性的获取主要依赖系统加固、组织加固、节点加固等方面。

第一,系统加固主要是指通过对公用事业基础设施实施物理性改造,以降低其对极端事件的敏感性。这一过程往往需要大量的投资。常见的加固策略包括:将配电或输电线路转至地下敷设;采用更坚韧的材料升级电线杆;提升变电站位置并重新布局相关设施;在输电与配电系统中增设冗余设备;以及进行树木修剪与植被管理等。这些措施能够显著提升输电与配电系统的耐久性。以 2008 年中国南方雪灾为例,灾后,在易受雪灾侵袭的区域,广泛采纳了具备更高抗冰能力的输电线路与输电塔设计标准,并增设了融冰设施,有效增强了输电与配电系统对极端天气的抵御能力。

第二,组织加固是指对智能监测与预警系统等组织建设的加固。组织需不断精进其风险管理战略及运营模式,确保管理层能将各部门的风险控制计划与企业整体发展战略紧密融合。通过有效利用先进的分析工具，组织制订并实施动态的应急管理计划，以持续增强对外界不确定风险的抵御能力。这包括部署尖端的传感器技术和监测系统，实现对电网运行状态的实时捕捉与监控等。通过这些系统，组织能够提前预判并发出潜在风险的预警信号，从而迅速响应任何异常情况，最大限度地降低故障发生的可能性及其可能造成的负面影响范围。

第三，节点加固是指对关键节点实施严格保护措施，并增设自治节点以增强整体稳固性。首先，对关键节点的严密保护是保障电力系统稳定运行的重要一环。这要求通过科学的评估体系，精确识别电力信息物理系统中的关键节点。其次，结合攻击与防御的双重考量，制定针对性的关键节点保护策略，旨在降低这些关键节点遭受攻击的风险，并从本质上提升系统的整体韧性，而非仅仅局限于缓解其脆弱性。最后，增设自治节点是对新型电力系统网络间频繁交互导致的脆弱性问题的一种创新应对策略。通过对电力或信息节点实施技术改造，赋予其自治能力，可以有效"解耦"重要的相依节点，进而显著增强系统的鲁棒性。以意大利电网为例，仅需对少数几个关键的通信节点进行自治化改造，便能有效预防类似2003年大规模停电事故的重演，彰显了这一策略的有效性与重要性。

（2）冗余性

新型电力系统的冗余性设计核心在于增强其可靠性和稳定性，通过策略性地增加额外资源或设备来确保即便部分组件发生故障，系统也能持续供电和正常运行。这一设计能够在突发事件或系统故障期间保障电力供应的连续性和系统稳定性。风险性是激发抵御能力的先决条件，而抵御能力则是风险控制的关键手段，其缺失可能导致资源短缺、能力不足及发展机遇的丧失。将韧性视为系统的一种特性，在面对脆弱性挑战时，韧性则表现为一种自我恢复的过程，即内生发展。在这一过程中，资源是基础且至关重要的，其中技术资源是内生性资源的关键，而外生性资源则来源于地方、政府、市场及社会组织。因此，新型电力系统的冗余性设计主要包括资源冗余和技术冗余（创新）两大方面。

在资源冗余方面，新型电力系统通过提供额外的资源或设备来增强系统的容错与负载能力，进而提升系统的整体安全性。具体实践涵盖以下几个方面。①设备冗余：在电力系统的核心组件中，诸如发电机、变压器及断路器等，部署额外的备用设备。这些备用设备在主设备正常运作时保持待命状态，一旦主设备发生故障，备用设备能迅速启动并替代其工作，确保电力不间断和稳定供应。例如实施 N+1 冗余策略，即系统仅需 N 个设备满足日常需求，但是额外配置一个备用设备以应对潜在故障。②系统结构冗余：设计多路径输电线路与供电路径，确保在单一线路或路径出现故障时，电力可通过其他线路或路径继续传输，保障系统的连通性与供电能力。③储能系统冗余：配置额外的储能系统，如电池储能或抽水蓄能，以应对可再生能源发电的间歇性和负荷需求的波动性，提供额外的调节与平衡能力。④控制与保护系统冗余：在电力系统的控制与保护系统中同样采用冗余设计，确保在部分系统组件失效时，其余组件能接管其职责，维护系统的安全稳定运行。⑤容错设计：综合考虑可能出现的故障或异常状况，通过备份、分隔、实时监测与故障恢复等策略，减少故障对系统整体运行的影响，提升系统的自我恢复能力。这些资源冗余策略为新型电力系统提供着坚实的物质基础与资源保障，使其在面临各类风险时系统展现出强大的防御与应对能力。

在技术冗余方面，主要通过不断更新技术来增强电力系统对突发事件的响应能力，提高系统的韧性。通过引入智能电网技术、先进的预测和自动化系统，以及更高效的发电和储能技术，可以提升电力系统运行的整体效率，增强对故障及停电事件的监测与应对能力。这些技术使电力系统能够迅速锁定停电位置，并以更高效率恢复供电服务。随着智能电网和智能配电系统的不断发展，将为构建更具弹性的电力系统提供更多有效的运营策略。因此，在技术冗余策略上，应紧密围绕系统安全稳定的技术需求，深化基础理论研究，推进各种重大技术和装备的研发突破，促进先进技术的示范应用与广泛推广，协同构建适应新型电力系统的稳定技术标准体系，以创新力量推动新型电力系统的建设与发展。

（二）响应性韧性——以"事理"为核心的韧性机制

1. 响应性韧性的内涵

相较于灾前预防措施，应急响应通常指在极端事件发生后，采取一系列即时性措施，迅速恢复系统的部分功能，以保障关键用户需求的过程。据此，新型电力系统的响应性韧性，与前瞻性的韧性概念有所不同，它是指在特定的经济运行环境下，电力系统所展现出的一种迅速识别、评估并适应净负荷剧烈波动、供需关系变化、设备故障等内外扰动及不确定性的能力。这种能力通过高效统筹与利用系统内可调度的资源，在合理成本控制下，实现系统快速响应与动态调整，从而确保电力供需的动态平衡，维护系统的稳定运行。

2. 基于"事理"的响应性韧性构建

在"WSR系统方法论"的指导下，"事理"维度深入探究系统运行逻辑与事务管理精髓，旨在确保电力系统在面对紧急状况时，能够迅速调动设备、材料、人员等资源，即刻启动并高效运行应急响应机制。响应性韧性，作为衡量系统在突发事件后应急反应能力的关键指标，凸显了主体快速响应与积极参与的不可或缺性。

突发事件一旦发生，电力系统即刻面临响应性韧性的严峻考验，此时，迅速、精准且高效的应急处理成为重中之重。"事理"的价值在此刻得以充分彰显，要求主体必须敏捷地调动内部资源，有序地管理各项应急事务，以保障系统即使在极端紧急情况下也能维持运行的稳定与可控。因此，为全面增强响应性韧性，新型电力系统在构建之初就必须高度重视并强化其"事理"属性。具体而言，这涵盖以下两大核心要素。

（1）适应力

普遍而言，"适应"这一概念，在生物学领域被诠释为生物体在生存竞争中，为适应环境条件而形成特定性状的现象。进一步地，"适应性"被定义为生物体随外界环境条件的变迁，灵活调整自身特性或生活方式的能力。这种随环境变化而自我调整的能力，即为适应力的本质所在。将适应性的概念延伸至社会学范畴，可将适应力理解为有机组织系统在外部环境影响下，通过内部调节以适应环境变化的能力。在响应性韧性的语境下，适应力特指系统面对外部环境变化或内部运行条件调整时，能够迅速调整自身状态，确保或恢复稳定运行的能力。这种能力是系统韧性的关键构成，使系统能在不确定性和变化中维持功能性和可靠性。

适应力在电力系统中表现为多个方面，包括对供需变化的灵活应对、对新能源出现波动的适应性、对新技术的快速集成与运用，以及对极端天气和自然灾害的抵御能力等。响应性韧性，作为系统面对外部扰动和内部变化时，能够迅速响应并及时有效调整，以保持功能和服务连续性与可靠性的综合能力，其根基和驱动力正是适应力。它涵盖了系统对突发事件的即时响应、对需求波动的灵活调节，以及对长期趋势的预见性调整等多个层面。在电力系统的实际工作中，各相关组织需不断运用经验、习惯和技能，展现出快速适应当前不断变化的工作任务和工作环境的适应力。在突发事件中，这些组织应表现出积极的主动性和自主规划能力，以更有效地应对突发事件与出现的难题，确保电力系统的稳定运行和高效供电。

（2）协同力

协同力则强调电力系统中各个组成部分之间的协调和合作，以实现整个系统的最优运行。这包括电源、电网、负荷和储能之间的协同，以及不同地区、不同电压等级电网之间的协同。协同力要求电力系统能够实现信息的共享和资源的优化配置，通过有效的通信和控制技术，确保电力流、信息流和价值流能够实现顺畅且有效的融合与流动。例如，通过源网荷储的协同调度以及跨省区输电通道送受端电网的紧密配合，可以显著增强对高比例可再生能源接入的调度与控制能力。

当危机事件发生时，协同多方进行积极应对时往往是组织最容易忽视却最重要的过程，如果有关突发危机事件的处理能够迅速地进行多方协同，使得电力系统各个利益相关主体都快速参与并及时反应，将最大限度地降低危机对各组织造成的冲击。

（三）持续性韧性——以"人理"为核心的韧性机制

1. 持续性韧性的内涵

可持续性（Sustainability）是一个多维度的概念，它强调在满足当代人类需求的同时，不损害后代人满足其需求的能力。这一定义涵盖了环境、社会和经济三个方面，其中环境可持续性关注资源的合理利用和环境的保护，确保自然资源的再生速度不能低于其消耗速度，同时减少污染和生态破坏。社会可持续性强调社会公正和公平，确保所有人都能享有基本的生活水平和教育、医疗等社会服务，同时促进社会和谐与稳定。经济可持续性追求经济增长的同时，注重经济效益、资源效率和环境保护的协调发展，实现经济的长期稳定增长。可持续性要求人们改变传统的生产方式和消费方式，实现资源的有效利用和环境的保护，同时促进社会的公平和经济的发展。

任何制度或者行为的变迁，必须注重最终的效能是否有效且均衡，是否能够继续驱动良性循环系统的升级。电力系统持续性韧性从促进电力系统可持续性出发，关注危机事件发生后不断学习恢复的同时，也强调未来电力系统能源正义的达成，即关注电力系统的道德性。总的来看，持续性韧性是指电力系统在遭遇事故或挑战后，能够迅速恢复、持续稳定运行，并具备不断学习与成长的能力，以保障电力系统的道德性，推动能源正义，从而支撑电力系统的长期可持续发展。

2. 基于"人理"的持续性韧性构建

在"WSR系统方法论"框架下，"人理"维度聚焦于两大核心层面。一个层面是以人为核心，着重于新型电力系统中个体的学习能力提升，以及在组织复原过程中人的主观能动性与创新学习能力的发挥，这些构成了电力系统在遭遇突发事件后快速恢复并实现持续发展的核心策略。另一层面则是将人视为受影响的对象，深入剖析新型电力系统对人类社会的影响，确保能源服务的供给既公平合理又经济可负担，这对于推动新型电力系统的可持续发展具有举足轻重的作用。具体来说，这包括以下两个关键方面。

(1)学习力

学习力是指个体、组织或系统通过持续学习、适应与成长，以增强面对未来不确定性和挑战的能力。这一概念不仅重视从自我经验中汲取养分，更强调广泛吸收他人经验、历史教训及多元环境中的智慧，以不断优化自身能力，提升整体效能。

在电力系统的语境中，学习力的内涵得以深化，它不仅包括了对历史事故的深刻反思、对未来风险的精准预判，还涵盖了技术标准与操作流程的不断精进。这一综合能力的提升，旨在铸就电力系统更强的韧性与可靠性，使其能够更加稳健地应对极端天气、网络攻击、设备故障等潜在挑战。

以新型电力系统的电网为例，作为其核心构成部分，学习力特指电网在遭遇事故后，其内部团队能够迅速从本次事件以及国内外电网类似的重大停电事故中吸取教训、积累宝贵经验的能力。这要求不仅要对本土电网事故进行深入的根源分析，并据此制定有效的应对策略，而且应主动借鉴国外相似事故案例，通过对比分析，提前识别潜在风险，进而采取预防性措施与技术革新，以驱动电力系统的自我优化与迭代升级。在这一过程中，电力系统内的员工无疑是学习力的核心引擎。他们凭借深厚的专业知识、丰富的实战经验，以及敏锐的洞察力和强烈的学习精神，成为推动行业进步的关键力量。

(2)道德性

道德性，作为个体或组织在行为决策中的核心导向准则，深深植根于个体的良知、价值观以及社会的伦理框架与文化底蕴之中。它鲜明地表现为对是非、善恶的明确判别，并在实际行动中坚定不移地遵循这些判别准则。

在电力系统的语境下，道德性被赋予了独特的内涵，成为驱动新型电力系统向可持续发展目标迈进的核心要素。这一道德性不仅超越了单纯的经济效益考量，更深刻体现了对社会福祉的深切关怀、对环境影响的细致权衡，以及对提供公平性、经济可负担能源服务的坚定承诺。新型电力系统在规划与运营过程中，始终将人类社会的福祉置于首位，这些方面共同构成了电力行业在服务过程中全面展现的责任担当，生动诠释了道德性在现代社会中的实践与应用。为了构建一个更加可持续、和谐、公正的新型电力系统，我们需要持续努力,共同构建和完善电力系统道德性的完整框架。

首先,在公平性方面,新型电力系统应通过建立全面的能源服务评估机制,定期监测和评估不同地区、不同社会群体的能源获取情况。针对偏远地区及弱势群体,系统需持续实施一系列援助措施,如设立专项扶持基金、提供专业技术指导与培训,以确保他们能获取到安全、可靠且优质的电力服务。同时,系统应不断深化与地方政府及社区的合作关系,携手推进能源基础设施的建设与现代化,旨在缩小区域间能源服务差距,促进能源的公平分配与广泛普及。

其次,在经济可负担性方面,新型电力系统致力于技术创新,旨在提升能源转换与传输效率,进而削减生产成本。通过与能源供应商的紧密合作,电力系统争取更有利的采购条件,并利用市场竞争机制促使电力价格下降。此外,电力系统还积极推动用户节能行为,借助智能电表、分时电价等策略,引导用户合理规划用电,有效减轻个人及家庭的电费负担。

再次,在环境友好性方面,新型电力系统应当持续积极践行全球环保倡议,全力推进清洁能源的开发与利用进程。通过大力发展风能、太阳能等可再生能源,减少对化石能源的依赖;加强电网基础设施建设和智能调度管理,提升清洁能源的并网与消纳效能;积极推广电动汽车、智能电网等前沿技术,促进能源消费的绿色化与智能化转型。同时,应不断强化环保教育,提升电力系统内部及公众的环保意识,携手共创绿色、美好的生态环境。

最后,在社会参与度层面,新型电力系统需构建开放且透明的信息公开机制,定期向公众披露能源生产、消费及环境保护等相关信息,主动接受社会各界监督。通过加强与政府、企业及公众等多方的沟通协作,协同推进电力政策的科学规划与高效执行。此外,还应积极策划并举办形式多样的公众教育活动,诸如能源知识讲座、节能竞赛等,旨在提升公众对能源议题的认识与参与度,携手共创能源发展的良好社会氛围。

第三节　新型电力系统韧性的实践路径

一、"情景式—数智化"长效预防机制

传统电力系统在面对重大危机风险时，惯常采取的是被动救灾型的"后觉式"治理模式与策略，但是这种模式现已难以有效应对当前风险的不确定性、系统性和复合性挑战。新型电力系统中，风险威胁往往由多重扰动因素交织而成，具有隐蔽性和长期性的特性，这导致当前电力系统结构在风险识别与评估方面难以兼具时效性和系统性。

鉴于此，我们提出了"情景式—数智化"的长效预防机制。该预防机制从顶层设计出发，通过智能化、迅捷化以及精准化的手段，充分利用"智能技术"实现最大程度上的"需求映射"，从而提升风险预警能力。这一机制使新型电力系统能够敏锐地感知到风险来源，并借助完备、准确、即时的风险相关信息进行快速且精准的风险预警，从而有效提升风险治理效能。

（一）"情景式—数智化"预防机制：强化风险分析与韧性治理效能

在"情景式—数智化"长效预防机制的实施过程中，一方面，人工智能、大数据及云计算等信息技术手段被用来对风险成因、来源及其潜在破坏力进行"分类式"分析。数字赋能强化了数据收集与转化的能力，使得公共空间中数量庞大、种类复杂的信息资源能够通过数字化、智能化的风险逻辑算法，作为节点信息进行整合处理。根据"常态—非常态"两种风险事态类别的异同处理策略，这些节点信息被赋予特定情景的"风险画像"与风险阈值的控制识别。基于情景式—数智化的风险研判运行机制，可以实现对各类风险因素的"过滤器"型链式分析，为后续流程环节中风险信息的精准化与针对性决策处理提供了有力支持。

另一方面，在韧性治理的"开发"阶段，数字赋能将发挥其关键作用。通过将智能技术深度融入映射关系反应体系，成功打破了治理场域内风险信

息交互流通的层级壁垒。我们构建了一个集需求与价值于一体的"信息流"映射机制，该机制能够有力引导治理流程中决策与结果的发展路径，有效解决政府主导视角下需求与效果不匹配的问题。同时，智能技术的应用可以显著提升风险需求研判的智能化、迅捷化与精准化，实现最高程度的"需求映射"，进而增强电力系统的风险预警能力。这使得治理主体能够迅速锁定风险源头，并依据全面、精确且实时的风险信息，进行快速准确的风险预警，从而达到全面提升风险治理的整体效能。

（二）"情景式—数智化"长效预防机制实施的核心考量

推行"情景式—数智化"长效预防机制的核心要义，不仅在于技术层面的创新与融合，更在于如何精准地将这些先进技术应用于电力系统的实际需求中，从而构建一个既高效又可靠的预防性体系。这一机制的实施是一项综合性系统工程，它要求我们必须在顶层设计与战略规划、基础设施优化与预警机制提升、智能电力系统构建及技术冗余部署等多个层面进行深入考量与协同推进。唯有全面布局，方能确保该机制在新型电力系统的构建与运行中发挥最大效能，为电力系统的稳定运作与可持续发展提供坚实保障。

1. 顶层设计与战略制定

在构建新型电力系统的过程中，首要任务是关注其对外界环境适应性的顶层设计与战略制定。这要求我们紧密结合我国电力系统的实际情况，针对当前高度复杂且充满不确定性的风险挑战，政府需在政策引领、资源调配、平台搭建及条件准备等多个维度上扮演主导角色，同时在多元主体与多层次平台上发挥关键的协调与引导作用。

尤其值得强调的是，将新型电力系统对气候变化的适应性纳入顶层设计与战略规划之中，对于构建长效预防机制具有举足轻重的意义。当前，我国能源电力部门在应对气候变化与极端灾害时、保障能源安全方面尚存短板，无法完全适应气候变化带来的新挑战。例如，在电力规划、基础设施建设、防灾标准制定等多个关键环节，仍沿用传统方法，未充分预见气候变化与极端灾害的发展趋势。因此，建议能源电力部门开展全国层面的气候风险普查和评估工作，以此为基础制定适应气候变化的有效战略。同时，在电力规划、调度运行、市场交易、应急管理、防灾标准等各项业务中，均需将气候风险纳入考量，以更好地落实"双碳"目标，并有效适应国家层面的气候变化战略。

同时，为构建"情景式—数智化"长效预防机制，需加快完善电力市场机制，包括完善容量支持机制，分类放开跨省跨区优先发电计划，推进辅助服务市场建设等。此外，还需细化各类要素参与市场的准入条件，鼓励需求侧资源提供电力调峰辅助服务，推动辅助服务市场与现货市场的有效衔接。政府应发挥引导作用，在更大范围内建立长效协同机制，形成电力公司、电力用户与政府之间的紧密合作关系，并明确电力市场紧急熔断机制，建立科学的电力市场信息披露和应急处理机制。

在此基础上，构建一套涵盖多能互补与跨领域协同的应急保障机制显得尤为重要。在我国推进能源转型的进程中，应致力于实现电力主体应急体系的全覆盖，实现"以事件应急为中心"向"以风险管理为中心"的根本性转变。这包括统筹电源与电网建设，并有效整合用户防灾资源，同时加强对燃气燃煤供应、储备及管道的安全管理，确保发电所需的气源、煤源供应稳定可靠，并强化资源的组织调配与沟通协调机制。此外，应有序增强重要城市和灾害频发地区关键电力基础设施建设，提高防灾减灾能力，通过加强大电网的"互济互保、互联互通、互供互备"机制，提升跨区域的电力应急支援能力，并不断优化电网的安全防御体系，以全面提升我国电力系统的韧性。

2.基础设施建设优化与预警机制提升

在新型电力系统的构建与演进过程中，应聚焦于优化基础设施布局与增强预警机制，以全面提升系统韧性。通过对诸多风险治理实例的深入剖析，我们深刻认识到，新型电力系统的本土适应性和鲁棒性在抵御风险灾害中占据着举足轻重的地位。

在本土适应性方面，新型电力系统应将重心放在基础设施的优化与升级上。针对各区域及各类型电力系统的实际情况，系统需强化对环境资源的宏观感知与整合能力，利用技术驱动精准采集并分析本地环境数据。通过深入探索并明确区域资源生态的承载能力阈值，创新性地增强新型电力系统的韧性构建，确保在面对风险挑战时能维持系统稳定运行。此外，系统还应建立与风险需求评估紧密关联的数据共享平台，实现横向信息流通。基于本土特性，新型电力系统完成了环境信息在时间序列上的精准处理，构建了一种精确匹配、供需平衡、具有特定反馈的适应机制。这一机制实现了"环境生态"与"风险需求"之间的定制化对接，为制定贴合实际的适应性发展策略提供了有力支撑。

在基础设施优化层面，新型电力系统需要尤为重视能源基础设施的建设及其运维能力的提升，包括液化天然气管道、仓储罐区、煤炭货运通道及煤场等关键一次能源供应等基础设施，并配套制定详尽的新建与维护规划，旨在实现各类能源资源的高效优化配置。同时，系统还需着重提升电力设备在极端环境下的耐受性能，通过对燃气、燃煤、核电及新能源等各类机组的运行状态进行全方面评估，逐步推进适应性改造工作，确保其在各种环境条件下均能稳定运行。

在预警机制强化方面，新型电力系统应高度重视极端灾害下的电力供应。具体而言，应稳步推动重要城市及灾害频发区域关键电力基础设施的防灾能力建设，并根据各地独特的恶劣气象条件，差异化制定设备防护标准。此外，还需构建跨地区、跨部门的联合监测与预警机制，优化气象预警信息的互通流程，显著提升应急协同效率。为进一步深化系统风险识别与强化预警能力，应加速构建涵盖电力供应、需求、市场、安全等多维度的跨系统、多时段电力安全预警指标体系。同时，推进地空天一体化协同监测体系建设，以增强极端天气预测的精准度与时效性，并搭建多主体协同的应急指挥平台。该平台将囊括详尽的预警应急响应流程、突发事件处置规范、健全的生产运维检修制度，以及三级预案管理体系，从而形成"横向到边、纵向到底、上下对应、内外衔接"的政企应急预案网络，确保电力系统在面对各类挑战时能够迅速、有效地作出响应。

3.重视智能电力系统构建与技术冗余

（1）智能电力系统的构建

先进数字技术的蓬勃发展极大地推动了电力系统的转型升级。通过深度整合"大云物移智链"等尖端科技，可以实现电力系统能量流与信息流的紧密融合，使电力与能源系统展现出数字化、网络化、智慧化的全新面貌，显著增强了电力系统的韧性。为了深化电力系统与信息技术的融合，应积极倡导"数字电网"的发展理念。其技术实现路径主要涵盖物理电网的数字化改造与电网数字孪生系统的构建两大方面。

在物理电网的数字化构建过程中，数据采集、计算处理及数据传输是三大核心环节。首先，凭借先进的智能传感技术，可以成功将电网的物理运行过程转化为精确的数字信号，构建起一个庞大、精确且全面的大数据体系。其次，利用边缘计算技术，初步完成数据的即时分析处理与服务响应，进一步构建起云—边协同的架构，有效减轻海量数据的通信负担，显著提升电力系统的运行灵活性。最后，通过高效可靠的通信技术，将电网的数据与信息实时传输至云端数字平台，为后续的数字孪生镜像构建与深入分析决策奠定坚实基础。

在物理电网数字化研究的基础上，我们进一步搭建了电网数字孪生系统。这一数字平台能够实时、完整地映射物理电网系统的全貌，具备实时态势感知与超实时虚拟推演的能力。它不仅能够对电网进行监测分析、运行优化等工作，还能将决策指令精准下达至物理电网系统，实现闭环控制。电力设备故障诊断、电网安全分析与自主调控、负荷预测及用户行为分析等均为数字孪生在电力系统中的典型应用场景，这些应用极大地提升了电力系统的智能化水平与运营效率。

（2）技术冗余策略的实施与自主创新

在智能化电力系统的构建过程中，我们也必须正视过度依赖技术工具的风险。一旦技术工具出现故障或被破坏，那么整个电力系统可能陷入瘫痪状态。因此，为构建一个"情景式—数智化"长效预防机制，技术冗余被视为提升电力系统韧性的重要策略。特别是在面对重大突发事件时，专业技术的坚实支撑对于遏制灾情蔓延、确保电力系统稳定运行至关重要。

为了巩固以专业应急技术为基础的优势，并有效消除新型电力系统应急管理中的潜在风险，我们亟须实施强有力的技术冗余策略。在此过程中，坚定不移地走自主创新之路，依托前沿科技实现高水平的自我发展，不断深化核心技术的突破，是推动实体经济结构优化与升级的关键。具体而言，实施技术冗余策略与自主创新需从以下三个方面着手：

一是深化产学研合作，与高校、研究机构建立长期稳定的合作关系，共同开展前沿技术研究，加速科研成果向实际生产力的转化。同时，鼓励企业与学术界不断进行人才交流，为科研人员提供实践平台，也为学生提供实习机会，以此打破学术界与产业界之间的壁垒，实现资源共享和优势互补。二是优化创新资源配置，提高创新效率。合理规划和配置包括资金、人才、设备等在内的创新资源，确保各项资源能够高效利用。通过政策引导和激励机制，鼓励企业加大研发投入，支持创新型中小企业发展，形成多元化的创新投资体系，从而激发企业的创新活力，推动创新成果的不断涌现。三是加强知识产权保护，完善知识产权法律法规，加大执法力度，保护创新者的合法权益。通过建立知识产权交易平台，促进知识产权的流转和商业化，激发市场活力，推动产业升级，这不仅能够为创新者提供有力的法律保障，还能够促进创新成果的商业化应用，为我国经济发展注入新的动力。

二、"主体性—多元化"风险响应机制

（一）"主体性—多元化"风险响应机制：最大化资源整合

《加快构建新型电力系统行动方案（2024—2027年）》（简称《行动方案》）明确指出，新型电力系统建设是一项需全面统筹源网荷储各环节、电力行业多方协同推进的系统工程。为切实推进《行动方案》的有效实施，国家发展改革委与国家能源局联合国家数据局，应建立起一套全面的工作机制，旨在统一指导并协调全国范围内的新型电力系统建设，同时强化评估与监督效能。此机制致力于通过持续总结经验、提炼成果，打造出一套可复制、可推广且具备可持续性的工作模式，并在条件成熟的地区加速扩大实施范围。同时，相关部门正积极研究和完善一系列配套支持政策，以确保各项政策之

间的有效衔接，鼓励多元化的市场主体积极参与项目投资建设，从而全面提升社会各界对新型电力系统建设的参与度与支持力度。

《行动方案》鼓励发电、电网、售电、交易、储能企业，电力用户，以及政府监管机构和市场管理委员会等各方积极参与市场建设，共同塑造全员参与的电力市场新生态。通过建立"主体性—多元化"风险响应机制，采用协同、高效、灵活策略，汇聚多元主体力量，从而可以实现资源最大化整合。这一创新的风险响应机制能够主动识别风险源头，依托丰富、多样且及时的风险信息，实现快速全面的风险应对，显著提升风险管理效能。

（二）"主体性—多元化"风险响应机制的具体构建

1.提升多元主体协同效能，保障风险响应高效协作

在新型电力系统的响应阶段，我们必须认识到一个基本前提：即新型电力系统的公共性需求唯有通过调整结构主体关系才能得到妥善解决。因此，新型电力系统韧性的构建必然依赖于多个主体共同参与的电力安全生态。

当前，我国能源电力部门在应对极端气候灾害时，虽行动迅速，但整体效益仍有提升空间。为打破单一治理主体的局限，我们需要树立整体性与异步性相结合的治理思维，进一步优化权责配置，推动主体多元化共治的组织关系发展。在此背景下，面对灾害挑战，我们应坚持"一核多元"的建构理念。这一理念要求我们，一方面，构建电力市场导向型的电力生产与分配机制，鼓励电力生产商依据气象预测动态调整生产计划，并充分考虑气象条件对储能系统和灵活性资源的影响；另一方面，在负荷侧引入基于气象条件的需求侧响应机制，以增强电力系统的灵活性。

此外，还应致力于构建电力系统与关键基础设施的协同应灾体系，打造政企协同的气候适应型社会。这意味着要协同优化电网、天然气管网、供水系统与交通系统等关键基础设施，强化多元主体的协同意识与能力，确保各方在风险应急响应中能够迅速、有效地协同行动。

2.深化多元主体信息共享与交互，构建数据支撑体系

在新型电力系统建设的征程中，信息共享与交互机制同时扮演着举足轻

重的角色。为了确保风险响应的精准性和时效性，国家发展改革委、国家能源局及国家数据局应携手推动信息共享平台建设。这一平台建设不仅能促进发电、电网、售电、交易、储能企业及电力用户等多元主体间的数据流通，还能加强与政府监管机构和市场管理委员会的信息互联。通过要求各主体定期上传并更新关键运营数据、设备状态信息及潜在风险预警等，确保各种信息的全面性和准确性。

同时，利用大数据、云计算等技术深度挖掘分析信息，为风险识别、评估和应对提供科学依据。此外，通过构建标准化的信息共享协议和接口，可以降低信息交互的门槛，提升信息处理的效率。深化信息共享与交互机制，打破信息孤岛，促进各主体之间的有效沟通与协作，可以缩短风险响应时间，提高风险管理效能，确保新型电力系统安全稳定运行。

三、"反思性—学习型"持续发展机制

"反思性—学习型"新型电力系统持续发展机制，是新时代背景下电力系统建设与运营的创新模式。它强调持续学习、勇于创新，并始终将人民置于发展的核心位置，致力于推动能源正义的实现。该发展机制通过对过往运营实践的深度复盘与总结，构建系统的反思体系，使电力系统能够敏锐捕捉运营中的挑战与不足。一方面，它倡导将学习理念深度融入电力系统的日常运维与发展规划之中，形成持续学习、不断进步的良性循环。这不仅有助于电力系统在面临挑战时迅速做出风险响应，更在日常运营中发挥着优化性能、提升整体效能的重要作用。另一方面，该机制还高度重视未来发展的可持续性，强调电力系统的发展必须充分尊重并保护各利益主体的合法权益，尤其是要特别关注并满足弱势群体或偏远区域的用电需求。通过构建"以人民为中心"的发展策略，该机制致力于推动新型电力系统的全面、协调、可持续发展。具体而言，"反思性—学习型"持续发展机制需注重以下两个关键方式。

(一)学习与反思并重,促进新型电力系统可持续发展

在应对和化解各类风险与灾害的实践中,往往容易忽视对电力系统"反思—学习能力"的培育与提升。事实上,电力系统的运营是一个动态调整的过程,它要求系统不断进行自我反思与审视,以确保当前运行模式和优化策略能够契合可持续发展的长远目标,进而实现能源的高效利用与公平分配。新型电力系统的建设与发展,必须根植于持续的自我反思与学习之中。这种能力对于系统而言至关重要,它使系统在面对复杂多变的环境挑战时,能够灵活调整并优化其运行模式。这不仅局限于对现有技术的革新与升级,更涉及对人才队伍的培养壮大以及国际合作的深化与拓展。通过持续不断的反思与学习,新型电力系统将能更出色地适应环境变化,显著提升自身的稳定性和可靠性,进而为社会提供更为安全、高效、可持续的电力服务。

1. 技术创新驱动反思与学习

技术创新是推动新型电力系统深化反思与学习的核心驱动力。面对科技的日新月异,新型电力系统必须与时俱进,积极吸纳新技术、引进新设备,并对其进行全面而深入的评估与反思。这种技术创新不仅体现在硬件设施的持续更新上,更涵盖了软件算法、数据分析及人工智能等尖端技术的深度整合与应用。通过不断的技术迭代与优化,新型电力系统能够显著提升其运行效率,提高能源利用效率,有效减少能源浪费。

此外,为进一步提升系统的风险防范能力,新型电力系统应充分利用深度学习、神经网络、大数据等先进数字手段,对碎片化、瞬时性的风险数据进行路径推演和模型训练。借助指数级增长的算力,系统能够复现各阶段节点的信息,并进行关联性的权重分析,从而实现对风险的精准预测与高效应对。

2. 人才培养与团队建设:提升反思与学习能力之基

加强人才培养与团队建设是提升新型电力系统反思与学习能力的基石。构建一支兼具专业素养、创新思维及卓越团队合作精神的电力人才队伍,是确保新型电力系统持续进步的重要支撑。因此,需加大对电力人才的培养力度,构建完善的人才培养体系与激励机制,鼓励员工持续学习、勇于探索,

营造积极向上的学习氛围。同时，强化团队间的沟通协作，促进知识无缝共享与经验深度交流，共同推动新型电力系统的反思与学习进程。

3.国际合作与交流：反思与学习能力跃升的关键路径

在全球化日益加深的今天，各国电力系统在建设与发展中都面临着诸多共性问题与挑战。因此，深化国际合作与交流成为提升新型电力系统反思与学习能力的重要途径。通过加强国际合作与交流，能够共同分享宝贵的经验、先进的技术与丰富的资源，推动全球电力系统的共同进步。

国际合作与交流为新型电力系统的构建提供了宝贵的机遇，使其能够相互借鉴各个国家的成功案例，汲取前沿技术与先进理念。这不仅有助于增强新型电力系统的反思与学习能力，还能促进其快速适应全球电力行业的发展趋势，朝着更高效、更可持续的方向迈进。

综上所述，新型电力系统"反思—学习能力"的培育与发展是一个复杂而长期的过程，亟需政府、企业、科研机构及社会各界人士的协同努力。唯有不断强化技术创新、深化人才培养、拓宽国际合作等关键领域的工作，方能驱动新型电力系统持续进步，为社会的可持续发展注入更强劲的动力。

（二）坚持以人民为中心，推进新型电力系统能源正义

中国共产党第二十届中央委员会第三次全体会议审议通过了《中共中央关于进一步深化改革、推进中国式现代化的决定》（简称《决定》），进一步明确了建设全国统一电力市场的要求，为我国下一阶段的电力市场化改革指明了方向。从其内在本质去理解，要坚持"以人民为中心"的发展理念，达成更好地为人民服务的根本目标。电力市场化改革需紧密围绕"以人民为中心"这一核心原则，确保改革服务于人民、依靠于人民，并让改革成果惠及全体人民，实现更加公平与广泛的现代化福祉。这一进程需遵循"使现代化建设的成就更广泛、更均衡地造福全体民众"的根本导向，通过分离电网的自然垄断部分与促进发电与用电两端的竞争性市场化改革，来强化电力市场基本公共服务的均衡覆盖与便捷获取，从而提升民众服务体验的质量。

因此，电力系统的发展策略必须高度重视并维护所有利益相关者的合法

权益,密切关注人民群众的用电需求与利益诉求,确保电力系统的建设与运营能够真正惠及广大民众。此外,还需确保能源分配既满足当前需求,又具备可持续性,为后代留下充足且清洁的能源。

首先,增强公共服务均衡性与可及性。电力系统组织可以通过深化电网自然垄断环节的独立运营及发电、用电两侧竞争性环节的市场化改革,来提升电力供应的公平性与效率,确保电力服务能够更均衡地覆盖所有地区与人群,从而有效缩小城乡、区域间的差距。特别是,需加大对农村及边远地区的支持力度,以提升这些区域的电力服务水平与能源利用效率。通过电网的持续优化建设与改造升级,进一步均衡电力服务的覆盖范围,减少地域间存在的不平等现象。

其次,要推动能源政策的公平性。政府需制定并推行旨在实现能源正义的政策,以保障能源资源的公平分配与合理利用。通过立法和监管措施,切实保护低收入家庭及弱势群体的能源获取权益,有效预防能源贫困问题。尤其要重点关注能源的可获得性、可负担性和可持续性,确保所有公众都能以合理价格获得可靠且清洁的能源服务,同时减轻对生态环境的负面影响。此外,政府应鼓励并支持能源企业主动承担社会责任,通过补贴、税收优惠等措施降低能源服务成本,使更多人群受益。

最后,应构建高效的电力服务反馈与公众参与机制。该机制旨在确保公众能直接参与电力服务的改进与决策流程中,提升电力服务的透明度与信息公开水平。通过定期发布电力服务报告、能源使用情况及相关数据,旨在让公众全面掌握电力系统运营状况与改进动态,以此增强公众对电力服务的信任,同时加深其对能源政策的理解与支持。政府与能源企业需主动倾听群众意见,迅速回应公众关切,利用热线电话、在线咨询服务等多元化沟通渠道与平台,确保公众的声音能被充分采纳并有效处理。此举将促进政府、企业与公众之间的良性互动,携手推动新型电力系统的建设与发展迈向新台阶。

参考文献

［1］ 森.正义的理念[M].王磊,李航,译.北京:中国人民大学出版社,2012.

［2］ 森,努斯鲍姆.生活质量[M].龚群,凝敏里,王文东,等译.北京:社会科学文献出版社,2008.

［3］ 艾丽斯·M.正义与差异政治[M].李诚予,刘靖子,译.北京:中国政法大学出版社,2017.

［4］ 陈传胜.马克思恩格斯的公平正义观研究[M].合肥:合肥工业大学出版社,2011.

［5］ 陈砺,严宗诚,方利国.能源概论[M].北京:化学工业出版社,2018.

［6］ 陈宜中.何为正义[M].北京:中央编译出版社,2016.

［7］ 陈迎接,巢清尘.碳达峰、碳中和100问[M].北京:人民日报出版社,2021.

［8］ 陈金玉.新型电力系统省级示范区建设技术路径[M].北京:中国电力出版社,2022.

［9］ 罗纳德.至上的美德:平等的理论与实践[M].冯克利,译.南京:江苏人民出版社,2012.

［10］ 邓晓芒,赵林.西方哲学史[M].北京:高等教育出版社,2014.

［11］ 约翰斯顿.正义简史[M].张安,译.北京:新华出版社,2018.

［12］ 南希,阿克塞尔.再分配,还是承认?[M].周穗明,译.上海:上海人民出版社,2009.

［13］ 弗莱施哈克尔.分配正义简史[M].吴万伟,译.南京:译林出版社,2010.

［14］ 菲利普,安德鲁斯-斯皮德.中国能源治理:低碳经济转型之路[M].张素芳,王伟,刘喜梅,译.北京:中国经济出版社,2015.

［15］ 方雨辰.构建新型电力系统的思考和探索[M].北京:科学技术文献出版社,2022.

［16］ 国家能源局.《"十四五"现代能源体系规划》辅导读本[M].北京:中国计划

出版社，2022.

［17］ 国务院发展研究中心壳牌国际有限公司.全球能源转型背景下的中国能源革命[M].北京：中国发展出版社，2019.

［18］ 国网重庆市电力公司，清华大学能源互联网创新研究院，清华四川能源互联网研究院.新型电力系统100问[M].北京：中国电力出版社，2022.

［19］ 国网北京市电力公司电力科学研究院组.人人参与碳中和新型电力系统下的电力需求侧响应[M].北京：中国电力出版社，2023.

［20］ 国网能源研究院有限公司.新型电力系统发展分析报告2023[M].北京：中国电力出版社，2024.

［21］ 斯罗尔斯顿.环境伦理学：大自然的价值以及人对大自然的义务[M].杨通进，译.北京：中国社会科学出版社，2000.

［22］ 何建华.分配正义论[M].北京：人民出版社，2007.

［23］ 黄义顺.从"生活儒学"到"中国正义论"[M].北京：中国社会科学出版社，2017.

［24］ 黄晓勇.世界能源发展报告2023[M].北京：社会科学文献出版社，2023.

［25］ 贺徙，耿学文，裴善鹏，等.面向新型电力系统的储能与电力市场[M].北京：机械工业出版社，2024.

［26］ 江涛，耿喜梅，张云雷，等.全球化与全球治理[M].北京：时事出版社，2017.

［27］ 康德.纯粹理性批判[M].邓晓芒，译.北京：人民出版社，2004.

［28］ 柳琴，史军.能源伦理研究[M].北京：气象出版社，2018.

［29］ 刘海霞.环境正义视阈下的环境弱势群体研究[M].北京：中国社会科学出版社，2015.

［30］ 刘竹，逯非，朱碧青.气候变化的应对：中国的碳中和之路[M].郑州：河南科学技术出版社，2022.

［31］ 李佳硕，周思立.中国电力系统转型影响评估：基于环境—资源—社会可持续发展目标[M].北京：经济管理出版社，2023.

［32］ 内蒙古电力公司培训中心.画说电力系统常识[M].北京：中国电力出版社，2017.

［33］ 欧阳俊.基于全寿命周期理念的输电网规划[M].北京：中国电力出版社，2019.

[34] 彭苏萍，王家臣.煤炭清洁低碳转型导论[M].北京：中国科学技术出版社，2022.

[35] 潜旭明.美国的国际能源战略研究——种能源地缘政治学的分析[M].上海：复旦大学出版社，2013.

[36] 潜旭明.能源地缘政治理论与实践[M].北京：时事出版社，2020.

[37] 任丑.伦理学基础[M].重庆：西南师范大学出版社，2011.

[38] 任皓.新能源危机中的大国对策[M].北京：石油工业出版社，2014.

[39] 舒印彪，康重庆.新型电力系统导论[M].北京：中国科学技术出版社，2022.

[40] 汤玉奇.社会公正论[M].北京：中共中央党校出版社，1990.

[41] 博格.康德、罗尔斯与全球正义[M].刘莘，徐向东，译.上海：上海译文出版社，2010.

[42] 王凤才.承认、正义、伦理：实践哲学语境中的霍耐特政治伦理学[M].上海：上海人民出版社，2017.

[43] 王强.中国能源转型背景下煤电能源供应链协调发展研究[M].北京：中国金融出版社，2022.

[44] 休谟.人性论[M].张晖，译.北京：北京出版社，2007.

[45] 徐向东.全球正义[M].杭州：浙江大学出版社，2011.

[46] 席瓦利 J M，杰弗伦 P.新的能源危机——气候、经济学和地缘政治[M].彭文兵，杨俊保，王诗婷，译.上海：上海财经大学出版社，2015.

[47] 新型电力系统发展蓝皮书编写组.新型电力系统发展蓝皮书[M].北京：中国电力出版社，2023.

[48] 辛保安.新型电力系统与新型能源体系[M].北京：中国电力出版社，2023.

[49] 俞可平.治理与善治[M].北京：社会科学文献出版社，2000.

[50] 亚里士多德.尼各马可伦理学[M].廖申白，译.北京：商务印书馆，2003.

[51] 罗尔斯.正义论[M].何怀宏，何包钢，廖申白，译.北京：中国社会科学出版社，1998.

[52] 穆勒.功利主义[M].徐大建，译.上海：上海人民出版社，2008.

[53] 杨通进.当代西方环境伦理学[M].北京：科学出版社，2017.

[54] 周濂.正义的可能[M].北京：中国文史出版社，2015.

[55] 张焕波.《巴黎协定》——全球应对气候变化的里程碑[M].北京：中国经济出

版社，2017.

［56］ 周勤勇，何泽家. 双碳目标下新型电力系统技术与实践[M]. 北京：机械工业出版社，2022.

［57］ 张宇燕，邹治波. 全球政治与安全报告（2023）[M]. 北京：社会科学文献出版社，2022.

［58］ 中国电力企业联合会. 中国电力行业年度发展报告2023[M]. 北京：中国建材工业出版社，2023.

［59］ 衷宇清，王浩，王敏，等. 新型电力系统中的通信前沿技术及实践[M]. 北京：人民邮电出版社，2023.

［60］ 朱东歌，马瑞. 新型电力系统与能源大数据[M]. 哈尔滨：哈尔滨出版社，2023.

［61］ 赵亮. 新型电力系统城市实践[M]. 北京：中国电力出版社，2024.

［62］ ADGER N W, PAAVOLA J, HUQ S, et al. Fairness to adaptation to climate change[M]. Cambridge: The MIT Press, 2006.

［63］ ANSELL C, TORFING J. Handbook on theories of governance[M]. Northampton: Edward Elgar Publishing, 2022.

［64］ BEVIR M. The SAGE handbook of governance[M]. Berkeley: University of California, 2010.

［65］ FINNIS J. Aquinas: Moral, political, and legal theory[M]. Oxford: Oxford University Press, 1998.

［66］ FRITZSCHE A, OKS S J. In the future of engineering: Philosophical foundations, ethical problems and application cases[M]. Cham: Springer, 2018.

［67］ GORDON S. Welfare, justice, and freedom[M]. New York: Columbia University Press, 1980.

［68］ HART H L A. The Concept of Law[M]. Oxford: Oxford University Press, 1961.

［69］ HUME D. A treatise of human nature[M]. Auckland: The Floating Press, 2009.

［70］ International Council on Human Rights Policy. Climate change and human rights: A rough guide[M]. Versoix: ATAR Roto Press SA, 2008.

［71］ LEVI-FAUR D. The Oxford handbook of governance[M]. New York: Oxford University Press, 2012.

[72] LYSTER R. Climate justice and disaster law[M]. Cambridge: Cambridge University Press, 2015.

[73] MANASTER K A. Environmental protection and justice: Readings and commentary on environmental law and practice[M]. Cincinnati, OH: Anderson Pub. Co., 1995.

[74] NUSSBAUM M C. Frontiers of Justice: Disability, Nationality, Species Membership[M]. Cambridge: Belknap Press of Harvard University Press, 2007.

[75] PIERRE J. Debating governance: Authority, steering, and democracy[M]. New York: Oxford University Press, 2000.

[76] PALAST G, OPPENHEIM J, MACGREGOR T. Democracy and regulation: How the public can govern essential services[M]. London: Pluto Press, 2003.

[77] POGGE, T. W. World poverty and human rights[M]. London: Polity, 2012.

[78] SOVACOOL B K, DWORKIN, M. H. Global energy justice: Problems, principles, and practices[M]. Cambridge: Cambridge University Press, 2014.

[79] SHAFRITZ J M, HYDE A C. Classics of public administration[M]. Boston: Cengage Learning, 2015.

[80] SHUE H. Basic rights: Subsistence, affluence, and U.S. Foreign policy: 40th anniversary edition[M]. Princeton: Princeton University Press, 2020.

[81] TILLU A. Essays in energy and health[M]. Tucson: University Of Arizona, 2019.

[82] 陈浩.电力低碳转型中的决策优化方法及其应用研究[D].北京：北京理工大学，2018.

[83] 陈华栋.基于企业行为模拟的中国电力行业低碳转型路径研究[D].北京：清华大学，2018.

[84] 陈思源.城市光伏利用评估及其空间规划研究[D].天津：天津大学，2021.

[85] 丁利春.煤炭资源型地区碳减排机理及优化路径研究[D].太原：山西财经大学，2022.

[86] 范岩.能源可持续发展伦理研究[D].成都：成都理工大学，2007.

[87] 方天舒.中国新能源高质量发展的经济政策效应研究[D].长春：吉林大学，2022.

[88] 郭逸豪.蓄意攻击威胁下电力信息物理系统韧性提升方法研究[D].杭州：浙江大学，2023.

[89] 黄何.电力技术进步下中国电力结构低碳可持续转型研究[D].哈尔滨：哈尔滨工业大学，2019.

[90] 韩冬日.能源转型对经济增长质量的影响及对策研究[D].哈尔滨：哈尔滨工程大学，2021.

[91] 韩嘉石.中国农村能源消费转型升级的机制和路径研究——基于时空效应视角[D].徐州：中国矿业大学，2022.

[92] 胡燕子.中国可再生能源发展对碳排放、经济增长和就业的影响[D].北京：中央财经大学，2022.

[93] 江振国.哲学视角下的消费方式转变研究[D].北京：中共中央党校，2015.

[94] 荆帆.论阿玛蒂亚·森的能力平等观[D].长春：吉林大学，2015.

[95] 鹿云.批判理论的承认正义[D].北京：首都师范大学，2013.

[96] 廖良辉.低碳经济的伦理审视[D].长沙：湖南师范大学，2015.

[97] 刘飔.绿色消费伦理的理论及其实践[D].西安：陕西师范大学，2017.

[98] 刘奎.产业结构调整背景下中国重工业能源环境问题研究[D].厦门：厦门大学，2018.

[99] 刘风.碳市场背景下电力结构低碳转型研究[D].徐州：中国矿业大学，2019.

[100] 刘文峰.可再生能源发电政策效果评价及其发展研究[D].北京：华北电力大学，2020.

[101] 刘诗剑.能源转型背景下新能源制氢市场推广的关键问题研究[D].北京：华北电力大学，2021.

[102] 刘博.基于能源发展权的"一带一路"能源合作高质量发展研究[D].兰州：兰州大学，2023.

[103] 柳逸月.中国能源系统转型及可再生能源消纳路径研究[D].兰州：兰州大学，2017.

[104] 柳君波.基于OSeMOSYS模型的山东电力系统低碳转型路径及影响研究[D].徐州：中国矿业大学，2022.

[105] 孙红杰.能源系统转型对减缓气候变化设定目标的响应及模拟分析[D].兰州：兰州大学，2020.

[106] 王雪妍.基于电—碳—绿证联合交易的多能互补系统优化运行研究[D].西安：西安理工大学，2024.

[107] 杨晓迪.绿色转型中能源正义的法律保障[D].贵州：贵州大学，2022.

[108] 朱步楼.可持续发展伦理研究[D].南京：南京师范大学，2005.

[109] 朱明亮.中国电力能源替代经济性及路径研究[D].北京：华北电力大学，2021.

[110] 张帅.低碳转型背景下金融发展对能源转型影响研究[D].重庆：重庆大学，2021.

[111] 张帅.印度"能源贫困"问题研究[D].昆明：云南大学，2021.

[112] 赵聪.命运共同体视域下生态危机及其全球治理研究[D].上海：上海财经大学，2022.

[113] 张琪.能源正义视域下能源普遍服务制度的规范构造[D].武汉：中南财经政法大学，2023.

[114] BEDNAR D. Towards Energy Justice: A Multidimensional Analysis of Energy Poverty Recognition and Responses in the United States[D]. Ann Arbor: University of Michigan, 2021.

[115] JUAN N C. The energy trilemma: Conceptual development and practical implementation into energy policy[D]. Dundee: University of Dundee, 2020.

[116] JOSHUA N R. Scales of energy justice: Understanding energy poverty through multi-scale spatial analysis[D]. Raleigh: North Carolina State University, 2022.

[117] MONIRUZZMAN M D. Rural women, energy poverty and energy justice in the East Central region of Bangladesh[D]. Birmingham: University of Birmingham, 2016.

[118] LACEY-BARNACLE. Exploring local energy justice in times of austerity: Civic energy sector low-carbon transitions in Bristol city[D]. Cardiff: Cardiff University, 2019.

[119] Mark Leonard Gregory Jones. Energy Justice in Dhaka's Slums[D]. London: University College London, 2021.

[120] REYES S A. I. Energy justice and the consolidated informal city: Sustainability and energy use in colonias populares[D]. Mexico City: The University of Texas at Austin, 2018.

[121] WOOD N A. Energy, capability, and justice: a foundation for a normative account of energy systems[D]. West Yorkshire: University of Leeds, 2020.

[122] 毕竞悦.正义的悖论：无政府世界的能源冲突[J].文化纵横，2014（5）：72-77.

[123] 别朝红，林雁翎，邱爱慈.弹性电网及其恢复力的基本概念与研究展望[J].电力系统自动化，2015，39（22）：1-9.

[124] 别朝红，林超凡，李更丰，等.能源转型下弹性电力系统的发展与展望[J].中国电机工程学报，2020，40（9）：2735-2745.

[125] 陈天，韩林阳，王鹏.虚拟电厂的基本结构与运行控制方案概述[J].中国电力企业管理，2020（28）：59-63.

[126] 陈磊，邓欣怡，陈红坤，等.电力系统韧性评估与提升研究综述[J].电力系统保护与控制，2022，50（13）：11-22.

[127] 陈倩.论我国能源法的立法目的—兼评2020年《能源法（征求意见稿）》第一条[J].中国环境管理，2022，14（1）：123-129.

[128] 陈海东，乔宁，张超，等.产消者参与调峰辅助服务市场的交易策略[J].电力需求侧管理，2024，26（3）：101-106.

[129] 陈图南，李文萱，李云，等."双碳"背景下碳—绿证—电力市场耦合机制综述[J].广东电力，2024，37（8）：14-25.

[130] 陈春宇，黄宸恺，王剑晓，等.考虑风电不确定性的调频辅助服务市场多时间尺度出清调度策略[J/OL].电工技术学报，1-16[2024-10-20]

[131] 杜继林.新型电力系统背景下高韧性电网发展对策研究[J].农村电工，2022（10）：30-31.

[132] 戴璟，王剑晓，张兆华，等.新型电力系统形态特征与关键技术[J].新型电力系统，2023（2）：66-88.

[133] 顾基发，唐锡晋，朱正祥.物理—事理—人理系统方法论综述[J].交通运输系统工程与信息，2007（6）：51-60.

[134] 高海翔，陈颖，黄少伟，等.配电网韧性及其相关研究进展[J].电力系统自动化，2015，39（23）：1-8.

[135] 高骞，杨俊义，洪宇，等.新型电力系统背景下电网发展业务数字化转型架构及路径研究[J].发电技术，2022（6）：33-41.

[136] 耿立宏，冯义华，孙志鹏，等.建设虚拟电厂赋能新型电力系统建设[J].农电管理，2024（5）：15-17.

[137] 龚国军.增强电力气候韧性[J].中国电力企业管理,2023(24):3.

[138] 顾明宏,孙为兵,李培培,等.面对极端扰动事件的城市弹性配电网评估指标体系[J].电力系统及其自动化学报,2018,30(7):103-109.

[139] 黄海静,高阳,孙英涛,等.电力系统安全韧性评价标准化研究[J].标准科学,2022(1):100-103.

[140] 季阳,艾芊,解大.基于智能电网的清洁能源并网技术[J].低压电器,2010(4):23-28,54.

[141] 鞠平,王冲,辛焕海,等.电力系统的柔性、弹性与韧性研究[J].电力自动化设备,2019(11):7-13.

[142] 廖小明.中国传统社会公平观的多维审视及其当代启示[J].经济与社会发展,2016,14(5):47-50.

[143] 李艳枝.试析土耳其正义与发展党政府的能源安全战略[J].国际研究参考,2017(10):1-7.

[144] 林伯强.清洁低碳转型需要兼顾能源成本[J].环境经济研究,2018,3(3):1-5.

[145] 林伯强.中国新能源发展战略思考[J].中国地质大学学报(社会科学版),2018,18(2):76-83.

[146] 宁立标,杨晓迪.能源正义视角下我国能源转型的法律规制路径[J].山东大学学报(哲学社会科学版),2022(2):175-184.

[147] 刘昌义,杨方,陈星.建设新型电力系统需重视应对气候风险[J].科技中国,2024(8):38-42.

[148] 刘航航,周蕾,司君诚,等.考虑电价不确定性的发电企业电能量——辅助服务市场报价策略[J].山东电力技术,2024,51(8):27-35.

[149] 李军祥,刘艳丽,何建佳,等.考虑绿证和碳排放权交易的电力市场协同减碳效应与仿真[J].上海理工大学学报,2024,46(4):464-474.

[150] 李文贺.能源正义视域下农村生活用能保障的规范困境及纾解方案[J].华北电力大学学报(社会科学版),2024(3):41-53.

[151] 李军徽,张靖祥,穆钢,等.辅助服务市场下独立储能调峰调频协同优化调度[J/OL].中国电机工程学报,1-15[2024-10-20].

[152] 马志豪,宋晓昭.我国电力行业碳达峰碳中和路径研究[J].电子元器件与信息技术,2021(10):77-78,83.

［153］ 邱新.论能源亲贫规制的立法促进[J].南京工业大学学报（社会科学版），2012，11（4）：48-54.

［154］ 齐绍洲，李杨.可再生能源消费影响经济增长吗——基于欧盟的实证研究[J].世界经济研究，2017（4）：106-119，136.

［155］ 全国政协委员徐玖平：提高极端灾害下城市电力系统韧性[N].人民政协报，2024-08-15（003）.

［156］ 阮前途，谢伟，许寅，等.韧性电网的概念与关键特征[J].中国电机工程学报，2020，40（21）：6773-6784.

［157］ 苏苗罕.能源普遍服务的法理与制度研究[J].法治研究，2007（10）：13-18.

［158］ 邵亦文，徐江.城市韧性：基于国际文献综述的概念解析[J].国际城市规划，2015，30（2）：48-54.

［159］ 施训鹏.以人为本实现公平正义的能源转型[J].环境经济研究，2021，6（3）：1-7.

［160］ 舒印彪，张丽英，张运洲，等.我国电力碳达峰、碳中和路径研究[J].中国工程科学，2021（6）：9-22.

［161］ 史连军.能源转型下的电力市场发展思考[J].广西电业，2023（9）：64-68.

［162］ 盛万兴，刘科研，李昭，等.新型配电系统形态演化与安全高效运行方法综述[J].高电压技术，2024（1）：7-24.

［163］ 尚清华，李佩杰，祁乐，等.基于价值分配方法的无功辅助服务市场研究[J].广西大学学报（自然科学版），2024，49（2）：346-359.

［164］ 谭忠富，王冠然.新型电力系统下虚拟电厂技术应用与发展建议[J].华北电力大学学报（社会科学版），2023（4）：34-44.

［165］ 王广辉，万俊人.论能源权作为基本人权[J].清华大学学报（哲学社会科学版），2015，30（4）：142-151.

［166］ 汪辉，徐蕴雪，卢思琪，等.恢复力、弹性或韧性？——社会——生态系统及其相关研究领域中"Resilience"一词翻译之辨析[J].国际城市规划，2017，32（4）：29-39.

［167］ 王红斌，方健，何嘉兴，等.极端灾害下配电网韧性研究综述[J].供用电，2019，36（7）：20-29.

［168］ 王明远，孙雪妍."能源正义"及其中国化——基于电力法制的分析[J].中州

学刊，2020（1）：66-75.

［169］ 王江.论碳达峰碳中和行动的法制框架[J].东方法学，2021（5）：122-134.

［170］ 王霄，赵秀凤.碳中和背景下中国乡村能源转型的学理思考——基于马克思主义正义观视角[J].改革与战略，2022，38（1）：13-23.

［171］ 王鑫."分配正义"概念的历史追溯与唯物主义重构[J].求是学刊，2022，49（3）：33-39.

［172］ 王宏，宋禹飞，刘润鹏，等.虚拟电厂标准化现状与需求分析［J］.浙江电力，2024（5）：6-14.

［173］ 吴鸣，张楠春，梁英，等.新型电力系统背景下微电网技术研究与发展[J].新型电力系统，2024，2（3）：251-271.

［174］ 吴旭，马斌，李有亮，等.安徽电力调峰辅助服务市场设计与应用[J].电气技术，2024，25（7）：50-55.

［175］ 许寅，和敬涵，王颖，等.韧性背景下的配网故障恢复研究综述及展望[J].电工技术学报，2019，34（16）：3416-3429.

［176］ 肖智文，王国庆，朱建明，等.面向突发事件的电网韧性能力评价及构建方法[J].系统工程理论与实践，2019，39（10）：2637-2645.

［177］ 徐金金，黄云游.拜登政府的能源政策及其影响[J].国际石油经济，2022，30（9）：21-32.

［178］ 辛保安.加快建设新型电力系统助力实现"双碳"目标[J].国家电网，2021（8）：10-12.

［179］ 辛保安.构建绿色低碳国际能源合作新格局[J].中国电力企业管理，2022（31）：18-20.

［180］ 辛保安.加快构建新型电力系统[J].当代电力文化，2022（10）：33.

［181］ 辛保安.新型电力系统构建方法论研究[J].新型电力系统，2023（1）：6-23.

［182］ 辛保安，李明节，贺静波，等.新型电力系统安全防御体系探究[J].中国电机工程学报，2023（15）：4-13.

［183］ 谢开，刘敦楠，李竹，等.适应新型电力系统的多维协同电力市场体系[J].电力系统自动化，2024（4）：7-17.

［184］ 张鑫，王楠，王伟，等.考虑台风天气的电力系统韧性评估[J].电力系统及其自动化学报，2019，31（8）：21-26.

［185］赵成柏，毛春梅.二氧化碳排放与经济增长——基于分位回归验证Kuznets假说［J］.统计与决策，2011（16）：98-100.

［186］张忠民，熊晓青.中国农村能源正义的法律实现［J］.中国人口·资源与环境，2016，26（12）：125-132.

［187］郑佳宁.现代能源产品价格形成机制的法律思考——在市场与规制之间［J］.北京理工大学学报（社会科学版），2021，23（1）：150-161.

［188］郑馨竺."以人为本"推进碳中和的路径创新与政策协同［J］.中国环境管理，2022，14（1）：5-6.

［189］朱玲玲.拜登政府的"清洁能源革命"：内容、特点与前景［J］.中国石油大学学报（社会科学版），2022，38（4）：45-55.

［190］朱彤.能源安全新风险与新逻辑：系统韧性的视角——兼论新逻辑下我国能源安全问题与战略思路［J］.技术经济，2023，42（2）：1-10.

［191］张海静，刘霄慧，孙小斌，等.面向"双碳"目标的虚拟电厂能源需求响应策略［J］.能源与环保，2024（4）：222-225，231.

［192］张万洪，宋毅仁.中国式现代化背景下能源正义与公正能源转型的新思考［J］.江汉论坛，2024（3）：36-43.

［193］周晓敏，葛少云，李腾，等.极端天气条件下的配电网韧性分析方法及提升措施研究［J］.中国电机工程学报，2018，38（2）：505-513，681.

［194］AWERBUCH S, SAUTER R. Exploiting the oil-GDP effect to support renewables deployment[J]. Energy Policy, 2006, 34（17）: 2805-2819.

［195］APERGIS N, SALIM R. Renewable energy consumption and unemployment: Evidence from a sample of 80 countries and nonlinear estimates[J]. Applied Economics, 2015, 47（52）: 1-20.

［196］ALFORD-JONES K. How injustice can lead to energy policy failure: A case study from Guatemala[J]. Energy Policy, 2022, 164: 1-9.

［197］AGBAITORO G A, OYIBO K I. Realizing the United Nations Sustainable Development Goals 7 and 13 in sub-Saharan Africa by 2030: synergizing energy and climate justice perspectives[J]. The Journal of World Energy Law and Business, 2022, 15（3）: 223-235.

［198］BRUNEAU M, CHANG S E, EGUCHI R T, et al. A framework to quantitatively assess and enhance the seismic resilience of communities[J]. Earthquake Spectra, 2003, 19 (4): 733-752.

[199] BAKKER R H, PEDERSEN E, VAN DEN BERG G P, et al. Impact of wind turbine sound on annoyance, self-reported sleep disturbance and psychological distress[J]. Science of The Total Environment, 2012, 425 (5): 42-51.

[200] BARTIAUX F, VANDESCHRICK C, MOEZZI M, et al. Energy justice, unequal access to affordable warmth, and capability deprivation: A quantitative analysis for belgium[J]. Applied Energy, 2018, 225: 1219-1233.

[201] BHATTACHARYA A, KOJIMA S. Power sector investment risk and renewable energy: A Japanese case study using portfolio risk optimization method[J]. Energy Policy, 2012, 40: 69-80.

[202] BOUZAROVSKI S. Energy poverty in the European Union: landscapes of vulnerability[J]. WIREs Energy and Environment, 2014, 3 (3): 276-289.

[203] BOUZAROVSKI S, SIMCOK N. Spatializing energy justice[J]. Energy Policy, 2017, 107: 640-648.

[204] CANEY S. Cosmopolitan Justice and Equalizing Opportunities[J]. Metaphilosophy, 2001, 32 (1): 113-134.

[205] CRENSHAW K W. Mapping the margins: Intersectionality, identity politics, and violence against women of color[M]//The public nature of private violence. Routledge, 2013: 93-118.

[206] CALDER R S D, SCHARTUP A T, LI M, et al. Future impacts of hydroelectric power development on methylmercury exposures of Canadian indigenous communities[J]. Environmental Science and Technology, 2016, 50 (23): 13115-13122.

[207] CHATTERTON T J, ANABLE J, BARNES J, et al. Mapping household direct energy consumption in the United Kingdom to provide a new perspective on energy justice[J]. Energy Research & Social Science, 2016, 18 (8): 71-87.

[208] CALVI M F, MORAN E F, SILVA, R F, et al. The construction of the Belo Monte dam in the Brazilian Amazon and its consequences on regional rural labor[J]. Land Use Policy, 2020, 90 (1): 1-12.

[209] CARLEY S, KONISKY D M. The justice and equity implications of the clean energy

transition[J]. Nature Energy, 2020, 5（8）: 569-577.

［210］ DEMARCO J P. Substantive equality: a basic value[J]. Journal of Social philosophy, 2001, 32（2）: 197-206.

［211］ DAVIES A R. Environmental justice as subtext or omission: examining discourses of anti-incineration campaigns in Ireland[J]. Geoforum, 2006, 37（5）: 709-710.

［212］ DEPARTMENT of Homeland Security. National infrastructure protection plan [R]. Washington D. C. : Department of Homeland Security, 2009.

［213］ DAY R, WALKER G, SIMCOCK N. Conceptualising energy use and energy poverty using a capabilities framework[J]. Energy Policy, 2016, 93: 255-264.

［214］ DRÖES M I, KOSTER H R. Renewable energy and negative externalities: The effect of wind turbines on house prices[J]. Journal of Urban Economics, 2016, 96（11）: 121-141.

［215］ DRÖES M I, KOSTER H R A. Wind turbines, solar farms, and house prices[J]. Energy Policy, 2021, 155: 1-11.

［216］ DROUBI S, HEFFRON R J, MCCAULEY D. A critical review of energy democracy: A failure to deliver justice?[J]. Energy Research & Social Science, 2022, 86（1）: 1-15.

［217］ DAS R R, MARTISKAINEN M, BERTRAND L M, et al. A review and analysis of initiatives addressing energy poverty and vulnerability in Ontario[J]. Renewable and Sustainable Energy Reviews, 2022, 165（9）: 1-15.

［218］ DUTTA N S, GILL E, ARKHURST B K, et al. JUST-R metrics for considering energy justice in early-stage energy research[J]. Joule, 2023, 7（3）: 431-437.

［219］ FERNANDES W. Rehabilitation policy for the displaced[J]. Economic and Political Weekly, 2004, 39（12）: 1191-1193.

［220］ GROSS C. Community perspectives of wind energy in Australia: The application of a justice and community fairness framework to increase social acceptance[J]. Energy Policy, 2007, 35（5）: 2727-2736.

［221］ GURUSWAMY L. Energy justice and sustainable development[J]. Colo. J. Int'l Envtl. L. & Pol'y, 2010, 21: 231.

［222］ GOODMAN J. From global justice to climate justice? Justice ecologism in an era of global warming[J]. New Political Science, 2010, 31（4）: 499-514.

[223] HOLLING C S. Resilience and stability of ecological systems[J]. 1973, 1-23.

[224] HAMPTON G. Environmental equity and public participation[J]. Policy Sciences, 1999, 32(2): 163-174.

[225] HINES C J, ROBERTS J L, ANDREWS R N, et al. Use of and occupational exposure to indium in the United States[J]. Journal of Occupational and Environmental Hygiene, 2013, 10(12): 723-733.

[226] HAMILTON M. Restorative justice activity orders: Furthering restorative justice intervention in an environmental and planning law context?[J]. Environmental and Planning Law Journal, 2015, 32(6): 548-561.

[227] HEFFRON R J, MCCAULEY D. Achieving sustainable supply chains through energy justice[J]. Applied Energy, 2014, 123(6): 435-437.

[228] HEFFRON R J, MCCAULEY D, SOVACOOL B K. Resolving society's energy trilemma through the energy justice metric[J]. Energy Policy, 2015, 87: 168-176.

[229] HEFFRON R J, MCCAULEY D. The concept of energy justice across the disciplines[J]. Energy Policy, 2017, 105: 658-667.

[230] HEFFRON R J, MCCAULEY D, de RUBENS G Z. Balancing the energy trilemma through the Energy Justice Metric[J]. Applied Energy, 2018, 229: 1191-1201.

[231] HEFFRON R J. The role of justice in developing critical minerals[J]. The Extractive Industries and Society, 2020, 7(3): 855-863.

[232] HOLDEN E, LINNERUD K, RYGG B J. A review of dominant sustainable energy narratives[J]. Renewable and Sustainable Energy Reviews, 2021, 144(7): 1-11.

[233] HERTWICH E G, GIBON T, BOUMAN E A, et al. Integrated life-cycle assessment of electricity-supply scenarios confirms global environmental benefit of low-carbon technologies[J]. Proceedings of the National Academy of Sciences, 2015, 112(20): 6277-6282.

[234] HU Z. When energy justice encounters authoritarian environmentalism: the case of clean heating energy transitions in rural China[J]. Energy Research & Social Science, 2020, 70(2): 1-16.

[235] ISLAR M, BROGAARD S, LEMBERG-PEDERSEN M. Feasibility of energy justice: exploring national and local efforts for energy development in Nepal[J]. Energy Policy,

2017, 105: 668−676.

[236] JENKINS K, MCCAULEY D, HEFFRON R, et al. Energy justice: A conceptual review[J]. Energy Research & Social Science, 2016, 11（1）: 174−182.

[237] JENKINS K. Setting energy justice apart from the crowd: Lessons from environmental and climate justice[J]. Energy Research & Social Science, 2018, 39（5）: 117−121.

[238] KUEHN R R. A taxonomy of environmental justice[J]. Environmental Law Reporter: News & Analysis, 2000, 30（9）: 10681−10703.

[239] LABELLE M C. In pursuit of energy justice[J]. Energy Policy, 2017, 107: 615−620.

[240] LEE J, BYRNE J. Expanding the conceptual and analytical basis of energy justice: beyond the three-tenet framework[J]. Frontiers in Energy Research, 2019, 7（9）: 1−10.

[241] LI Z, DEBLON J, ZU Y, et al. Geochemical baseline values determination and evaluation of heavy metal contamination in soils of lanping mining valley（Yunnan Province, China）[J]. International Journal of Environmental Research and Public Health, 2019, 16（23）: 1−18.

[242] LOU J, QIU Y, KU A L, et al. Inequitable and heterogeneous impacts on electricity consumption from COVID-19 mitigation measures[J]. iScience, 2021, 24（11）: 1−22.

[243] LINDNER R. Green hydrogen partnerships with the Global South. Advancing an energy justice perspective on "tomorrow's oil"[J]. Sustainable Development, 2023, 31（2）: 1038−1053.

[244] MARQUES A C, FUINHAS J A. Is renewable energy effective in promoting growth?[J]. Energy Policy, 2012, 46: 434−442.

[245] MCCAULEY D, HEFFRON R J, STEPHAN H, et al. Advancing energy justice: the triumvirate of tenets[J]. International Energy Law Review, 2013, 32（3）: 107−110.

[246] MARNAY C, AKI H, HIROSE K, et al. Japan's pivot to resilience: How two microgrids fared after the 2011 earthquake[J]. IEEE Power & Energy Magazine, 2015, 13（3）: 44.

[247] MAJI I K. Does clean energy contribute to economic growth? Evidence from Nigeria[J]. Energy Reports, 2015, 1: 145−150.

[248] MULLEN C, MARSDEN G. Mobility justice in low carbon energy transitions[J]. Energy Research & Social Science, 2016, 18（3）: 109−117.

[249] MELIN A, DAY R, JENKINS K E. Energy justice and the capability approach—introduction to the special issue. Journal of Human Development and Capabilities, 2021, 22（2）, 185–196.

[250] MULUGETTA Y, SOKONA Y, TROTTER P A, et al. Africa needs context-relevant evidence to shape its clean energy future[J]. Nature Energy, 2022, 7（11）: 1015–1022.

[251] NISSENBAUM M A, ARAMINI J J, HANNING C D. Effects of industrial wind turbine noise on sleep and health[J]. Noise & Health, 2012, 14（60）: 237–243.

[252] National Academies of Sciences, Engineering, Medicine. Enhancing the resilience of the nation's electricity system[R]. Washington, D. C.: The National Academies Press, 2017.

[253] OCAL O, ASLAN A. Renewable energy consumption-economic growth nexus in Turkey[J]. Renewable and Sustainable Energy Reviews, 2013, 28（8）: 494–499.

[254] PESS G R, MCHENRY M L, BEECHIE T J, et al. Biological impacts of the Elwha River Dams and potential salmonid responses to dam removal[J]. Northwest Science, 2008, 82（1）: 72–90.

[255] PAPADA L, KALIAMPAKOS D. Measuring energy poverty in Greece[J]. Energy Policy, 2016, 94: 157–165.

[256] PELLEGRINI-MASINI G, PIRNI A, MARAN S. Energy justice revisited: A critical review on the philosophical and political origins of equality[J]. Energy Research & Social Science, 2020, 59（1）: 1–7.

[257] RUBINI L. 'The wide and the narrow gate': Benchmarking in the SCM Agreement after the Canada – Renewable Energy/FIT Ruling[J]. World Trade Review, 2015, 14（2）: 211–237.

[258] SCHLOSBERG D. Resurrecting the pluralist universe[J]. Political Research Quarterly, 1998, 51（3）: 583–615.

[259] SCHLOSBERG D. Reconceiving environmental justice: global movements and political theories[J]. Environmental Politics, 2004, 13（3）: 517–540.

[260] SCHLOSBERG D. Theorising environmental justice: the expanding sphere of a discourse[J]. Environmental Politics, 2013, 22（1）: 37–55.

[261] SCHLOSBERG D, COLLINS L B. From environmental to climate justice: climate change and the discourse of environmental justice[J]. Wiley Interdisciplinary Reviews: Climate Change, 2014, 5（3）: 359-374.

[262] SOJA E. The City and Spatial Justice[J]. Justice Spatiale, 2009, 1（1）: 1-5.

[263] SMITH K R, MCCRACKEN J P, THOMPSON L, et al. Personal child and mother carbon monoxide exposures and kitchen levels: methods and results from a randomized trial of woodfired chimney cookstoves in Guatemala（RESPIRE）[J]. Journal of Exposure Science and Environmental Epidemiology, 2010, 20（5）: 406-416.

[264] SADATH A C, ACHARYA R H. Assessing the extent and intensity of energy poverty using Multidimensional Energy Poverty Index: empirical evidence from households in India[J]. Energy Policy, 2017, 102: 540-550.

[265] SOVACOOL B K. What are we doing here? Analyzing fifteen years of energy scholarship and proposing a social science research agenda[J]. Energy Research & Social Science, 2014, 1（3）: 1-29.

[266] SOVACOOL B K, DWORKIN M H. Energy Justice: Conceptual Insights and Practical Applications[J]. Applied Energy, 2015, 142: 435-444.

[267] SOVACOOL B K, HEFFRON R J, MCCAULEY D, et al. Energy decisions reframed as justice and ethical concerns[J]. Nature Energy, 2016, 1（1）: 1-6.

[268] SOVACOOL B K, BURKE M, BAKER L, et al. New frontiers and conceptual frameworks for energy justice[J]. Energy Policy, 2017, 105: 677-691.

[269] SOVACOOL B K. Who are the victims of low-carbon transitions? Towards a political ecology of climate change mitigation[J]. Energy Research and Social Science, 2021, 73（1）: 1-16.

[270] SUNTER D A, CASTELLANOS S, KAMMEN D M. Disparities in rooftop photovoltaics deployment in the United States by race and ethnicity[J]. Nat Sustain, 2019, 2（1）: 71-76.

[271] TOURKOLIAS C, MIRASGEDIS S. Quantification and monetization of employment benefits associated with renewable energy technologies in Greece[J]. Renewable and Sustainable Energy Reviews, 2011, 15（6）: 2876-2886.

[272] The White House. Presidential Policy Directive（PDD）-21: Critical infrastructure

security and resilience [R]. Washington D. C. : The White House, 2013.

［273］ TOMAIN J P. Energy justice in a net-zero world. The Journal of World Energy Law & Business, 2022, 15（3）, 173-182.

［274］ UK Cabinet Office. Keeping the country running: natural hazards and infrastructure [R]. London, UK: UK Cabinet Office, 2011.

［275］ UNISDR. Disaster risk and resilience [R]. UN System Task Force on the Post-2015 UN Development Agenda, 2012.

［276］ VAN C A. Hydropower development and involuntary displacement: Toward a global solution[J]. Ind. J. Global Legal Stud., 2016, 23: 349.

［277］ WALKER G. Beyond distribution and proximity: exploring the multiple spatialities of environmental justice[J]. Antipode, 2009, 41（4）: 614-636.

［278］ WALKER G. The right to energy: Meaning, specification and the politics of definition[J]. L'Europe En Formation, 2015, 378（4）: 26-38.

［279］ WALL T U, MEADOW A M, HORGANIC A. Developing evaluation indicators to improve the process of coproducing usable climate science[J]. Weather, Climate, and Society, 2017, 9（1）: 95-107.

［280］ WILLIAMS S, DOYON A. Justice in energy transitions[J]. Environmental Innovation and Societal Transitions, 2019, 31（6）: 144-153.

［281］ WOOD N, ROELICH K. Tensions, capabilities, and justice in climate change mitigation of fossil fuels[J]. Energy Research & Social Science, 2019, 52（2）: 114-122.

［282］ XIE S, LI Z, LIU J, et al. Fisheries of the yangtze river show immediate impacts of the three gorges dam[J]. Fisheries, 2007, 32（7）: 343-344.

［283］ YENNETI K, DAY R, GOLUBCHIKOV O. Spatial justice and the land politics of renewables: dispossessing vulnerable communities through solar energy megaprojects[J]. Geoforum, 2016, 76（11）: 90-99.

［284］ ZHOU Z, CHEN Z, PAN H, et al. Cadmium contamination in soils and crops in four mining areas, China[J]. Journal of Geochemical Exploration, 2018, 192（9）: 72-84.

［285］ 毕马威企业咨询（中国）有限公司.2030中国电力场景展望[EB/OL].（2020-07-03）[2024-10-20]. https://assets.kpmg.com/content/dam/kpmg/cn/pdf/

zh/2020/06/prospect-of-china-power-scene-2030.pdf.

[286] 杜尔顺,张为荣,李政.中国构建新型电力系统对电网的挑战与成本研究[EB/OL].(2024-02-09)[2024-10-20].https://lce.tsinghua.edu.cn/__local/A/14/0C/474A3440BCB3FB8DD886DE3E055_8F3D2926_26907E.pdf.

[287] 大气污染防治行动计划[EB/OL].(2013-09-10)[2024-10-20].https://www.gov.cn/zwgk/2013-09/12/content_2486773.htm.

[288] 电力安全生产"十四五"行动计划[EB/OL].(2021-12-08)[2024-10-20].https://zfxxgk.nea.gov.cn/2021-12/08/c_1310442211.htm.

[289] 电力辅助服务管理办法[EB/OL].(2021-12-21)[2024-10-20].https://zfxxgk.nea.gov.cn/2021-12/21/c_1310391161.htm.

[290] 电力可靠性管理办法(暂行)[EB/OL].(2024-04-24)[2024-10-20].https://www.ndrc.gov.cn/xxgk/zcfb/fzggwl/202204/t20220424_1322795.html.

[291] 电力市场信息披露基本规则[EB/OL].(2024-01-31)[2024-10-20].https://www.gov.cn/zhengce/zhengceku/202402/content_6930748.htm.

[292] 电力市场运行基本规则[EB/OL].(2024-05-14)[2024-10-20].https://www.ndrc.gov.cn/xxgk/zcfb/fzggwl/202405/P020240510390953264943.pdf.

[293] 电力体制改革方案[EB/OL].(2022-02-10)[2024-10-20].https://www.gov.cn/zhengce/content/2017-09-13/content_5223177.htm.

[294] 电力现货市场基本规则(试行)[EB/OL].(2023-09-07)[2024-10-20].https://www.gov.cn/zhengce/zhengceku/202309/content_6904881.htm.

[295] 电力需求侧管理推进工作实施方案[EB/OL].(2023-09-15)[2024-10-20].https://www.gov.cn/zhengce/zhengceku/202310/content_6907311.htm.

[296] 电力中长期交易基本规则[EB/OL].(2024-07-24)[2024-10-20].https://www.gov.cn/zhengce/zhengceku/202408/content_6970133.htm.

[297] 电力中长期交易基本规则—绿色电力交易专章[EB/OL].(2024-08-23)[2024-10-20].https://www.ndrc.gov.cn/xwdt/tzgg/202408/t20240823_1392553.html?state=123.

[298] GB/T 43794-2024,用户供电可靠性评价指标导则[EB/OL].(2024-03-15)[2024-10-20].https://www.doc88.com/p-91073405758834.html.

[299] 关于促进新时代新能源高质量发展的实施方案[EB/OL].(2022-05-30)[2024-

10–20].https://www.gov.cn/zhengce/content/2022-05-30/content_5693013.htm.

[300] 关于建立健全电力辅助服务市场价格机制的通知[EB/OL].（2024-02-07）[2024-10-20]. https://www.gov.cn/zhengce/zhengceku/202402/content_6931026.htm.

[301] 关于加快建立统一规范的碳排放统计核算体系实施方案[EB/OL].（2022-04-22）[2024-10-20]. https://www.gov.cn/zhengce/zhengceku/2022-08/19/content_5706074.htm.

[302] 关于加快建设全国统一电力市场体系的指导意见[EB/OL].（2022-01-18）[2024-10-20]. https://www.gov.cn/zhengce/zhengceku/2022-01/30/content_5671296.htm.

[303] 关于加快经济社会发展全面绿色转型的意见[EB/OL].（2024-08-11）[2024-10-20]. https://www.gov.cn/zhengce/202408/content_6967663.htm.

[304] 关于建立煤电容量电价机制的通知[EB/OL].（2023-11-10）[2024-10-20]. https://www.ndrc.gov.cn/xxgk/zcfb/tz/202311/t20231110_1361897.html.

[305] 关于进一步深化电力体制改革的若干意见[EB/OL].（2015-03-15）[2024-10-20]. https://aimg8.dlssyht.cn/u/2028657/ueditor/file/1015/2028657/16258213552494 05.pdf.

[306] 关于实施农村电网巩固提升工程的指导意见[EB/OL].（2023-07-04）[2024-10-20]. https://www.gov.cn/zhengce/zhengceku/202307/content_6891875.htm.

[307] 关于推进电力现货市场建设的实施意见[EB/OL].（2015-11-30）[2024-10-20]. https://www.ndrc.gov.cn/fzggw/jgsj/tgs/sjdt/201511/W020190906633154005251.pdf.

[308] 关于推进分布式光伏发电有关工作的通知[EB/OL].（2021-03-17）[2024-10-20]. https://sdb.nea.gov.cn/xxgk/zcfg/202310/t20231022_174400.html.

[309] 关于完善光伏产业政策促进光伏产业健康发展的若干意见[EB/OL].（2013-07-15）[2024-10-20]. https://www.gov.cn/zwgk/2013/07/15/content_2447814.htm.

[310] 关于完善能源绿色低碳转型体制机制和政策措施的意见[EB/OL].（2022-02-10）[2024-10-20]. https://www.ndrc.gov.cn/xxgk/zcfb/tz/202202/t20220210_1314511.html.

[311] 关于新形势下配电网高质量发展的指导意见[EB/OL].（2024-02-06）[2024-10-20]. https://www.gov.cn/zhengce/zhengceku/202403/content_6935790.htm.

[312] 关于印发《科技支撑碳达峰碳中和实施方案（2022—2030年）》的通知[EB/

OL].（2022-06-24）[2024-10-20]. https://www.gov.cn/zhengce/zhengceku/2022-08/18/content_5705865.htm.

[313] 关于做好新能源消纳工作 保障新能源高质量发展的通知 [EB/OL].（2024-05-28）[2024-10-20]. https://www.gov.cn/zhengce/zhengceku/202406/content_6956401.htm.

[314] 国家能源发展战略行动计划（2014—2020年）[EB/OL].（2014-11-19）[2024-10-20]. https://www.gov.cn/zhengce/content/2014-11/19/content_9222.htm.

[315] 加快构建新型电力系统行动方案（2024—2027年）[EB/OL].（2024-07-25）[2024-10-20]. https://www.gov.cn/zhengce/zhengceku/202408/content_6966863.htm.

[316] 加快经济社会发展全面绿色转型的意见 [EB/OL].（2024-08-11）[2024-10-20]. https://www.rmzxb.com.cn/c/2024-08-12/3590196.shtml.

[317] 可再生能源绿色电力证书核发和交易规则 [EB/OL].（2024-08-26）[2024-10-20]. https://zfxxgk.nea.gov.cn/2024/08/26/c_1310785819.htm.

[318] 联合国气候变化框架公约秘书处. 巴黎协定 [EB/OL].（2016-06-29）[2024-10-20]. https://unfccc.int/files/meetings/paris_nov_2015/application/pdf/paris_agreement_chinese.pdf.

[319] 配电网高质量发展路线图明确（构建新型电力系统）[EB/OL].（2024-08-19）[2024-10-20]. https://paper.people.com.cn/zgnyb/html/2024-08/19/content_26076719.htm.

[320] 氢能产业发展中长期规划（2021-2035）[EB/OL].（2022-03-23）[2024-10-20]. https://zfxxgk.nea.gov.cn/1310525630_16479984022991n.pdf.

[321] 全球能源互联网发展合作组织. 全球电力发展指数研究报告 [EB/OL].（2024-07-15）[2024-10-20]. https://geidco.org.cn/publications/zxbg/2024/6859.shtml#p=6859_1.

[322] 2021年能源工作指导意见 [EB/OL].（2021-04-25）[2024-10-20]. https://www.cweea.com.cn/zcfg/html/31962.html.

[323] 2022年全国电力可靠性年度报告 [EB/OL].（2024-06-19）[2024-10-20]. https://prpq.nea.gov.cn/uploads/file1/20240701/668226d2c7c0f.pdf.

[324] 2030年前碳达峰行动方案 [EB/OL].（2021-10-26）[2024-10-20]. https://www.gov.cn/zhengce/content/2021-10/26/content_5644984.htm.

[325] 2024年政府工作报告[EB/OL].（2024-03-12）[2024-10-20]. https://www.gov.cn/yaowen/liebiao/202403/content_6939153.htm.

[326] 2024年能源工作指导意见[EB/OL].（2024-03-18）[2024-10-20]. https://www.gov.cn/zhengce/zhengceku/202403/content_6941170.htm.

[327] "十四五"可再生能源发展规划[EB/OL].（2021-10-21）[2024-10-20]. https://zfxxgk.nea.gov.cn/2021-10/21/c_1310611148.htm.

[328] "十四五"新型储能发展实施方案[EB/OL].（2022-01-29）[2024-10-20]. https://www.gov.cn/zhengce/zhengceku/2022-03/22/content_5680417.htm.

[329] "十四五"现代能源体系规划[EB/OL].（2022-01-29）[2024-10-20]. https://www.gov.cn/zhengce/zhengceku/2022-03/23/5680759/files/ccc7dffca8f24880a80af12755558f4a.pdf.

[330] 特高压输电：以无数全球之最铺就电力"高速公路"[EB/OL].（2024-06-24）[2024-10-20]. http://finance.people.com.cn/n1/2021/0624/c1004-32139187.html.

[331] 完整准确全面贯彻新发展理念做好碳达峰碳中和工作的意见[EB/OL].（2021-09-22）[2024-10-20]. https://www.mofcom.gov.cn/zcfb/zgdwjjmywg/art/2021/art_dee4aa25a54049d1bd69b6cfff7d195d.html.

[332] 温室气体自愿减排交易管理办法（试行）[EB/OL].（2023-10-19）[2024-10-20]. https://www.mee.gov.cn/xxgk2018/xxgk/xxgk02/202310/t20231020_1043694.html.

[333] 新能源汽车产业发展规划（2021—2035年）[EB/OL].（2020-11-02）[2024-10-20]. https://www.gov.cn/zhengce/content/2020-11/02/content_5556716.htm.

[334] 新型电力系统建设倒逼电网技术加快升级（新型电力系统技术创新联盟专栏⑤）—访国网智能电网研究院有限公司总工程师贺之渊[EB/OL].（2022-09-12）[2024-10-20]. http://paper.people.com.cn/zgnyb/html/2022-09/12/content_25939751.htm.

[335] 新型电力系统主动防御技术体系白皮书（2023）[EB/OL].（2023-09-25）[2024-10-20]. https://www.ditan.com/static/upload/file/20231106/1699247194833548.pdf.

[336] 中国应对气候变化国家方案[EB/OL].（2007-06-04）[2024-10-20]. https://www.gov.cn/gzdt/2007-06/04/content_635590.htm.

[337] 中华人民共和国电力法[EB/OL].（2021-01-01）[2024-10-20]. https://www.nea.gov.cn/2021-01/01/c_136723002.htm.

［338］ 中华人民共和国可再生能源法 [EB/OL].（2017-11-02）[2024-10-20]. https://www.nea.gov.cn/2017-11/02/c_136722869.htm.

［339］ 中共中央关于进一步全面深化改革 推进中国式现代化的决定 [EB/OL].（2024-07-21）[2024-10-20].https://www.gov.cn/zhengce/202407/content_6963770.htm.

［340］ 中国的能源转型 [EB/OL].（2024-08-29）[2024-10-20]. https://www.gov.cn/zhengce/202408/content_6971115.htm.

［341］ 重要电力用户供电电源及自备应急电源配置技术规范 [EB/OL].（2018-12-28）[2024-10-20].https://std.samr.gov.cn/gb/search/gbDetailed?id=7E2903B0D7095A63E05397BE0A0AF660.

［342］ BORENSTEIN S , FOWLIE M , SALLEE J .Designing electricity rates for an equitable energy transition online appendix[DB/OL].（2021）[2024-10-20]. https://haas.berkeley.edu/wp-content/uploads/WP314.pdf.

［343］ Energy Institute at Haas. Property value impacts of commercial-scale solar energy in massachusetts and rhode island[EB/OL].（2021）[2024-10-20]. https://haas.berkeley.edu/wp-content/uploads/WP311.pdf.

［344］ GAUR V, LANG C. Property Value Impacts of Commercial-Scale Solar Energy in Massachusetts and Rhode Island[EB/OL].（2020-09）[2024-10-20]. https://works.bepress.com/corey_lang/33/.

［345］ Tracking SDG7: The Energy Progress Report 2021[EB/OL].（2021-06-01）[2024-10-20].https://www.irena.org/publications/2021/Jun/Tracking-SDG-7-2021.

［346］ UNECE. [EB/OL].（1998-06-25）[2024-10-20]. https://unece.org/DAM/env/pp/documents/chinese.pdf.